梦 山 书 系

"梦山"位于福州城西,与西湖书院、林则徐读书处"桂斋"连襟相依,梦山沉稳、西湖灵动、桂斋儒雅。梦山集山水之气韵,得人文之雅操。福建教育出版社正坐落于西湖之畔、梦山之下,集五十余年梓行之内蕴,以"立足教育、服务社会、开智启蒙、惠泽生命"为宗旨,将教育类读物出版作为肩上重任之一,教育类读物自具一格,理论读物品韵秀出,教师专业成长读物春风化雨。

"梦"是理想、是希望,所谓"梦想成真";"山"是丰碑,是名山事业。"积土成山,风雨兴焉",我们希望通过点点滴滴的辛勤积累,能矗起教育的高山;希望有志于教育的专家、学者能鼓荡起教育改革的风雨。

"梦山书系"力图集教育研究之菁华,成就教育的名山事业之梦。

梦山书系·木犁书系

马兰　盛群力　等◎编著

多彩合作课堂

cooperative learning

海峡出版发行集团｜福建教育出版社

图书在版编目（CIP）数据

多彩合作课堂/马兰等编著.——福州：福建教育出版社，2013.2（2015.7 重印）
ISBN 978-7-5334-5757-0

Ⅰ.①多… Ⅱ.①马… Ⅲ.①课堂教学－教学研究－中小学 Ⅳ.①G632.421

中国版本图书馆 CIP 数据核字（2012）第 272021 号

多彩合作课堂

马兰 盛群力等 编著

出版发行	海峡出版发行集团
	福建教育出版社
	（福州梦山路 27 号 邮编：350001 网址：www.fep.com.cn）
	编辑部电话 0591－83727542
	发行部电话 0591－83721876 87115073 010－62027445）
出 版 人	黄 旭
印 刷	福州泰岳印刷广告有限公司
	（福州市鼓楼区白龙路 5 号 邮编：350003）
开 本	720 毫米×1000 毫米 1/16
印 张	16.25
插 页	2
字 数	240 千
版 次	2013 年 2 月第 1 版 2015 年 7 月第 3 次印刷
书 号	ISBN 978-7-5334-5757-0
定 价	33.00 元

如发现本书印装质量问题，请向本社出版科（电话：0591－83726019）调换。

目 录 Contents

第一章　合作学习的基本思想

第一节　合作学习的核心要素 ·· *1*
第二节　合作学习的理论依据 ·· *15*
第三节　合作真正走进课堂的基本前提 ······································ *21*

第二章　合作模块与结构套餐

第一节　结构套餐法的基本原理 ··· *35*
第二节　结构套餐法：团队建设 ··· *41*
第三节　结构套餐法：发展思维技能 ··· *53*
第四节　结构套餐法：发展情感智能 ··· *65*
第五节　合作结构法的特色 ··· *77*
附　录　卡甘合作学习结构法问题解答 ······································ *85*

第三章　常规课堂与合作学习

第一节　课堂教学与小组合作的相互关系 ·············· *108*
第二节　培育合作意愿与技能 ·············· *116*
第三节　在大班课堂中实施合作 ·············· *138*
附录一　《学会合作》校本教材内容选 ·············· *144*
附录二　合作学习卡通画 ·············· *155*

第四章　学会协商与解决冲突

第一节　冲突与冲突解决 ·············· *159*
第二节　合作学习中冲突形成的原因 ·············· *170*
第三节　合作学习中的冲突解决策略 ·············· *183*
附　录　小组合作情况调查表 ·············· *204*

第五章　班级管理与小组自治

第一节　合作小组与班级管理 ·············· *208*
第二节　合作小组班级管理的具体实施 ·············· *217*
第三节　合作小组班级管理成效分析 ·············· *230*
第四节　合作小组班级管理模式有效运用条件分析 ·············· *235*
后　记 ·············· *253*

第一章 合作学习的基本思想

"合作学习"是中小学教师非常熟悉的词,小组讨论也是当今众多教师在课堂教学(尤其是公开教学)中的"必选动作"。这种状况很容易让人误以为合作学习理论已经深入人心,老师们已经熟知该如何开展合作学习。其实现实并非如此。教学实践的现状告诉人们,我们有必要在澄清合作学习核心要素的基础上,明确究竟是什么导致了合作、合作学习得以实施的理论依据是什么,从而矫正课堂教学中将小组讨论等同于合作学习、将小组活动游离于课堂教学目标之外的荒唐做法,并在此基础上明确怎样才能使合作学习真正走进课堂。

第一节 合作学习的核心要素

纵览合作学习理论可以发现,诸多教育家曾从不同的角度对合作学习进行阐释,如美国明尼苏达大学合作学习中心的约翰逊兄弟(David W. Johnson and Roger T. Johnson)、美国约翰·霍普金斯大学的斯莱文

(Robert Slavin)、美国"卡甘合作学习中心"的卡甘（Spencer Kagan）和以色列特拉维夫大学的沙伦（S. Sharan）等。几十年来，他们从不同的视角出发，提出了各自的合作学习理论与实施策略，使合作学习的研究与实践呈现一派异彩纷呈的景象。

谈及合作学习，约翰逊兄弟认为，"合作学习就是在教学上运用小组，使学生共同活动以最大限度地促进他们自己以及他人的学习。"斯莱文将合作学习界定为，"使学生在小组中从事学习活动，并依据他们整个小组的成绩获取奖励或认可的课堂教学技术。"沙伦视合作学习为"组织和促进课堂教学的一系列方法的总称"。卡甘则通过举例的方式说明，只有同时具备了积极互赖（positive interdependence）、责任到人（individual accountability）、公平参与（equal participation）和同时互动（simultaneous interaction）四要素（简称PIES原则）的学习活动才可以称之为合作学习。

合作学习诸代表人物在合作学习基本概念的阐释上各具特性，在具体实施的策略上亦主张有别，这难免会使人感到眼花缭乱。其实，诸位合作学习代表人物在貌似不同的理论、策略中一定蕴涵着相同的教育思想，否则，集合在"合作学习"旗号下的情景就不可能出现。"殊途同归"也许可以成为对合作学习各理论流派的最好说明。

作为最具影响力的合作学习专家，斯莱文、卡甘和约翰逊兄弟对合作学习的基本要素问题都有自己独到的、专门的阐释（参见表1-1）。透过表1-1我们可以看到，三方代表性专家对合作学习的基本要素问题无论在数量上还是具体表述上都是存有差异的，下面我们就尝试对斯莱文、约翰逊兄弟、卡甘等代表人物提出的合作学习基本要素进行比较，以求更好地把握合作学习的本质特征。

从倡导合作学习的三家代表人物所主张的基本要素来看，"建立互赖关系，聚焦小组目标；明确个体责任，确保人人参与；掌握社交技能，直面积极互动；鼓励公平参与，实现机会均等"是合作学习不同流派的共同内核，也是合作学习的核心要素。借用卡甘的说法，所有的合作结构都必须全力贯彻这些基本原理，如果合作结构没有体现这些基本原理，那么它只是小组学习，而不是合作学习。

三方代表人物所主张的合作学习基本要素一览[①]

表 1-1

代表人物	合作学习基本要素
约翰逊兄弟	积极互赖（positive interdependence）
	责任到人（individual accountability）
	面对面促进性互动（face-to-face promotive interaction）
	人际交往和小组技能（interpersonal and small group skills）
	小组自治（group processing）
斯莱文	小组目标（group goals）
	责任到人（individual accountability）
	成功机会均等（equal opportunity for success）
卡甘	积极互赖（positive interdependence）
	责任到人（individual accountability）
	公平参与（equal participation）
	同时互动（simultaneous interaction）

一、建立互赖关系，聚焦小组目标

约翰逊兄弟和卡甘在论及合作学习的基本要素时，都把"积极互赖"视为首要条件。在约翰逊兄弟的理论中，"积极互赖"指一个人的成功必须以他人的成功为依据，一个人不可能离开其他组员的帮助或协作而自己取得成功。这就意味着，在合作学习中，人们欣赏的将不再是那种"各人自扫门前雪，休管他人瓦上霜"的学习方式，在明确的小组目标下，共同协

[①] 马兰. 合作学习. 高等教育出版社，2005：213~214；盛群力，郑淑贞. 合作学习设计. 浙江教育出版社，2006：22~26；王坦. 合作学习——原理与策略. 学苑出版社，2001：15~16、18~25.

作、争取双赢是学生学习的目标。为此，教学中教师必须向学生布置明确的学习任务，提出小组要共同达到的学习目标，让学生真正感受到"荣辱与共，休戚相关""我为人人，人人为我"。为达成这一目标，约翰逊兄弟提出了许多用以构建积极互赖关系的具体要求，如：

（1）目标的积极互赖：每一个人都意识到自己所承担的任务只是小组总目标中的一部分，小组目标的实现有赖于全组成员的共同努力。

（2）资源的积极互赖：每一个小组成员都只拥有某种资源，他们必须为小组的成功而分享资源。

（3）奖励的积极互赖：个体所获取的报偿如名次、表扬等不再是个人成功的象征，而是基于小组的出色表现。

（4）角色的积极互赖：为了完成某一任务，每个小组成员都承担着互补且有内在联系的角色分工，以使小组责任具体化。

卡甘则以列举传统课堂、小组学习和合作学习三者区别的方式阐释其对积极互赖的见解。他说，在 A 课堂（传统课堂），老师面向全班提问："谁能用英语说出商场里几种水果的名称"；在 B 课堂（小组学习），教师让学生在 4 人小组中学习，并说："现在小组讨论结束了，我们来看一看谁能用英语说出商场里几种水果的名称"；在 C 课堂（合作学习），老师不但要求学生在 4 人小组中讨论，还会要求学生："在小组活动时，我们先两两配对，每人轮流用英语说出商场中水果的名称。"卡甘明确指出，要实现积极互赖，学生就必须回答这样的问题："我所获得的是否同其他小组同伴所获得的联系在一起，是否必须通过互助合作？"他分析说，积极互赖要求小组同伴荣辱与共，不可能一人独赢。在 A 课堂中，这一点是做不到的，因为许多学生都想吸引教师的注意，都想被指名回答问题；在这样的课堂中，互助合作是稀罕物，帮助他人是对别人的施舍和同情，能否合作靠的是觉悟高低而不是机制保障，个体的学习成就完全靠自己打拼，同伴之间没有彼此支持和协作的需要。在 B 课堂中，学生虽然被捆绑在一起了，但是彼此之间的互动没有精心安排，因此，组内总会有人对学习任务大包大揽，而其他人则作壁上观。在 C 课堂中，情境发生了根本的改变，"两两配对""轮流说"的具体要求使小组成员必须互助合作，协同努力，彼此配合，轮流表现，没有任何一个人能包揽一切。

斯莱文在谈及合作学习基本要素时没有明确提出积极互赖，但我们注意到，"小组目标"在他的合作学习要素论中位居首位。何谓"小组目标"？斯莱文认为，"小组目标"是合作学习的内在动力，它有助于形成一种精神并鼓励学生彼此帮助。"小组目标"意味着在合作性的课堂上，个人的努力有助于同伴的目标达成，如同足球比赛一样，个人的努力非常重要，但衡量的标准则是全队的表现。斯莱文创造、倡导的"成绩分阵法"和"切块拼接法"等很好地体现了积极互赖的思想，"成绩分阵法"体现的是奖励的积极互赖，"切块拼接法"则更多体现了学习目标和学习资源的积极互赖。例如，在"切块拼接法"中，教师把完成任务所需的学习材料、学习资源以及需要付出的劳动分派到人，从而形成了一个无人能够凭借个人力量单独完成任务的情境，其目标就在于让每一个小组成员都对学习的某一特定方面承担责任，并和自己的合作伙伴一起共同分享学习资源。

资料夹 1-1

成绩分阵法

(student team achievement divisions，简称 STAD)

成绩分阵法的操作步骤：

①全班教学。在某一主题的学习中教师面向全班进行教学，教师的任务是讲解和介绍新的学习内容。

②小组学习。学生以小组为单位开展学习研究，并做好测验的准备。小组学习的任务在于所有成员都要掌握教师课堂上讲过的内容并帮助同伴掌握。

③独立测验。每个小组的学生以个人的名义参加测验。测验的目的在于检查学生学到了什么。值得一提的是，这时候不再允许学生间相互帮助。

④计算分数。教师计算测验的分数（也可以由学生自己计算），包括个人提高分和小组得分。个人提高分是将学生在本次测验中所得分数与本人的基线分（以往的积分点，如上学期期末本学科考试的成绩，或近6周以来本学科的测验平均分）作比较，小组得分则根据小组成员的提高分核算得出。我们可以用下表举例说明：

个人为小组赢得的分数	本次测验中的卷面得分情况	举例
30	全班最高分（不论他以往的积分点情况如何）	王伟为他所在的小组赢得了30分，因为他这次得了97分，尽管他以往的积分点已有95分。
30	本次测验成绩高于以往积分点10分以上	章华为自己的小组赢得30分，因为他这次测验得了89分，比他以往的积分点78分高出了11分。
20	成绩有进步，但在超过以往积分点的10分以内	程红为小组赢得了20分。她这次测验得了92分，她以往的积分点是88分。
10	有退步，但退步的幅度较之以往的积分点在10分以内	李明为小组赢得了10分，因为他这次成绩为82分，而他以往的积分点是85分，退步了3分。
0	退步明显，超出10分以上	陆丹没有为所在小组挣到分数，尽管她这次考了82分，可比她以往的积分点94分下降了12分。

⑤小组奖励。根据小组的平均分，对各组分别予以奖励。一旦计算好了每个学生为自己所在的合作学习小组赢得的分数（提高分），教师就可以据此决定哪些小组可以得到奖励。

资料来源：
马兰. 合作学习. 高等教育出版社，2005：65～66.

资料夹 1-2

切块拼接法 II（Jigsaw II）

切块拼接法由美国加州大学的阿朗逊（Elliot Aroson）在1978年提出，20世纪80年代中期，斯莱文等人对其作了若干改进。阿朗逊提出的切块拼接法共有四个步骤：

（1）把学生业已形成的小组称为合作小组（home team）。合作小组中的每一位成员都接受不同的信息（或任务）。例如，在一个4人合作学习小组中，一个学生可以专门研究蛙类的产地问题，另一位学生专门研究蛙类的解剖构造，第三位学生研究蛙的饲养方法和繁殖特点，第四位学生则研究影响蛙类生存的因素。

（2）每个承担了相同任务（或接受了相同信息）的学生离开自己的合作学习小组组成各个不同的专家学习小组（expert team）。专家小组每一位成员的任务是研究并弄懂自己所承担的任务，并准备把自己在专家学习小组中学到的东西教给合作小组的同伴。

（3）专家小组解散，每人回到自己原先的合作学习小组之中。在合作学习小组中，承担了不同任务的每一个学生依次把自己在专家学习小组中学到的知识教给合作小组中的同伴。合作小组内同伴之间相互提出问题并进行讨论。

（4）全体学生以个人身份参加小测验，测验的范围包括了上述四方面的内容，或者以小组的形式共同去完成一项任务，但这一任务的完成涉及合作小组中4位同学分别教给大家的知识。根据测验的结果或小组完成任务的情况，在小组每位成员得分的基础上给整个小组以一个等级评价。

切块拼接改进型是在切块拼接法的基础上稍加改变而形成的，与前者相比，其突出之处在于：

（1）每个人在承担特定任务的同时也有完成全部任务的义务。之所以这样做，是因为有时有些任务比较容易，学生读了课文就可以理解。此外，如果某天某个合作小组成员因故缺席或不能很好地完成任务，合作小组的活动也不至于因此而耽搁。切块拼接改进型的这一做法意味着小组活动中学生间相互依赖程度的降低。

> （2）引进成绩分阵法中个人成绩提高分的计算方法，从而更好地调动全体学生的学习积极性。这就要求教师在采用切块拼接改进型之前计算出每个学生的基线分数。
>
> **资料来源：**
>
> 1. George M. Jacobs, Michael A. Power, Loh WanInn.（2001）.The Teacher's Sourcebook for Cooperative Learning: Practical Techniques, Basic Principles, and Frequently Asked Questions California: Corwin Press，34～35.
> 2. 马兰.合作学习.高等教育出版社，2005：70～73.

综上所述，一个显而易见的结论是，在约翰逊兄弟、卡甘和斯莱文等人的合作学习理论中，学习者之间建立起一种积极互赖的社会交往关系是一个重要因素，个人与集体（小组同伴）、合作与竞争、认知活动和交往活动等关系在他们的理论中均得到了重新审视与定位。较之充斥于传统课堂中的认知主义倾向和竞争过度的气息，我们可以认为，合作学习所倡导的"学习共同体"制度，实际上就是要形成一种利益相关、彼此共赢的格局。学生到学校里来，不仅是学知识、学技能的，同时更要通过社会交往发展积极互赖的关系。积极互赖的关系能够帮助学生形成正确的自我概念，既能够善待自己，又能够欣赏同伴，知己之明和知人之明相得益彰。在这样一个合作共同体或者社会关系网中，学生能够得到约翰逊兄弟所说的三大收获：增强学习动机，提高学习成绩；建立积极关系，彼此关爱互信；促进心理健康，改善自我认知。

二、明确个体责任，确保人人参与

小组活动经常遇到的问题之一是，有的学生大包大揽，不由自主地掌控小组活动；有的学生则置身度外，坐享其成，当南郭先生。对此，合作学习的倡导者们不约而同地提出了一个观点：每一个人都必须对小组的学习和成功有所贡献，每一个人都必须在小组中展示自己的能力和才华，这就是所谓责任到人、人人尽责。只有当每一个小组成员都积极参与到学习活动之中，真正的合作才可能实现。

从前述的成绩分阵法和切块拼接法中我们可以发现，斯莱文所说的责任到人是由两种形式予以落实的，一种是在小测验中先给出个人成绩，然后再统计小组平均分；另一种是分配给每个人特定的任务，要求他承担特定的责任。[①] 这就意味着，只有当每一个小组成员都完成了自己的任务时，小组的目标才能实现。换句话说，你为小组做出了贡献，你为小组的成功尽责了。

与之相异的是，卡甘理论中的"责任到人"则更多具有以"外显"的行为方式参与小组活动，具有浓厚的"行为表现意识"的色彩。卡甘曾给"责任到人"下过这样的定义："每个人都必须有看得见的行为表现，这种行为表现是全体小组成员所必需的。"这就是说，在小组活动中，每一个人都不应该当观众，每一个人都至少要让小组同伴看到，在说、写、画等一系列活动中，都参与了。正是基于这种"外显行为"的思想，卡甘在其合作结构研究中，创造出了许多促进学生参与小组活动的学习方式，如轮流说、循环写作圈、发言卡等（参见本书第二章）。

约翰逊的"责任到人"观兼具了斯莱文、卡甘两者的思想。他在认可"责任到人"就是指"每个学生都必须承担一定的学习任务，并掌握所分配的任务"的同时进一步指出，学生是否尽责尽力，教师可以通过他们在小组中的行为表现进行评估。这就是说，在合作学习中，学生是否真正承担起了责任，不仅应该看其是否完成了自己所承担的任务，同时还应该观察其是否积极参与小组活动。换句话说，他的"责任到人"观表明，合作不是个体活动的"拼盘"，合作意味着在学习、活动过程中，每一个人都有小组意识，都愿意为达成小组目标积极贡献自己的力量。为了杜绝小组活动中可能出现的"搭便车"现象，促进学生承担起自己的职责，约翰逊兄弟提出了一些很有意义的建议。如：①小组规模要小。小组规模越小，个体责任越大。②测验每一个学生。③随机抽取学生，让他们汇报自己所在小组的作业情况。④观察每个小组，并记录每个小组成员对小组作业的贡献频率等。

"责任到人"是斯莱文、卡甘、约翰逊兄弟等合作学习倡导者在阐释合

---

① 盛群力. 个性优化教育的探索. 人民教育出版社，1996：148.

作学习基本要素时唯一用词相同之处，虽然他们在具体的教育主张上还有一些细微差别，但是毫无疑问，责任到人、人人尽责是合作学习区别于小组学习的根本标志。小组学习这种"小群体"式的学习方式为什么时常流于形式，出现开无轨电车、搭便车的尴尬情景，就是因为责任混淆不清，每一个人"要为自己的学习负责，也要对同伴的学习负责"的承诺机制尚未确立或者形同虚设。只有当每一个小组成员都确立了自己的主人翁地位、每一个小组成员都在活动中体会到自己的独特作用、每一个小组成员都看到了同伴的才能时，合作的局面才会出现，合作的意识才可能真正形成。

三、掌握社交技能，直面积极互动

合作学习的理论家和倡导者们在各自不同的研究领域中创造出了许多各具特色的合作方式，但无论这些合作学习方式的差异度如何，直面积极互动都可说是它们的基本特征。可以认为，正是直面积极互动为学习者学习结果的改变提供了前提和可能，如同约翰逊兄弟所说，积极互赖本身并没有什么神奇的魔力，正是积极互赖所激发的学生间的直面互动才使教育结果发生了某种变化。

约翰逊兄弟非常重视合作学习中学生间的积极互动，在他们的合作学习要素理论中，"面对面促进性互动"有着重要的一席。他们认为，面对面的促进性互动意味着学生间相互鼓励，彼此为达成小组的目标、完成任务而付出努力。约翰逊兄弟甚至不厌其烦地对合作学习中的促进性互动表现进行了描述："个体彼此提供有效的帮助；交流、分享所需的资源和信息，以便更有效地处理加工这些信息；彼此提供反馈信息，以提高合作的绩效；对彼此得出的结论和推理过程提出质疑，以提高对所考虑的问题的决策质量和理解程度；通过努力达到共同目标；影响小组成员为小组目标达成而付出的努力；以信任他人和值得他人信任的方式进行活动；有为双方共同利益而奋斗的决心；保持适度的焦虑和心理压力等等。"[①] 他们明确要求教

---

① Johnson D. W. and Johnson R. T. An Overview of Cooperative Learning. http://www.co-operation.org/pages/overviewpaper.html

师在合作学习课堂上应最大限度地给学生提供机会,让学生们互相帮助、互相鼓励、互相支持。

卡甘也对合作学习中的同伴互动给予了必要的重视,但显而易见的是,较之约翰逊兄弟的"面对面促进性互动",卡甘更强调互动的时间,即所谓"同时互动"。卡甘认为,同时互动的价值在于它强调最大限度地促进所有学生同时积极参与,为同伴的学习提供一种积极的、促进性的影响。卡甘认为,合作不是学生各自翻开书本寻找答案,而是积极地参与讨论,与他人分享、交流观点。正由于此,他在阐释其"同时互动"主张时,较之约翰逊兄弟更为关注学生参与小组活动的数量。他举例说,在传统的课堂教学中,只有一个学生能有机会回答问题,如果班级中有40个人,那么学生只有1/40的机会来表现自己。在一个4人小组中,若采用轮流说、轮流写、轮流看、轮流听、轮流做的方式开展活动,这种继时互动使每个学生至少有了25%的表现机会,如果更进一步,采取两人配对学习活动,那么学习就从原来的继时互动转向了同时互动,每人都至少有了50%的表现机会。

在提出"面对面促进性互动"的同时,约翰逊兄弟还把"掌握社交技能"作为合作学习要素的重要内容而提出,这是他们有别于其他合作学习倡导者的高明之处。确实,一个掌握了社交技能的学生和没有经过交往技能培训的学生在小组中的表现是不同的。只有掌握了交流、交往的技能,学生才可能在小组中以合适的方式表达自己的观点,恰当地维持、辩护自己的观点,同时能够做到善解人意,甚至做出适当的妥协。很显然,学会了这些,协同、互助、互动才有可能实现。否则,真正的合作就不会出现,合作学习就有名无实。更值得一提的是,约翰逊兄弟认为,社交技能和学科内容一样也是可以教授并通过教学得到提升和强化的。为了保证合作学习的顺利进行,为了确保小组交流中的积极互动,教师必须对学生进行相关社交技能的训练。为此,他们提出了帮助学生学习、掌握社交技能的五个步骤:[①]

(1) 帮助学生认识到每一种合作技能的重要性。

---

① 盛群力,郑淑贞. 合作学习设计. 浙江教育出版社,2006:240~242.

教师可以先告知学生将在课堂上引入合作学习方式，指出交往与合作的意义，接着逐步介绍有利于合作的各种技能。介绍的方式多种多样，可以通过询问学生在自己的经历中是否有某种体验，解释该技能在校内外如何重要，还可以通过课堂演示。如，教师要让学生了解"赞扬他人"这一技能的重要性就可以这样说——"如果你赞扬别人，被赞扬的人就会更高兴，互相配合得更好，而且更喜欢你。此外，你也能从赞扬他人中获益更多"。

（2）帮助学生清晰地理解每一种技能。

在一段时间里，教师一般让学生集中理解一种技能。具体方法可通过教师的演示、观看教学录像等让学生领会。比如，教师想让学生理解"赞扬他人"，就可以这样示范：赞扬可以是面带微笑，也可以是拍拍某人的脊背，或者是竖起大拇指；表达赞扬可以说"太好了"，"噢，你真棒"。直到全体学生明白无误为止。

（3）为学生创造运用社交技能的情境。

教师既可让学生专门练习交往与合作技能，也可与其他学习任务结合进行。例如，选定"赞扬别人"这一技能时，让学生进行角色扮演。学习"鼓励别人参与"这一技能时，可以让各小组完成练习这一技能的一个简单任务（如按年、月、日计算出各小组成员的平均年龄）。这任务只需几分钟时间，却使学生得到运用这一技能的小小经验。

（4）针对学生的社交技能提供反馈信息。

这是改善学生合作行为的关键。学生必须经常讨论、描述和思考他们运用技能的情况和表现，以提高质量。为了保证这一点，教师应安排"小组评议"的时间及说明小组评议的程序。比如，学生在进行"赞扬别人"的角色扮演时，教师要在旁边观察小组活动情况，然后向全班汇报学生相互赞扬的次数和方法。学生小组也可以据此开展评议，通过这些反馈信息使学生不断改进自己赞扬他人的技能。

（5）坚持运用合作交往技能。

要让学生明白，善于合作的小组成员并非天生，而是培养出来的，因此，合作技能也像读与算的技能一样，必须经常练习和运用。教师可以宣布：在两星期内以赞扬技能为活动中心，确保学生在一段时间内坚持运用赞扬技能，熟练掌握。

卡甘虽然没有把培养学生的交往技能作为合作学习的基本要素而提出，也没有就社交技能训练的具体实施方法进行阐释，但是他明确指出，合作技能是被镶嵌在特定的合作结构中教给学生的。他认为，合作技能的学习应以正规的课程为依据，在教学中，教师应巧妙地将内容与相关的交往技能配合，并指导学生如何利用这些技能去解决问题。例如，在配对交流、同桌交流、编号齐动脑[①]等卡甘合作结构中，学生不仅要记住学习内容，同时还必须运用倾听、理解、领导等社交技能。通过合作，学生在掌握学科内容的同时也掌握了一定的社交技能。

看来，"掌握社交技能，直面积极互动"这一思想表明的是，我们不能仅从形式上理解合作学习。合作技能不仅关乎课堂上新学习方式的成效，更重要的是，它是学生日后走向社会、事业发展与生活幸福的前提。培养学生的社会交往能力绝不是让学生去比试奉迎拍马或者发号施令的本领，而是训练学生如何在与别人沟通交流或者彼此分享建议的情境中扩大自己的影响力。我们说，课堂教学要提高效能，扩大内涵增长，除了强化认知、陶冶情感和完善动作之外，更需要培养交往能力。合作学习重视学生社会交往能力的培养，强调直面地、多维地、积极地互动，就是要求学生真人、真情（不是虚拟、视像交流）地面对面交流，就是为了在有限的时间内尽可能有更多的人参与交流。总之，"在合作中学会学习，在学习中学会合作"，就是这一基本要素的价值所在。

四、鼓励公平参与，实现机会均等

传统课堂教学中，轻而易举就能扼杀学生学习兴趣、学习愿望的做法是，教师常常给那些最不需要练习和操练的学生回答问题的机会，让他们在课堂上洋洋得意地展示自己，而不给那些最需要练习和操练的学生锻炼的机会。于是，在无趣和失望中，学生的学习意愿逐渐泯灭，甚至完全丧失。斯莱文、卡甘敏锐地注意到了这一点，在有关合作学习的基本要素中，

---

① 马兰. 合作学习. 高等教育出版社，2005：106～110.

他们明确提出必须给每一个学生成功的机会，必须为每个学生创设公平参与的条件。

在斯莱文的合作学习三要素中，小组目标确保了小组有凝聚力，责任到人保证了每个小组成员都能学会学习内容，而成功的均等机会则可以激发学生的学习动机。斯莱文解释说，成功的均等机会意味着所有的学生，不管其能力或背景如何，他们的努力都会得到认可。从斯莱文创设的成绩分阵法中，我们可以清楚地看到这位合作学习倡导者为给每一个学习者创造成功的均等机会所做出的努力。之所以说成绩分阵法为学生创造了机会均等的学习格局，原因就在于它改变了以往那种鼓励学生为了个人名次而争输赢的常模参照评价方式，它使学生清楚地意识到：不论我以往的学习成绩如何，我的努力都能得到认可，我都是小组活动中的平等一员，都有同样的机会为小组做出贡献。如，一个成绩平平的（甚至成绩较差的）学生在传统课堂教学中常常是老师、同伴奚落的对象，但在采用了成绩分阵法的班级中，他的自尊和友谊的需要均可以得到满足。比如，他过去的成绩只有25分，但只要他在下次的测验中进步到40分（进步10分以上），他就可以为所在小组贡献30分，他所做出的贡献和那些常常考出100分的同伴是完全一样的。同理，优等生若想为小组做出同样的贡献，也必须不断努力，力求超越自我。这就是斯莱文所竭力主张的成功的均等机会。

卡甘在阐释其"公平参与"的合作要素时，表达了和斯莱文"成功机会均等"相似的教育思想。他提出，"参与"是学生获得学习成功的不可分割的组成部分，只有公平参与才能保证所有学生都获得成功感。在一个异质学习团队中，不公平的参与会使学生对学习产生抵触情绪。当然，由于每一个学生的能力存在差异，所以，我们不能将"公平参与"理解为让每一个学生去做同样的事情，或把同一件事情做到同样的程度。那么，应该如何保证课堂教学中的公平参与？卡甘的主张是采用合作结构。他明确提出，公平参与可以通过两种方式来实现，一种是"轮流表现"（如说、做、写、唱、画等），另一种是任务分工。通过"轮流表现"可以确立一种规则，形成一种规范，即任何一个学生不仅有机会从他人处获得，同时也必须有助于他人。"任务分工"则是指由教师分派（或由学生自己承担）一定的任务角色，以促使学生承担起自己的责任。卡甘尖锐地指出，很多传统的小组学习，既缺乏轮流表现，又缺乏任务分工，所以，其小组活动都是不公平的参与。[①]

公平参与也好，机会均等也好，问题的本质是如何面对班级教学中的个别差异问题。以往因材施教的方式要么是"能力分组（班）"，要么是"个别对待"。换句话说，非建设性地看待差异甚至试图消除差异，是传统课堂教学一直没有走出去的误区。实际上，在共同进步的道路上，我们不可能要求大家站在同一条起跑线上，也不可能指望人人按照同样的速度到达终点。在共同发展的道路上应该允许有差异地表现，但同时又让每个学生存有希望的憧憬，鼓励暂时落后的学生也力争超越自己，在原有的基础上进步，这就是合作学习理论的创新视角。无论认知水平高低，无论交往能力大小，每一个学生都能得到他人的承认，每一个学生都有可能满足自己展示才能的欲望。当然，每一个学生也都有对小组集体做出贡献的责任和权利。合作学习不只是一对一的帮助，合作学习更是一种对协同努力作出的承诺；合作不是居高临下地恩施别人，而是一种积极的互利互惠的投资。帮助别人就是惠泽自己；教会别人就是促进自身加深理解。所以，合作学习另辟蹊径，将班级内的差异看成是一种重要的资源，从机制上确保了每一个学生成功机会均等的可能，确保了每一个学生有积极参与的欲望。

第二节　合作学习的理论依据

前述合作学习理论的核心要素告诉我们，尽管合作学习理论的倡导者们是从不同视角开展有关合作学习问题研究的，但他们各自并不相互独立、相互冲突，而是呈现出一种相辅相成的关系，他们依据不同的学习理论和教学理论，从各个不同的视角解释了为何合作学习理论有其独特的魅力。

[①] Kagan, S.（1992）. Cooperative Learning (2nd ed.). San Juan Capistrano, CA: Resources for Teachers. Inc. 4：10.

下面我们尝试从五个方面对合作学习的理论依据予以说明，以帮助教师更好地认识合作学习的各种具体操作方式。

一、着眼于情意陶冶取向的合作原理

1. 内在动机激发论

学习动机是影响学生学习活动的重要因素，它贯穿学习者学习活动的始终。内在动机激发论将学习动机看成是学生承诺为达成学习目标作出努力，换句话说，内在动机激发论非常关注教学活动中教师将采取何种方式推动每个学生作出最大的努力。约翰逊兄弟等人认为，学习动机可以借助人际交往过程产生，教学活动应当体现一种人际互动，并通过人际互动建立起积极的彼此依赖关系。激发学习者动机的最有效手段，就是在课堂教学中建立一种"利益共同体"机制，这种"利益共同体"可以通过合作性的目标结构、学习任务分工、学习资源共享、角色分配与轮换、责任到人与集体奖励等方式实现。例如，合作性的目标结构的提出就基于这样一种设想：个人成功与小组成功要捆绑在一起。一方面，学习者在帮助他人的过程中实际上也在提升自己；另一方面，自己学习成绩的提高也有利于他人更好地学习。通过学习任务分工，也使得小组中的每一个成员都能意识到自己对小组的贡献是别人不可替代的。还有，集体奖励实际上也保证了小组的成功不是基于一两个人的努力，而是依赖大家同心协力去争取。而在传统的小组学习中，则往往依据小组中个人的最高分进行班内或组间排名，这显然会极大地挫伤学习能力弱的同学的积极性。

总之，内在动机激发论认为，应积极创设一种每个人对达成集体目标付出努力的公开承诺的情境，这种情境会最终导致学生在小组内牢牢地树立"休戚相关""荣辱与共""人人为我，我为人人"的共同意识。

2. 交往需要满足论

需要满足论的倡导者（如格拉塞等人）认为，怎样才会学有成效、学业达标呢？首先得有学习的意愿。问题是学习意愿从哪里来？交往需要满足论者认为，学习的意愿来自于基本需要的满足。学校应当成为满足学生需要的重要场所。教师不能想当然地认为学生到学校来，只是背着一只大口袋来填装知识食粮的。学生到学校来学习和生活的过程，从本质上分析，应当是一个寻找种种方式实现自己与他人交往和合作、获取友谊和自尊（影响别人的力量）需要满足的过程。可以认为，这些需要的满足程度将极大地影响学生对学习的喜爱程度、努力程度和达标程度。只有创设良好的条件满足而不是千方百计压制学生的上述需求，才会激发学生的学习主动性和积极性，才有可能帮助他们取得学业成功。许多学生正是因为在课堂教学中得不到认可、接纳，也不能表现出对同伴的影响力，才转向课外活动、校外小团体等，以寻求满足自己需要的机会。因此，在合作小组中开展互助学习，小组成员之间相互交往与合作，彼此尊重，共享成功的快乐，这是满足学生基本需要的有效途径。

二、着眼于认知发展取向的合作原理

1. 认知发展促进论

认知发展促进论的倡导者（如维果茨基、皮亚杰等）认为，儿童认知发展和社会性发展是通过同伴相互作用得以促进的。维果茨基曾指出：人的心理是在人的活动中发展起来的，是在人与人之间的相互交往过程中发展起来的。"在儿童的发展中，所有的高级心理机能都是两次登台的：第一次是作为集体活动、社会活动，即作为心理间的机能。第二次是作为个体活动，作为儿童的内部思维方式，作为内部心理机能。"[1] 即人的高级心理机能的发展过程是一个借助人们的交往实现由外而内的内化过程。

在"最近发展区"这一概念中，维果茨基指出，最近发展区是由儿童独立解决问题的实际发展水平，与在成人指导或能力较强的同伴的合作中所体现的潜在发展水平之间的差距。所以，教学创造"最近发展区"不仅体现在教师教的活动中，同样也体现在学习者与能力较强的同伴的合作活动之中。通过小组内部的争论、磋商、讨论、协调等方式，小组达成某个问题的共同意见与解决办法，这是心理发展的社会关系渊源。

---

[1] [苏] 维果茨基. 维果茨基教育论著选. 余震球, 选译. 人民教育出版社, 1994: 403.

皮亚杰及其许多追随者也都认为，语言、价值观、规则、道德和符号系统（读、算）等均只有在与别人的相互作用中才能掌握。他们坚持主张增加课堂合作学习的时间，使得学生在学习任务上彼此合作，以便产生有益的认知冲突、高质量的理解和恰当的推理活动，从而提高学习成绩。

2. 知识建构学习论

知识建构学习论认为："人的知识结构的形成，一方面离不开个人主体的活动，另一方面也离不开主体交往。从根本上讲，人的知识是社会生活中不同主体之间建构的产物。"[①] 因此，建构性学习方式是与人的交互作用的本质相关的。"人的交互作用的本质是指个人在知识的建构中必须依靠意义的共享与协商，人际关系最基本的形式应该是合作而不是权威型的命令或控制。"[②] 建构主义者十分重视合作学习，这些思想也是与维果茨基等重视交往在儿童心理发展中的作用相一致的。

知识建构离不开知识的精细加工。认知心理学的研究结果证明，如果信息要在记忆中保持及与原有的信息发生联系，那么学生必须介入对材料的认知重构或精细加工活动之中。例如，写一篇单元小结或提纲比纯粹的抄写笔记更为有效，因为写小结或列提纲本身要求学生重新组织材料及理清要点、重点。

精加工的最优方式之一被认为是向同伴作解释说明。长期以来，关于同伴互教活动的研究发现，教者与被教者双方均能从中受益。教人者越多，自己学到的越多，掌握得越牢固，正可谓"水尝无华，相荡乃成涟漪；石本无火，相击而生灵光"。

三、着眼于教学性质取向的合作原理

1. 教学交往属性论

"教学过程的本质由两种根本关系决定：交往关系（主体——主体）和

---

① 武思敏. 全国教学交往问题理论研讨会纪要. 教育研究，1998（76）.
② 高文. 建构主义学习的特征. 外国教育资料，1999（36）.

认识关系（主体——客体）。教学是一种特殊的认识过程和交往过程。"[①] 然而长期以来，人们对教学过程的理解仅停留在后者，忽视了对教学交往属性的探究。随着对学生社会交往与合作能力的重视，这种局面才得以初步改观。目前，人们日益达成以下共识：教学是一个人与人相互作用的系统，是教师（或教师集体）与学生（或学生集体）彼此之间或各自发生交往的过程。只有在交往中，我们才能谈得上培养人，诸如传授知识、掌握技能、养成规范乃至发展个性等。交往不只是手段、途径，交往还是教学存在的本身。

教学交往不仅有直接的交往，也有间接的交往。直接交往体现在师生、生生之间面对面接触，而间接交往主要是学生自学。要使教学交往尽可能充分和完整，应该尽量多地采用直接交往，尤其是学生小组内的直接交往。同理，教学交往不仅要重视师生交往，更要着眼于生生交往。课堂小组互助合作学习为保证交往结构的完整性提供了一系列机制与现实途径。

2. 组织方式变革论

如果我们承认教学是一种师生、生生之间开展交往的特殊活动方式，那么，教学组织形式的本质便是活动主体之间展开交往的时空结构。追溯学校教学发展史，教学组织形式历经变革，实际上反映的是人类社会生产组织方式的频频转型，因为教学组织形式同人类社会生产组织方式有着天然的联系。在农业社会中，社会生产劳动是单干的，因而学校教学组织形式也是以个别教学为主。当资本主义大工业生产方式确立之后，集约化、批量化、高效率的生产劳动取代了原有的小生产劳动方式，以群体教学为特征的班级授课制便应运而生。当发达国家开始进入后工业社会或信息社会时，劳动组织开始走向小型化，劳动中互相协作、彼此直接交往的机会大大增加，劳动者的人际关系技能和状况将对他的劳动机会产生直接影响。这就要求未来的雇员在学校中熟悉小组合作学习方式，掌握小组交流与决策的技能。因此，一些学者已对未来学校教学组织形式变革做出了以下预测："小组学习，即作为一个小组展开学习，将是正在出现的教育结构的一

[①] 洪梅. 教学过程的交往性本质浅探. 江苏教育研究，1990（13）.

个最重要的支持系统。"[1] 交往与合作教学的兴起可以说是对这些呼声的积极响应。它倡导的教学交往是民主、平等的交往，尤为可贵的是合作学习强调充分挖掘生生相互交往的建设性力量。

因此，尽管大家都认识到个别化教学是未来学校的重要组织特征，但是，这种"个别化"绝不是单干劳工或个人自学的同义语。实际上，它是一种有高度自主性的小组互助合作学习。

四、着眼于小组效率取向的合作原理

1. 集体公益劳动论

集体公益劳动论的倡导者（季亚琴科）认为，集体教学的根本特点是将学生从原有的知识"消费者"转变为"公益劳动者"。因此，"即学即教"成了集体教学的一项新原则。把自己所学的教给别人，这是自我教学和自我发展的最重要手段，因此"人人教我，我教人人"并非强加给学生的外在标准，而是学生自我寻求发展的内在要求。虽然这与前面提到的精加工理论有交叉处，但季亚琴科更看重的是集体劳动的公益性质，在集体教学中，某个人懂得的东西，其他所有人也应该懂得，集体享有的一切应该成为每一个人的财富。

2. 团队意志凝聚论

团队意志凝聚论的倡导者（沙伦、阿朗逊和卡甘等）也强调小组或者团队集体活动的重要性，不过，他们更侧重于小组加强凝聚力量的作用。该作用可通过小组建设（team building）、班级建设（class building）、小组评议（team processing）以及小组任务分工等多样化途径达成，反过来，它也有利于发挥小组每位成员的积极性，以最大限度地做出个人独特的贡献。

五、着眼于课堂结构取向的合作原理

1. 课堂教学技术论

---

[1] UNESCO: Reorientation and Reform of Secondary Education in Asia and the Pacific Region: A Status Report, 1989: 77.

教学技术论的倡导者（如斯莱文等人）认为，影响课堂学习质量及社会心理氛围的因素有三个重要方面，即任务结构、奖励结构和权威结构。

任务结构之一是教学组织形式，包括全班教学、分组教学或个人自学。在分组教学中，又有同质分组和异质分组之别。奖励结构中，奖励的对象可分面向全班、小组或个人。在面对全班或小组的集体奖励中，又可以区分出竞争性奖励和合作性奖励。在竞争性奖励结构中，总是"我赢——他输"；合作性奖励则不然，一个人的成功同时也帮助了另外一些人（例如小组成员）的成功。权威结构相对较为简单，主要是指由教师控制学生的活动和由学生自己控制的活动。

在以上三种课堂结构中，合作学习把分组教学作为主要教学形式，且分组观念一改以往的同质性，而强调异质性。在奖励结构中，合作学习把以往表面上面向全体学生实际上却鼓励个人间竞争的奖励形式，改为面向小组的合作性奖励，这是合作学习发挥其独特功能的最关键之处。在权威性结构中，合作学习强调了以学生自我控制活动为主、教师指导协助为辅。

2. 课堂冲突解决论

课堂冲突解决论是合作学习理论最新发展的一个特点。约翰逊兄弟有关最新合作学习的研究就是聚焦于这一视角。所谓培养学生做一个"和事佬"（peacemaker），不是要人唯唯诺诺，而是希望学生能学会既肯定自己，同时也欣赏别人。处于一个社会交往的课堂情境中，要想没有任何冲突以及一团和气，这是难以做到的事情。如何将冲突看成是一种建设性的资源，就像如何将差异看成是建设性资源的道理是一样的，合理参与竞争，善于协同努力；协调矛盾关系，权衡利弊依存；学会求同存异，克服利己主义；勤于换位思考，不做无谓对立；守住自己底线，择需妥协忍让等等，这些重要的品质和能力能够确保合作学习取得成功。

第三节　合作真正走进课堂的基本前提

合作学习作为诞生于西方小班化教学土壤中的教学策略，自传入中国的那一天起，就一直受到人们的质疑，即它能否在中国"大班额"教学的现实中如人所愿，充分展示其应有的魅力；它能否真正进驻视学科内容学习为唯一任务的广大教师的心灵。确实，"大班额"是我们历经弥久、习以为常的"常规教学"，它的显著特征在于班级规模大、教学场地小，大多数教师从走上讲台的那一天起就习惯于面向全班进行集体讲授。正由于此，合作学习在进入我们的课堂时，就立刻有了鲜明的特点，这就是：图表面热闹轻实际效果，重特定形式轻整体设计，重方式方法轻价值取向。如此实践的结果使许多人认为，"合作学习在大班额条件下没效果"、"合作学习没有什么新招数"……其实，合作学习要真正发挥其满足学生内在需要、提高课堂教学效率的作用，广大教师就必须从多角度出发理解合作学习理论，就必须从合理安排座位、学科内容整合、任务方式适配、人际技能训练等方面思考合作学习的实践问题，就必须将转变观念与落实措施放在同等重要的地位，以使合作学习真正进入课堂。

一、合理安排座位，为实施合作学习奠定基础

除了较发达地区或欠发达地区的少数学校外，我国学校的班级规模一般都在40人以上，超过50人的班级亦不少见。我们的教室基本上都是按照"秧田型"方式（见资料夹1-3）排座的，生生互动或合作学习的问题根本不在教师关注的视野之内。很显然，现有的班级规模成了开展合作学习的巨大障碍。但是，这并不等于说，我们就不能在大班额的条件下在合作学习的实践中展示才华、有所作为。我们认为，如下几种弥补措施将为大班额课堂中合作学习的顺利展开奠定基础。

资料夹 1-3

课堂座位的常见模式

1. 秧田式。秧田式座位模式是中小学最普遍、最常见的一种座位编排方式（图 A）。在这种座位模式下，以讲台为中心，所有学生都面向教师，有利于教师控制学生和教师主导作用的发挥，比较适合师讲生听的知识传授型教学。但是，在这种座位模式下，学生之间缺乏交往互动，不利于学生之间的讨论交流、实践操作和学生的社会化成长，也不利于建立平等民主的师生关系。

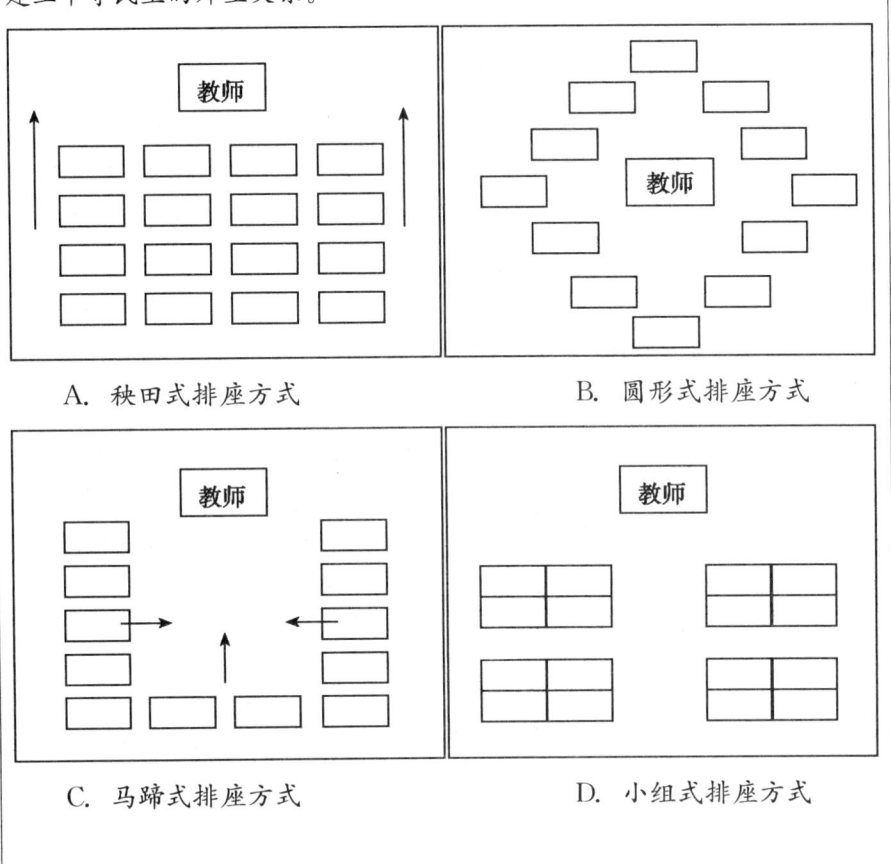

A. 秧田式排座方式

B. 圆形式排座方式

C. 马蹄式排座方式

D. 小组式排座方式

> 2. 圆形式。圆形座位模式就是将座位布置成一个或几个圆圈，让学生围坐起来进行学习和讨论，教师则根据需要处于圆圈的中央或教室的某一位置(图B)。在这种座位模式中，学生有较多的视线接触和非言语交流机会，较适合于问题讨论和互相学习。它不仅可以加强学生之间、师生之间的交流，极大地促进课堂中的社会交往，而且有助于形成平等融洽的师生关系。
>
> 3. 马蹄式。马蹄式座位模式又称U形座位编排方式，它是将课桌椅排列成一个马蹄的形状，或将课桌椅分成若干组，排列成几个马蹄形，教师处于马蹄的开口端（图C）。这种座位模式兼有秧田式和圆形式的某些特点，它既可以充分增进师生之间的交流，有助于问题讨论和实验演示，同时又可以突出教师对课堂的控制，发挥教师的主导作用。
>
> 4. 小组式。小组式座位模式是将课桌椅分成若干组，每组由4～6张桌椅组成（图D）。这种座位模式比较适合于小组讨论交流和合作学习，能最大限度地促进学生之间的相互交往，增强小组活动的效果。
>
> **资料来源：**
> 马兰、张文杰等. 教学设计. 高等教育出版社，2012：231-232.

1. 减少学生在教室内走动的次数，不采用马蹄式排座

马蹄式排座有利于学生面面相视、互动影响，增强人际亲和力，有条件的班级自然应该积极采用。但是，当囿于班级人数和场地狭小而无法采用这种排座方式时，最为可行的方式就是前排两位学生转过身子与后排两位同伴组成合作小组，借"秧田式"之名，行"马蹄式"之实。

2. 更多采用两人配对学习和4人合作学习

马蹄式排座往往以6人组成合作学习小组，从人员组成上看，这样的小组规模比较适合我国大班额人数多的情况，因为其导致的直接有利结果就是课堂内小组数量的减少，有助于教师对课堂的监控和学习小组活动的反馈。但是，6人小组的组成方式要求小组成员有更高的合作技能、更强的合作意识，此外，它还要求有更宽敞的教学场地，这样的要求对于多数中小学而言毫无疑问是遥不可及的。

国外的学者常建议合作小组的人数在2～5之间，我们认为，同桌配对、

4人小组的同伴互助合作是最为可行的分组策略，应该进一步挖掘利用。因为它既可以在"秧田式排座"的大班额条件下，通过前排学生转身即形成小组式排座的课堂学习环境，也利于学生在交往技能尚不成熟的条件下，促成互动频次的最大化（图1-1）。我们知道，合作小组越小，学生之间就越容易形成一种彼此分享、交流的学习局面，合作小组规模越大，对小组成员的交流交往技能的要求也就越高。4人小组既促成了学生的合作互动，当需要开展两人合作的学习活动时，有利于两两配对局面的迅速形成，又避免了因小组人数过多（如5~6人一组）可能导致的过分躁动（如为了和谁搭配成对而不停地挑挑拣拣），有利于教学活动的有序进行。

2人小组

两种互动

3人小组

6种互动

4人小组

12种互动

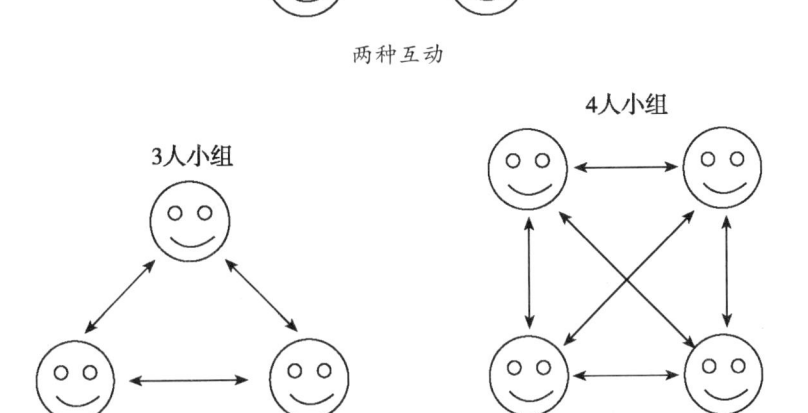

图1-1 小组成员间的互动频次

3. 采用"一体化小组"

合作学习倡导的分组原则是"组间同质、组内异质"。具体而言，就是在各学科教学中，教师依照学生的性别、学科成绩、家庭社会背景等划分学习小组，尽可能地形成一个异质化的团体。但考虑到我国大班额的学习条件，学习小组的划分可以摒弃完全依学生不同学科学业成绩独立组建合作学习小组的观点，将班级行政小组和学科学习小组合二为一，形成"一体化小组"。这一策略的长处是显而易见的，它不但可以减少不同的课、不同的活动之间过于频繁地换人换位，而且还能将合作方式扩展到班队活动或一般事务中去。当然，这种做法可能也会带来一个问题，即学生各科学习的水平不一定很均匀，要统一进行异质分组有难度。此外，学生的人际交往面太窄，甚至可能形成小团体。因此，必须定时重新组建合作小组，以消除组与组之间可能产生不均衡的不利因素。定时重新分组，除了有助于学生发展小组同伴之间的良好关系，也能有效地促进班级内更广泛的人际交往关系的形成与发展。

二、尝试内容整合，为开展合作学习创设条件

在合作学习实践中，许多教师感到为难的是，落在一堂课内的合作学习，不仅空间上施展不开，时间上也往往不够用，再加上学生合作能力与技巧的生疏，小组活动要么流于形式，要么耽误教学进度。对此，可以考虑从三个方面予以协调解决。

1. 统筹安排内容

将一个单元或一周课的内容统筹安排，合理交替使用全班教学、合作学习和个人自学三种教学形式。这一做法的有益之处在于，可以让学生在相对整块集中的时间内开展真正意义上的合作探究，而不是让合作沦为"花瓶"或处于点缀的尴尬境地。值得强调的是，并没有研究证明教师教学必须在每一堂课上都采取合作学习方式。合作学习从来就不是包打天下的唯一教学策略。国外的合作学习，往往以一个星期或一个主题单元为单位来统筹安排，例如周一、周二（或单元的头一、二节课）主要采取教师"直接教学"（也就是相当于我们平时以教师为主导的教学形式），中间两天集中采用合作学习方式，最后一天测验或展示合作成果。这个思路可以迁移到一天各门课程学习方式的统筹安排之中。

2. 面向完整任务

在一门学科内突出以任务、项目或主题学习为重点，扬长避短，充分发挥合作学习的优势。在以往的课堂教学中，独立自学（实际上在这里应理解为个人单干学习）之所以颇受青睐，一个重要的原因除了我们没有将教学看成是师生之间、生生之间协商对话的互动过程之外，一个更重要的

缘由在于我们常常将教学目标局限在掌握单一的学科内容上，教师注重的是"教教材"抑或是教内容，但实际上我们真正要做的是教任务。只有以任务、主题或项目为核心来选择学习方式，才能使表现多样化的合作学习成为必要。

3. 渗透学科之间的联系

课程内容的整合应突出学科内容的综合性和科际的渗透联系，进一步拓宽适宜合作学习的条件。不仅科学、社会、艺术、综合实践活动等课程理所当然应该强调综合性，就是语文、数学、外语、体育等学科也要努力加强联系。过分强调学科系统性和独立性的做法，对开展合作学习是十分不利的。一般来说，综合性越强，学习任务越复杂，越需要学生展示不同的认知特色，学生就越容易产生合作的要求和意愿。

三、任务方式适配，为落实合作学习搭建平台

合作学习不是万能的，并不是所有的教学任务都宜采用合作学习。什么样的教学任务适宜合作学习方式？我们认为，选用合作学习方式需要考量的重要依据是，教学任务或教学内容中是否涉及互动、互助、协同、整合、求新、辨析、评判和表现等因素。[1] 但是，更为重要的是，究竟什么样的教学任务适宜什么样的合作学习具体方式呢？要解决这一问题，教师必须做到以下三点。

1. 充分了解各种具体的合作学习方式，并把握其内在特点

在国外，经过研究证实且行之有效的合作学习具体方式有许多，广大教师耳熟能详的就有"切块拼接法"、"游戏竞赛法"、"共同学习法"、"小组调研法"、"成绩分阵法"、"思考—配对—分享法"和"轮流读"（说、写、画、唱、做）等等。一般来说，我们可以将名目繁多的合作学习具体方式划分为"互助型合作"和"协同型合作"两大类。"互助型合作学习方式"适宜教学任务相对单一，学习要求较为简单，合作学习的时间相对较短，帮助者和求助者角色容易区分，合作学习方式属初步尝试，合作技能

---

[1] 盛群力. 合作学习方式与教学任务的适配. 人民教育，2004（5）.

总体不够娴熟，学习评价方式往往出现以个人参加测验、个体展示表现为主等教学情况。"协同型合作学习方式"则适宜跨学科学习任务，项目调研型学习、主题活动，综合任务学习等，其花费的学习时间往往更长些，学习评价方式往往以一个综合的产品或结果呈现，个体的人际交往与组织协调能力常常能在协同型合作学习中得到充分展示的教学情况。如果说，"互助型合作学习方式"与"协同型合作学习方式"是连续统一体的两个端点，那么，还会有两者兼而有之的方式，即互助中有协同，协同中有互助。"切块拼接法"就是其中的代表。只有依据每一种合作学习具体方式本身的特点，再统筹考虑学生和教学内容的特点，我们才能够保证发挥合作学习的优势。

2. 注重合作学习方式与一般教学策略的结合

对合作学习方式进行类型的划分有助于人们更为有效地运用各种具体的合作学习方式，但我们还可以从二维视角对合作学习运用的条件作进一步统筹安排。即将一般教学策略（如接受学习与发现学习）和合作学习类型（互助型合作和协同型合作）结合起来，以形成四种具体的方式，为各科教学提供一个可以参照的平台。有的研究者甚至已经详细讨论了它们的具体操作要点。

资料夹 1-4

合作学习四大新型策略体系[①]

我们把合作学习的两种基本类型（帮助型和协同型）整合到两大基本的教学策略中（接受和发现），在这两个维度的基础上组成4个新型的合作学习策略。

一般而言，帮助—接受型合作学习与协同—发现型合作学习分处该策略体系的两端，帮助—发现型合作学习与协同—接受型合作学习处于两端的中间地带。这四种策略均以学习者为中心，目的都是促使学生在合作学习中建构意义、发展交往与合作能力。它们的使用范围分别是：

---

① 盛群力，郑淑贞. 合作学习设计. 浙江教育出版社，2006：103~127.

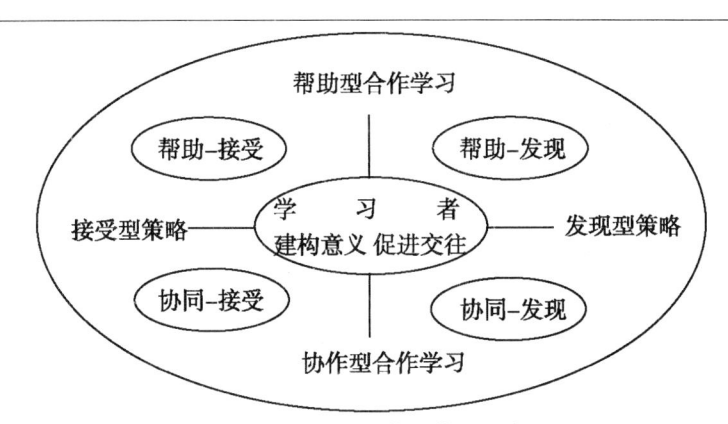

```
              帮助型合作学习
        ┌─────────────────────┐
       帮助-接受           帮助-发现
  接受型策略    学 习 者    发现型策略
              建构意义 促进交往
       协同-接受           协同-发现
        └─────────────────────┘
              协作型合作学习
```

合作学习四大新型策略体系示意图

1. 帮助—接受型合作学习

①掌握教材内容，巩固基本知识和发展基本技能。②学习任务较简单，共同合作的时间较短（一般是当堂完成），学习结果的评估较单一。③教师处于运用合作学习的初期。④具有初步合作技能的低年级学生。

2. 协同—接受型合作学习

①适用于像社会科、语文及部分理科中描述性为主的内容，适用于理解概念、原理而不是掌握技能一类的学习目标。②学习任务具有中等难度，带有一定的综合性，往往是需要分解掌握的。共同合作的时间较短。③教师处于运用合作学习的初、中期。④具有一定合作技能的学生。

3. 帮助—发现型合作学习

①运用所学知识进行创造性地问题解决。②学习任务相对较难，共同合作的时间适中（一般是当堂完成），学习结果的评估较综合。③教师处于运用合作学习的中、后期。④学生具有较娴熟的合作技能。

4. 协同—发现型合作学习

①运用所学知识进行发现探究、创造性地解决问题，培养创新精神和实践能力。②学习任务相对较难，共同合作的时间较长（一般是数天到数周），学习结果的评估较综合。③教师处于运用合作学习的中、后期。④具有较高合作技能的高年级学生。

资料来源：

盛群力，郑淑贞. 合作学习设计. 浙江教育出版社，2006：103～127.

3. 综合运用合作学习方式和其他新的学习方式，追求教学中的自为境界

灵活运用各种合作学习具体方式，发挥每一种具体方式的各自优势，这是当代著名合作学习专家卡甘教授倡导"结构套餐法（structures approaches）"的出发点。结构套餐法并没有提出什么新的合作学习具体方式，而是强调根据具体学习情境，恰当地优化组合、综合使用合作学习原理以达成具体的学习结果。实际上，这是一种"元合作学习策略"。推而广之，不仅合作学习具体方式需要优化组合，同时我们也要根据教学的实际情况，将合作学习方式与其他多种教学策略或学习方式结合起来，如探究学习、反思学习和计算机支持学习等，以促成课堂互动，调节课堂氛围，创设富有激励性的课堂情境，最终实现优质高效的教学目标。从目标出发设计教学活动，不单纯拘泥于某种合作学习方式，这是合作学习实践中应有的基本认识。

四、掌握人际技能，为实施合作学习提供保障

人际交往能力是合作学习成功的重要保障。国外合作学习理论非常重视合作小组的建设过程，但是，在我们现行的课堂教学中，合作学习大多只是被用来完成学习任务（task-work），人们往往忽略其在培养学生人际交往技能（team-work）方面的重要功能。有人认为，有合作经验的学生可以采用合作学习方式，没有合作经验的学生则应选择其他学习方式；年龄小的学生（例如幼儿园的小朋友）难以进行合作，只有到了小学高年级以上的课堂才可以采用合作学习方式。这种错误认识的根本就在于，它忽略了合作本身就是一种学习的内容，就是一个学习的过程。其实，不仅大学生、成人学习者可以合作，就是中学生、小学生甚至幼儿园的孩子也都可以合作。任何人，没有亲身体验合作，缺乏学习怎样与别人合作的机会，就不会真正具备合作的品质与能力。我们认为，要将培养合作学习技能作为极其重要的一个方面来抓，只有做到这一点，合作学习进入课堂才有了一个基本的保障。

1. 将小组技能和人际技能作为开展合作学习的先决条件，系统地加以训练

合作学习之所以比竞争学习和单干学习更为复杂多样，是因为它要求学生同时完成学习任务和交往任务。交往能力绝不是天生的，也不是自然习得的。每一位教师都要像教语文、数学、科学、社会等学科内容那样来认真对待和系统训练学生的人际技能。在日常的教学设计、教学实施和教学评价中，教师都应该专门计划、预先考虑、认真落实和检查总结这方面的要求。例如，可以在小组活动中设置一些特定的角色，如监督员、协调员、报告员、操作员、记录员、质疑员等。教师应该转变观念，扩大视野，立足于在培养学生高层次能力上下工夫，有足够的耐心，舍得投入时间。一开始，我们可能会在教学进度上有一些损失，但是，只要日积月累、持之以恒，就能收到退一步进两步的效果。

2. 充分重视小组建设或小组自治的工作

必须明确，人际技能和小组技能应该在小组活动中或与小组同伴的交往中予以培养。就像任何产品有生命周期一样，小组也是有成长周期的。小组的运作有赖于小组成员具备善待自我、欣赏别人以及真诚信任与关系平等等合作品质。教师应该定时与学生讨论班级内各小组运作的情况，利用多种手段，如图表、专栏、板报、广播、网站和班会等来加强小组建设和完善小组自治。尤其是在一些重要的合作学习活动结束时，应该让学生专门讨论谁对活动的贡献大、谁在哪些地方最值得改进、谁能够经常鼓励别人、小组成员在这次合作学习活动中采用的最有助于达成小组目标的措施是什么等诸如此类的问题。总之，学生的合作品质只有在合作活动中才能形成，只有具备了一定的合作品质，学生才会更加积极努力地参与合作活动。

3. 努力提高教师自身交流互动与创造课堂和谐氛围的能力和水平

客观地说，现在不仅学生不会合作，有些老师自己也不善于合作。这恐怕是目前合作学习效率不高甚至难以为继的一个原因。从某种意义上说，阻碍合作学习效果的，不是设备，不是学生，而是教师自身的观念和素养。以往的职前教师教育和教师在职培训，都十分强调普通话、粉笔字、多媒

体课件制作能力等等,很少将时间和精力用于培养和训练教师的课堂人际交往技能和能力。教师如何从一个信息的呈现者、知识的裁判者转向提供学习资源、创设学习情境、设计学习活动、组织教学过程、分享学习结果,这是实现有效教学的关键之一。运用合作学习有助于提升教师设计和组织教学活动的能力。教师将更多地以决策者、组织者、支持者、沟通者的角色出现在课堂教学之中,为此,教师不能仅仅热衷于做学生学习的"向导",还应当具有成为学生学习"伙伴"的强烈意识。

合作学习方式作为世界教育改革的主流思潮,其价值已经被长期的研究所证实。但是,它要在我国的教学实践中真正发挥作用,还需克服许多困难,这是一个长期的、渐进的过程,不可能一蹴而就。无论如何,有一点是肯定的,即合作学习的价值还远远没有被我们充分认识,合作学习的潜力还远远没有被我们充分挖掘。正像合作学习专家约翰逊所指出的:在课堂中实施合作学习需要持续的努力和智慧,并不是一件易事,但确实是值得去做的。[1]

---

[1] Johnson, D. W. et al (1994). The Nuts and Bolts of Cooperative Learning. Minnesota: Interaction Book Company. 15:3.

第二章 合作模块与结构套餐

"结构"是卡甘合作学习理论中的重要概念,也是卡甘与其他合作学习理论倡导者的差异所在。作为合作学习理论的代表人物之一,曾任美国加利福尼亚大学心理学和教育学教授的卡甘自20世纪60年代开始就一直致力于合作学习的研究,并创办了卡甘合作学习中心(Kagan Cooperative Learning Center),从事合作学习理论的研究和合作师资的培训。迄今为止,卡甘和他的同事已经培训了来自全世界的十多万名教师和教育领域的领导者,并设计开发出了两百多种步骤明确、简单易学的合作结构。

卡甘合作学习的核心概念是"结构"(structure)。在卡甘提出"结构"这一概念之前,合作学习通常是以"课"为单位的,强调完整的合作课型体系。其代表人物约翰逊兄弟认为,每节课都应包含积极互赖、面对面的促进互动、个体责任、人际和小组技能、小组自评这五个要素,教学中时时、处处都要求体现合作精神。在约翰逊的合作模式中,教师上课前必须根据具体的课程目标和学生的实际情况来设计相应的合作课型。因为每次所授内容不同,因此合作课型都是一次性的,不能重复使用。下次上课时,教师必须根据新的学习内容花费大量时间重新设计和新学习内容相匹配的合作课型。

鉴于合作课型的这种低效和复杂性，卡甘提出的问题解决思路是设计"结构"。结构是一种经过精心设计的特殊的教学策略，它与阅读策略、写作策略等不同，且与具体学科内容无关（这也是卡甘合作学习的核心思想）。例如，学生掌握了阅读策略后，能更好地理解文章；掌握了写作策略后，能写出更优美的文章。换句话说，教学策略通常只适用于某一门学科，可以帮助教师更好地传递学科知识。而卡甘合作学习所倡导的"结构"则突破了学科内容的限制，适用于所有学科：教师可以将同一结构用于不同学科，以生成不同学科的教学活动。结构相同，内容不同，生成的课堂活动就不同。一节好课就是由一系列教学目标明确、设计严密的教学活动所构成。因此，结构是一种适用于所有学科内容的教学策略，它能有效地组织师生互动、生生互动和学生与文本之间的互动。

卡甘在其代表作《卡甘合作学习》一书中分别针对班级建设、小组建设、思维能力、信息分享、沟通技能、社交技能等介绍了一百多种合作结构。本章将在卡甘合作结构分类的基础上，结合对合作结构的认识，对卡甘及其同事提出的合作结构法进行重新分类，从小组建设、班级建设、培养思维能力、发展情感智能等方面选取具有代表性的合作结构作若干简单介绍，并配以具体例子说明（这种分类并不绝对，有些合作结构可能只适用于培养学生某一方面的能力，而有些则可能适用于好几种能力的培养，因此存在交叉现象）。[①]

作为具有完善理论体系和具体操作步骤的卡甘合作学习研究，尽管已经在美国有了相当的影响，但在国内却鲜有介绍。本章将从结构套餐法的基本原理及其操作这两个方面，向读者呈现结构套餐法的魅力，从而使广大中小学教师能在课堂合作学习的实践中方法更灵活、思路更开阔、成效更显著。

---

① 本章所介绍的卡甘合作学习理论及合作结构法，主要源自：http://www.kaganonline.com/；Spencer Kagan & Miguel Kagan (2009), Kagan Cooperative Learning, Kagan Publishing；George M. Jacobs, Michael A. Power, Loh Wan Inn. (2001). The Teacher's Sourcebook for Cooperative Learning: Practical Techniques, Basic Principles, and Frequently Asked Questions, Thousand Oaks, CA: Corwin Press 等。

第一节　结构套餐法的基本原理

一、PIES 原则

积极互赖（positive interdependence）、责任到人（individual accountability）、公平参与（equal participation）和同时互动（simultaneous interaction）是卡甘合作学习的基本原理，简称 PIES 原则。卡甘认为，只有贯彻上述四条原则的合作结构才称得上是合作学习，否则只能算是小组学习。

1. 积极互赖

与约翰逊兄弟相同，卡甘视积极互赖为合作学习的首要条件。在解释何为积极互赖时，卡甘特别提到了消极互赖（negative interdependence）这一概念。消极互赖，即个人的成功与他人没有联系，个人的成功甚至常伴随着他人的失败。在过分强调竞争的传统课堂中，学生间的关系就是一种消极互赖。

卡甘以两个登山者登山为例，假设三种情况：

情况一：登得快的登山者帮助登得慢的登山者，最终两个人都登上山顶。

情况二：登得快的登山者帮助登得慢的登山者，但最终两人都没有登上山顶。

情况三：两人进行比赛，最终一个登上山顶，一个没有登上山顶。

以上三种情况，前两者属于积极互赖，情况三属于消极互赖。判断是否是积极互赖的关键不是看结果是否有人成功，而是看大家是否共进退。两个人都成功，是积极互赖；两个人都失败，也是积极互赖。但如果个人的成功会导致他人的失败，这就是竞争，是消极互赖。

此外，卡甘还指出积极互赖有程度强弱之分。例如，如果教师要求每个小组成员考试都得考 80 分以上，成绩好的学生就会很努力地帮助成绩相对较差的同学，因为团队的成功有赖于每一个成员。但如果教师的要求是"小组平均成绩达到 80 分以上"，那么，只要有几个同学成绩考得高一点，这个要求也能达到。显然这时小组成员间的积极互赖就不如前者强。

2. 责任到人

责任到人几乎是所有合作学习基本原理都会涉及的一个基本要素。为了防止出现有些学生大包大揽，而另一些学生坐享其成的情况发生，卡甘强调"每个人都必须有看得见的行为表现，这种行为表现是全体小组成员所必需的"①，即每个学生都要以外显的行为方式参与到小组活动中去，不能只作一个观众。卡甘认为，读、写、说较之听和想就是一种显性的行为，听和想作为内隐行为很难被教师监测和评价。基于此观点，卡甘设计了许多鼓励学生读、写、说的合作结构，如：轮流说、轮流写等。

3. 公平参与

传统教学中，教师进行课堂提问时，常会请学生举手示意以表明自己知道答案。一些成绩优异、性格外向的学生常会踊跃举手，而另一些成绩平平或是对自己不够自信、害羞的学生则选择放弃。这些学生失去了表达自己想法的机会，没有平等参与到教学活动之中。在合作小组学习中，这种不平等也仍然存在，话语权同样被那些能力强的学生掌握着。卡甘认为由于学生天赋和性格的不同，每个学生对集体的贡献也不可能完全一样，所以真正意义上的平等在教学实践中是无法实现的。教师所能做的就是尽量为每个学生提供同等的学习机会和表达自己想法的机会。卡甘认为，教师可以通过让学生轮流表现，如：就某一话题，学生轮流发言，每一个人在表达自己想法的同时，也获得他人的新观点。或者通过任务分工，让每个学生承担一定的任务角色，切实做到责任到人。卡甘尖锐地指出，很多传统的小组学习，既缺乏轮流表现，又缺乏任务分工，所以其小组活动都是不公平的参与。在随后发表的《卡甘结构法与共同学习法的区别》一文

---

① George M. Jacobs et al（2001）．The Teacher's Sourcebook for Cooperative Learning： Practical Techniques， Basic Principles， and Frequently Asked Questions. Thousand Oaks，CA：Corwin Press，46.

中，卡甘明确指出，"公平"（equitable）一词比"平等"（equal）更为贴切。

4. 同时互动

卡甘非常强调合作学习中小组成员间互动的同时性，他常常用百分比的形式来量化学生在某一特定时刻参与教学活动的程度。根据约翰·古德莱德（John Goodlad）的调查，课堂教学中几乎有 80% 的时间是由教师主讲的，剩下 20% 的时间才轮到学生发言。按照一节课 50 分钟、一个班 30 个学生计算，一节课留给学生发言的时间只有 10 分钟，如果轮流发言，平均每个学生只有 20 秒的时间。这种互动是一种继时互动，有前后顺序，一个说完，一个再说，非常低效。卡甘认为有必要创设一种条件，让更多的学生同时参与到和教师、同伴间的互动中去。卡甘认为，在一个 4 人合作学习小组中，学生参与学习活动的机会相比传统的课堂教学已经得到大大提高，至少有 25% 的机会和同伴互助互动。但若在 4 人小组的基础上，再进行两两配对，配对讨论，那么，在一个 30 人组成的班级中，至少将有 15 人同时在向同伴发表自己的看法，而且每人发言的时间将达到 5 分钟。另外在两两配对的情境下，由于每次只有一个听众，且听众与发言者的距离非常近，这就迫使听的学生不得不更加认真。

二、脑兼容原理

脑兼容（brain-compatible）一词最先由 Leslie A. Hart（1983）提出，他主张应根据人脑如何处理信息的研究结果及对人类自然学习行为的观察结果，设计与人脑运作模式和学习倾向相容的课程与教学。脑兼容理论倡导课程规划应顺从人脑的运作方式，而不是让人脑来适应课程。

近年来，一些脑神经专家的研究显示，学习的环境及情绪会改变人脑的功能，丰富的学习环境、良好的情绪反应，配之以正确的学习方法，会增加人脑的重量及扩宽神经纤维的分布，反之，则会减少学习者大脑细胞的数量，脑神经纤维的分布也会慢慢消失。

卡甘合作结构法吸收了上述有关人脑研究的结果，从 9 个方面论述了合作结构法是如何建立在脑研究基础之上的。

1. 合作结构使大脑处于活跃状态

大脑的体积虽然只有成人的两个拳头那么大，重量也只占人体总重量的2%，但它却要消耗人体25%的氧气和血糖。任何增加供氧量及脑部供血的活动都会对人体健康及学习产生影响。学生在课堂中长期处于久坐状态，思维活动就会变慢。因此，卡甘鼓励教师在课堂上采用互动性强的结构法，让学生的四肢动起来，使心跳和呼吸加速，为大脑提供更充足的氧气和血液，使大脑处于兴奋活跃状态，增强大脑的工作机能，从而提高学习效率。

2. 人脑是社会化的器官

人脑是一种社会化的器官，人独处时的思维远远没有人处于团体中来得活跃。合作学习可以满足人脑渴望与人交流的需求。合作结构法打破了传统课堂教学中生生互不往来的局面，为学生提供了与同伴交往的机会，促进人的大脑处于一种积极的活动状态。

3. 人的高级思维需要安全、轻松的氛围

研究发现，当大脑处于安全的环境下时能最好地进行高级思维。这就告诉我们，为学生营造一种安全、轻松的学习氛围是教师课堂教学之必须。卡甘合作结构法从这一观点出发，关注学生的心理需求，强调教学必须为学生创设一个安全的学习环境。在合作结构法中，首先，每种方法都有可遵循的规则（步骤），学生只要用过一次，下次再用时，就可以预见下一步是什么。很多时候人之所以会感到恐惧，是因为不知道在接下来的时间里将会发生什么，而在合作结构中，学生清楚地知道将要发生的一定不是坏事，因此，他们不会一边担心、一边学习，而是在一种放松的情境下开展学习。其次，通过班级建设和小组建设，让不同背景的、原本较为陌生的学生互相了解，彼此接受，不再有抗拒的心理，这样就可以帮助学生将全部精力都投入到学习之中。第三，合作结构法中的小组一旦建立，常常相对比较固定。与固定的、自己熟悉的同伴一起学习，可以让学生获得安全感。最后，卡甘合作结构有专门针对如何倾听、如何表达自己的想法等沟通技能的训练，这大大改善了学生与他人沟通相处的能力，确保学生在与同伴分享观点时不会被讥笑，从而将全部精力放在思考问题上而不是防范同伴的嘲讽上，为学生营造了一个安全的学习情境。合作结构使学生能自由地表达自己的观点并关注他人的观点,将大脑解放出来用于高级思维。①

4. 积极良好的情绪有助于记忆

到目前为止,科学家在人脑神经元上已发现 70 种反应器,它们针对每种不同的化学物质会作出反应。这些反应器又被称作"情绪分子"(molecules of emotions)。情绪并不是孤立于大脑之外存在的,它们是统一的整体。研究发现,积极良好的情绪能促进大脑对刺激的记忆。卡甘合作结构有助于教师帮助学生酝酿某种情绪去学习知识,更有效地记忆知识,使学习变得更有意义。

5. 良好的情绪促进思维

当新刺激出现时,人脑会变得更加警觉。独立于人脑之外的其他个体为人脑提供了源源不断的新鲜刺激。合作结构法满足了学习者寻求新鲜感的需要,因为在卡甘合作学习中学生间更易产生互动,这种互动成了学习者学习过程新鲜刺激的源泉,学生对学习活动不再觉得无聊,从而使学习更有效。

6. 人脑以多元方式处理信息

人脑具有以多元方式同时处理大量信息的认知特点。学生在教室学习时,所接受的信息并不仅仅是教学内容,他们可以一边听老师讲课,一边关注一些学习内容以外的信息,如教师的语音语调和服饰发型、座位的排列、教室墙壁的颜色等。基于人脑处理信息方式的这种独特性,如果我们仅以一种方式向学生传递学习内容,显然教学效果不会理想,学生很容易思想开小差。再加上随着信息技术的发展,如今的学生生活在一个被网络等多媒体形式包围的光影世界中,相比之下,在课堂上教师单纯的言语讲授就显得索然寡味。因此,教师在课堂上呈现教学内容的形式越多样,学生的注意力就会越集中,注意维持的时间也会更长久。卡甘合作结构通过多种形式的互动将教学内容以不同的形式呈现给学生,同时每一种合作结构的每一个步骤都需要人脑的不同部位的参与,因此在合作结构中学生注

---

① Spencer Kagan. Kagan Structures are Brain-Based. http://www.kaganonline.com/KaganClub/FreeArticles/ASK11.html

意力不容易分散。

7. 互动为人脑提供及时反馈

只有不断得到来自他人的反馈，特别是及时反馈，人脑才能顺利地处理信息。这是人脑的又一特点。传统教学中，学生获得的反馈很少，且反馈主要源自教师，同伴的反馈很少。与其他合作学习研究者一样，卡甘也非常重视互动，重视来自同伴的反馈，但不同的是他还强调这种互动反馈是及时的。合作结构为学生提供了一个充分互动的平台，学生不仅可以得到来自教师的及时反馈，同时还能获得大量来自同伴的及时反馈。这些反馈能帮助学生更好地建构有关知识的意义。

8. 人脑具有个体差异性

合作结构倡导根据学生的个体差异进行因材施教。人与人之间存在很大差异，这种差异在人脑上主要体现在两个方面：一是认知方式的不同。不同的学生信息加工的方式会有不同的习惯性偏好。例如，在记忆方面，每个学生储存信息的方式是不同的，有的喜欢借助图像来帮助记忆，有的喜欢通过概念来促进记忆，还有的则可能倾向于凭借运动知觉来增强记忆。个体的这种认知偏好没有优劣之分，不管采取哪种认知方式都能取得同样好的学习结果。二是智能表现的方式不同。根据加德纳的多元智能理论，每个人的聪明才智会体现在不同方面，有的体现在数学逻辑上，有的体现在语言表达上，有的则体现在音乐上特别有天赋。传统教学崇尚同质教学，学生差异越大，教师所面临的挑战也越大。但合作学习尊重差异，认为只有学生间存在差异，才有互相学习的必要。每个人的优点正是存在于自己与他人的差异之中。鉴于此，卡甘分别设计出了多种不同的合作结构，以满足不同学生的发展需要。

9. 人脑具有可持续发展性

人脑具有很强的可塑性和无限的发展潜能。根据职业的不同，大脑某些部分的发展也会有所不同。如出租车司机大脑中的"海马回"（hippocampus，一个与空间记忆有关的脑组织）会比常人发达，这种差异并非与生俱来，而是通过后天的不断强化逐步形成。卡甘认为，学生未来的职业是教师无法预见的，因此，我们不可能针对某部分脑组织进行强化训练而舍弃其他，教师所能做的就是尽可能多的为学生提供不同的学习经验，使大脑获得全面均衡的发展。基于此观点，卡甘的合作结构法不仅涉及归纳、演绎、综合、分析等思维训练，还包含音乐、绘画、表演、人际关系等多元智能的开发，最大程度上丰富了学生的学习体验。

第二节 结构套餐法：团队建设

一、小组划分

1. 小组的划分

根据教学任务的不同，卡甘认为，合作学习小组的组成可以有以下四种形式：

（1）异质小组。即每个小组由一名尖子生、两名中等生和一名学习"后进生"组成，但各小组之间总体水平应当基本一致，做到组内异质、组间同质。组内异质为小组成员间的互助合作奠定了基础，而组间同质又为全班各小组间展开公平竞争创造了条件。

（2）随机小组。即由教师随机抽取4名学生组成一个小组。

（3）自我选择小组。即学生自主选择与自己喜欢的同学组成一个小组。

（4）同质语言小组。即在外语教学中，根据学生英语水平的高低进行同质分组，但性别、种族、认知能力等其他特征还是进行异质分组。这样，词汇量接近的学生被分到一个组，交流起来会更容易，彼此能更容易明白对方的意思。

以上4种小组形式中，卡甘认为异质分组是合作学习的基本分组原则。因为异质分组可以为同伴间的互助提供最大的可能性，不同种族、性别、社会阶层、学习能力的学生在一起学习，这对学生而言既是一种挑战，又是一种机会。与差异如此巨大的人在一起学习，尤其是和那些没有选择和自己合作的学生在一起学习，这对学生的社会交往技能无疑是一种考验。但也正因为个体间存在差异，因此不同观点会产生碰撞、妥协与整合，这就为学生提供了从另一个角度去思考解决问题的机会。此外，异质分组可以避免非异质分组中常见问题的出现。如在自我选择分组（self-selection）中，关系好的或兴趣爱好相同的 4 个学生常常选择在一个组，这就很容易造成组与组之间等级制的形成；在随机分组中，学习能力较弱的学生有可能都被随机分在同一组，那这个组在竞争中就处于劣势。异质分组在这一点上，将公平做到了最大化。

2. 小组规模

合作学习的研究者几乎都赞成异质分组，异质小组可谓是合作学习的典型特征。然而，在小组规模的问题上，各派却没有达成统一意见，他们分别研究了 2 人小组、3 人小组、4 人小组、5 人小组、6 人小组和 7 人小组的合作学习，得出的结论是：2～6 人小组是最理想的合作学习小组，教师可以根据教学内容、学生特点、授课环境等因素确定每次合作学习小组的具体人数。但卡甘却主张将合作学习小组的人数固定为 4 人。

卡甘视 4 人小组为合作学习的黄金小组，认为这一人员组成最有利于实现公平参与和同时互动的合作学习基本原则。当一个合作学习小组人数是奇数时，肯定有一个学生会落单，因此小组人数必须为偶数。如果是 6 人或 8 人小组，成员间面对面的互动机会就相对减少。以 8 人小组为例，教师要求每人用一分钟谈谈自己对某首诗歌的感想，8 个人就是 8 分钟，意味着每个学生是用 7 分钟的等待换一分钟的发言，而且因为人数较多，所以很有可能会出现重复或极其相似的观点。小组规模过大，会降低合作效率，但合作小组的规模也并非越小越好。两人小组，虽然会增加学生的互动，但思想的多元性和丰富性却随之减少，因为可供交流、学习的对象只有一人，学习成功所需要的资源大大减少。4 人小组在保证学习资源多样性的同时，可以展开两两配对活动，从而大大提高每个学生的参与度，真正做到公平参与。

3. 分组方法

在合作学习课堂中，传统的分组方式通常是教师按照学生学业成绩的排名进行分组，即以 30 人的班级为例，将排名第一、第十五、第十六和第三十的 4 个学生安排在第一组，排名第二、第十四、第十七和第二十九的学生安排在第二组,以此类推。当出现 4 个学生都是同一性别,或是 4 人关系非常好或是非常不好等违背异质分组要求的情况时,教师可以进行适当调整,如用第二名代替第一名。这种分组方式,从学业成绩的角度来说,是最公正的,但不免显得有些机械,而且忽视了其他很多因素。因此,卡甘在借鉴他人理论与实践研究之后,总结设计出了以下几种较具特色的分组方法。

方法 1:社会关系表法。

社会关系表是由美国社会学家、心理学家莫里诺(Moren)于 1930 年首创的。通过询问班上每位学生喜欢和谁在一起、不喜欢和谁在一起,据此计算出每位学生在班中的受欢迎程度。卡甘引进这一量表,作为教师分组时的参考依据。

教师让学生在最想成为自己组员的三个学生的名字前面画上"＋",在最不想成为自己组员的三个学生的名字前面画上"－"。教师在分组时,要适当考虑学生的喜好。

如果在分组时,出现下述情况(图 2-1):学生己和学生丁分在同一组,(因为学生己在学生丁的名字上画了"－",这就代表学生己不想和学生丁在同一组)教师就需要适当考虑学生自己的感受,有可能的话进行小组成员微调。

姓名	甲	乙	丙	丁	戊	己	庚	辛	壬	癸
甲		＋	－		＋		－		＋	－
乙	＋		＋			－			＋	
丙				＋		－			＋	
丁	－	＋				＋				
戊										
己		＋		－					＋	
庚	＋	－		＋					＋	
辛				＋			－		＋	

壬	+					+			■	
癸	−			+		−				■

图 2-1　社会关系表法示意图

方法 2：组长分组法。

以往课堂分组都是由教师一人说了算，从组长到组员，都是由教师一人决定的，学生几乎没有选择的权利。而组长分组法，则赋予了各组组长自由选择组员的权利。

第一步：教师选出 7 或 8 名最优秀的学生作为各组组长，并同时给出 6 或 7 名学习能力最弱的学生名单，让各组长开会讨论每组分别选谁。

第二步：第二天，教师向大家宣布组长名单，并让组长们各自挑选组员。由于事先各组组长已经就最弱学生的分配达成一致，因此组长们会主动走向各自挑选的"后进生"面前，对他说："我希望你能加入我们组。"组长主动邀请这些平时常被人忽略的"后进生"加入自己组的做法，无疑是对他们的一种鼓励和肯定。因此，不少后进生这时甚至会高兴得涨红了小脸。

第三步：各组组长选择剩下的两名组员。组长在选择组员时，要考虑到组员的性别，不能全为男生或全为女生，男女应搭配选择。

方法 3：话题分组法（Topic-Specific Teams）。

学生按照对某一话题的不同态度（赞成或反对）排成一条直线。

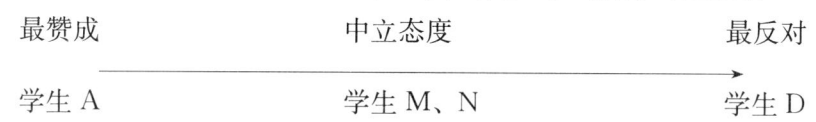

最赞成　　　　　　中立态度　　　　　　最反对

——————————————————→

学生 A　　　　　学生 M、N　　　　　学生 D

将直线对折，赞成的站一排，不赞成的站一排。将学生 A、M、N 和 D 分为一组。其他小组分法同上。

二、小组建设

科学地将学生分成若干异质小组，这仅是开始合作学习的第一步，接下来教师要做的工作是小组建设。在一个异质小组中，学生之间原本就存在较大差异，如何将 4 个最不可能会主动选择在一个组的学生有效组织起来，并顺利开展合作学习，这是需要教师动一番脑筋的。很显然，小组建设是合作学习必不可少的一环。

在一个彼此不了解对方、组员关系紧张的小组中，合作难以真正实现。卡甘认为，教师在没有帮助学生营造一种互相信任、互相帮助的学习氛围之前，就要求学生们开展合作学习，这无异于穿着带有石子的运动鞋参加跑步比赛。磨刀不误砍柴工，想要合作学习有效开展，教师在一开始就必须花一些时间用于小组建设，而且学生共同学习时间越长，就越需要小组建设。

根据社会心理学家舒茨博士（Dr. Schutz）的观点，每个人在人际互动中都存在三种最基本的人际需求：接纳需求（inclusion）、控制需求（control）和情感需求（affection）。这三种需求，通常是分层级的，并会在小组的不同发展阶段显现出来。小组组建初期，由于同伴之间彼此不认识，每一个小组成员都或多或少会有焦虑感，担心自己是否能适应新的学习环境。"能否为新集体所接纳"是学生这时最为关注的问题，学业可能退居次要位置。因此，在小组建立之初，教师有必要为学生提供尽可能多的彼此熟悉的机会，并帮助各组建立自己共同的价值观，这样不仅可以降低学生的焦虑感，同时会增强学生的归属感和接纳感。只有这样，对学业学习的关注才会增加。

1. 促进相互了解

方法1：小组访谈法（Team Interview）。

小组访谈法是一种非常自然的熟悉同伴的方式。在规定时间里，4人一组，以互相提问的方式，互相了解。学生可以从问对方的名字开始，如：你的名字是什么意思、你有其他名字或是绰号吗、关于你的名字是否有一个有趣的故事等。然后，问题可以慢慢深入，可以问一些有关对方经历或是人生观的问题，如你曾经去过哪里，将来还想去哪里，你将来想成为怎样的人等。

方法2：轮流投掷法（Turn Toss）。

轮流投掷法是一种非常有趣的介绍名字的方法，这种方法能有效帮助学生记住他人名字，同时锻炼学生的沟通技能。具体分三个步骤：

第一步，知道名字。学生 A 将一张纸团成球状，然后注视学生 B，问学生 B："我叫 A，你叫什么？"学生 B，拣起纸球，告诉学生 A 自己的名字，然后将纸球扔向学生 C。如此轮流问名字。

第二步，使用名字。知道别人名字后，学生们开始使用名字。学生 A 将纸球扔给学生 B，并看着他的眼睛说："B，见到你很高兴。"学生 B 对学生 A 说："很高兴能和你在同一个组，A。"如此轮流下去。

第三步，相互提问。使用名字提问。如："A，你喜欢学校吗？""B，你在这里待多久了？"

轮流投掷法的最大优点在于，它要求学生马上将自己刚刚知道的名字运用于交流对话，用名字进行互相提问，从而加深印象。在提问过程中，每个学生可以阐述自己对小组的看法，然后可以将大家一致认同的观点作为小组规范，日后用于约束组员。

方法 3：拼凑句子法（Scrambled Sentences）。

前面两种方法通常只会涉及与学生个人有关的问题，促进学生彼此了解。拼凑句子法则是寓教于乐，将游戏与学业内容完美结合，尤其适用于英语课堂。教师可以凭借此法，促进学生互相协作，在一种轻松的氛围中学习知识。具体实施方法如下：

（1）教师要求每个组员分别在小卡片上写上一些词（其中有一个词的首字母要大写，其余词均为小写），然后将卡片放入一信封。如：

信封 1：Spring begun eager me

信封 2：here blinded The dogs reading

信封 3：start The to have

信封 4：sunlight barking I'm is

（2）教师指导学生将 4 个信封中的词拼凑成有意义的句子，每个学生都要求拼出一个句子。组员间可以交换信封，但不可以交谈。不能主动向别人要信封，只能等待别人主动将信封递过来。可以将自己的信封主动递给其他组员看。每个句子的第一个单词必须由首字母大写的那个词担任。如：

Spring is here.

The sunlight blinded me.

The dogs have begun barking.

I'm eager to start reading.

2. 促进相互认同

在异质分组中，学生间的差异是显而易见的，怎样才能做到求同存异、和平共处，这是建设异质小组必须要解决的问题。卡甘认为，有三件事是教师务必要做到的：第一，使每个学生都清楚知道自己的价值观；第二，帮助学生了解其他组员的价值观；第三，让学生明白价值观本无对错可言，要学会尊重、接纳他人的差异，这是每个小组必须完成的任务。卡甘特别设计了一种价值澄清教学法（value clarification activities），即通过几张图标帮助学生更好地了解自己，了解同伴。

（1）每个学生各自在"我是……"和"我更喜欢……"这两张图标上标出自己的位置，然后进行小组讨论，学会欣赏接纳他人的差异。

（2）每个学生完成"什么是你在意的"和"你最想成为怎样的人"这两张表格。

我是……

动作快————————————→动作慢

思考者————————————→实干家

早起者————————————→夜猫子

聆听者————————————→健谈者

领导—————————————→追随者

爱好室内活动————————→爱好户外活动

我更喜欢……

冒险电影————————————→喜剧

冰激凌——————————————→蛋糕

飞机———————————————→船

赛车 ——————————→ 名车

海滩 ——————————→ 山脉

小狗 ——————————→ 小猫

什么是你在意的										
世界和平	1	2	3	4	5	6	7	8	9	10
家庭安全	1	2	3	4	5	6	7	8	9	10
个人财富	1	2	3	4	5	6	7	8	9	10
个人幸福	1	2	3	4	5	6	7	8	9	10
刺激的生活	1	2	3	4	5	6	7	8	9	10
智慧	1	2	3	4	5	6	7	8	9	10
自尊	1	2	3	4	5	6	7	8	9	10
救助	1	2	3	4	5	6	7	8	9	10
内在和谐	1	2	3	4	5	6	7	8	9	10
帮助他人	1	2	3	4	5	6	7	8	9	10

你最想成为怎样的人										
诚实	1	2	3	4	5	6	7	8	9	10
爱心	1	2	3	4	5	6	7	8	9	10
冒险精神	1	2	3	4	5	6	7	8	9	10
野心	1	2	3	4	5	6	7	8	9	10
富有想象力	1	2	3	4	5	6	7	8	9	10
独立	1	2	3	4	5	6	7	8	9	10
逻辑能力	1	2	3	4	5	6	7	8	9	10
责任	1	2	3	4	5	6	7	8	9	10
合作精神	1	2	3	4	5	6	7	8	9	10
有趣	1	2	3	4	5	6	7	8	9	10

3. 促进相互支持

组员之间仅仅是互相认识知道大家同属于一个小组是远远不够的。教师必须要让学生明白整体的力量大于各部分力量之和。只有当小组成员互相支持、彼此依靠时，小组的力量才会更加强大。为此，以下几种合作结构法可以用来培养学生互相支持的合作意识。

方法1：蒙眼列队法（Blind Caterpillar）。

第一步：全体组员排成一列纵队，后面的同学牵着前面同学的后衣角，除了第一个领队的同学可以睁开眼，其余同学都必须闭上眼睛。

第二步：由领队的学生带领大家在教室里走动，领队要随时告诉队友大家所处的位置。当老师喊"交换"时，领队的学生就排到队末，由原来排第二的学生充当领队，如此轮流下去。

第三步：当所有同学都做过领队后，教师让学生回到原位，请大家分别谈谈作领队和跟着领队走时的不同体会。这个游戏培养的是组员之间的信任感。

方法2：鼓掌游戏法（Clapping Game）。

第一步：推选一名学生出列。

第二步：剩下的组员一起讨论，选择一样室内的物品作为出列学生要找的东西（这件东西必须让找的学生能够得着）。

第三步：组员们回到原位，出列学生开始找寻目标。

第四步：在出列学生找寻的过程中，其余组员要一直鼓掌，当出列学生靠近所要找的目标时，鼓掌声音就更大。

第五步：当出列学生最终找到目标时，全体组员一起为他鼓掌，并欢迎他重新归队。

方法3：蒙眼作画法（Blind Art）。

蒙眼作画法培养的是学生的协作能力。每个学生戴上眼罩，在纸上画一扇门。画完后，将纸传给左边的同学，由左边的同学在上面添一扇窗。窗画完后，再传给左边的同学，让他画上烟囱。最后，让大家摘取眼罩看看组合的图画是怎样的。

三、班级建设

合作课堂是由一个个合作学习小组构成的。但并不是一个个成熟健全的小组组合在一起就一定能形成成功的合作课堂。试想如果每个学生都仅从本小组的利益出发考虑问题，那每个小组的组员都会希望别的小组失败，组间竞争就会出现，卡甘将这种情形比喻为"班级内战"。因此，班级建设必不可少。

尽管在合作学习中，学生的大部分时间是花在小组活动上的，但教师要让学生明白班级是由组构成的，自己不仅是小组的成员，同时也是班级的一员。教师在设计教学目标时，应分别从班级和小组两个层面出发，让学生明白要实现班级层面的教学任务，必须通过各小组的协同努力。这样小组间的竞争关系就会演变成积极互赖。只有在积极、轻松、和谐的氛围中，全体学生才有可能为实现统一目标而相互信赖、真诚合作、团结一致。卡甘认为，可以通过班级重构和班级建设这两种途径将学生像网络系统一样有效组织管理起来。

1. 班级重构

卡甘用一个很形象的比喻描述了现行民主教育体制下，教师在课堂中扮演的角色。教师一人身兼数职，既是国会（立法机构），制定班级各项规章制度，又是总统（行政机构），管理班级日常事务，同时还是法官（司法机构），对学生的过失进行惩罚。教师一人三权合一，都由其说了算，学生处于无权的地位，学生会觉得自己如同被人支配的木偶一般。要想改变这种专制式的管理模式，卡甘认为就必须对现行的班级体制进行重组，让班级的每一个成员都参与到班级建设中来，真正做到民主管理。

卡甘认为，定期召开班会是最有效的班级重构方式。当学生之间出现矛盾时，如果这个问题不是必须马上要解决的，可以将它先列入班会议程，等下次开班会时大家一起讨论该如何解决。这段时间不仅能让当事人冷静一下，同时也为他们赢得处理问题的时间。通常在下次班会召开之前，当事人往往已将问题处理好了。在班会上，他们可以将自己如何解决问题的方法与大家一起分享。

冲突仅是问题的一种表现形式，班会上经常还会讨论其他形式的问题，如：如何杜绝迟到现象，如何保证全班同学上课都安静听讲等。因为班会上要解决的问题往往是发生在学生身边的事，因此很容易激发他们的参与欲望，并提出行之有效的解决方案。

另外，就如何做出班级决定，卡甘推荐了一种更为公平的"投币表决法"（Spend-A-Buck）。首先，学生就教师提出的问题，集思广益，纷纷发表意见，提出解决方案。然后，学生将手中的三枚硬币（三枚硬币面值分别为1元、5角和1角），投给自己最赞同的三个解决方案，面值的大小代表自己对此方案的喜爱程度。需要注意的是，同一方案，每个学生只能投一个硬币，也就是说三枚硬币必须分别投给三个不同的方案。最后，进行统计，得到硬币数最多的即为班级决定。如果出现两个或多个并列第一的，可以在并列选项中重新投币，决出唯一选项。

表面上，投币表决法与传统的举手表决没有太大区别，都是得票数最多的选项成为班级决定。但事实上，投币表决法要比传统的举手表决法更公平，能较全面地反映全班同学的意愿。采用举手表决常会出现这样的情况，假设在一个30人的班级中，有13个举手表决赞同甲观点，有9人赞同乙观点，有8人赞同丙观点，甲观点因为得票数最高，就会成为全班的决定。但这种做法是否公平？13人选择甲观点，但却有17人没有选择甲观点。显然，不赞同甲观点的占了多数，这时所谓的"少数服从多数"其实就是一种假象。因为投票表决，每人只有一次表决的机会，没有折中，容易出现以少数人的决定代表全班决定的现象。而投币表决法通过用三种不同面值的硬币让学生根据自己的认同度，选择自己喜欢的观点，这就可以尽量避免出现上述问题。得票数最高的选项，虽然仍无法保证是每个人都最喜欢的，但至少是全班绝大多数人都能接受的。

2. 班级建设

通过班级重构，形成民主公平的班级氛围之后，接下来要做的就是班级建设。教师应帮助各小组学生互相熟悉、互相支持、彼此尊重、融洽相处。班级建设的方法和小组建设的方法有很多相似之处，班级建设的方法无非是提到班级的层面来说，因此有许多结构方法是可以通用的。但并不是所有小组建设的方法都适用于班级建设，或都能找到相对应的班级建设的结构法。以下几种结构法就只适用于或尤其适用于班级建设。

方法1：内圈外圈法（Inside-Outside Circle）。

第一步：让两组学生分别站成两圈，内圈学生脸朝外，外圈学生脸朝内。

第二步：听教师口令移动，如：全体同学向右转四分之一圈、每人朝顺时针方向转动一个人的位置。停下后，与自己面对面的学生进行交流，可以问对方叫什么名字，出生在哪里，最喜欢什么书，等等。

内圈外圈是一种很有效的让学生彼此熟悉的方法，全班同学分两个圈站，打破了各小组各自为营的局面，能使学生迅速熟悉起来。

方法2：接龙法（Linkages）。

接龙法，顾名思义，就是学生像扑克牌一样一个个接下去。教师可以根据不同的要求让学生"接龙"，如可以根据学生喜好接。第一个学生说："我是苏珊，我喜欢巧克力冰激凌。"同样喜欢巧克力冰激凌的学生可以牵住苏珊的手或挽住她的胳膊，说："我是王丽，很高兴你喜欢巧克力冰激凌，因为我也喜欢它。我还喜欢电影。"然后，喜欢电影的学生可以牵住或挽住王丽的手，说："我是张强，很高兴你喜欢电影，因为我也喜欢。我还喜欢钓鱼。"如此继续，当最后一个学生也接上后，最后一个学生挽住第一个学生的手，大家围成一个圈，喊道："我们的班级叫我们，我们很高兴。"然后，全体欢呼。接龙法可以让学生在游戏中了解彼此的兴趣爱好，帮助学生寻找共同点，形成班级归属感。

方法3：混合组讨论（Mix-Pair-Discuss）。

每个学生在纸上写上一位自己熟悉的人的名字（或一部自己刚读过的小说中的人物名字），纸的背面注上自己的名字（名字要折起来，不能被别人看见）。然后将所有纸（每张纸的上方都打有两个孔）串起来，变成一本本子，挂在墙角。让大家猜分别是谁写的。猜的时候，学生可以在教室里走动，并可以向同学提问，但只能提三个用"是"或"不是"回答的问题。被猜中的学生在胸前挂上自己的胸卡。没有被猜出的名字可以汇总贴出来，继续猜，一旦猜出可以在名字边上打钩。

方法4：数字游戏法（Number Puzzles）。

第一步：教师让学生在教室里自由走动。

第二步：教师喊"停"，提出一个有关数字的问题，如：白雪公主的故事中有几个小矮人，一英尺等于多少米等。教师甚至可以在提问中加入肢体语言，如击掌两下加击掌三下是多少。

第三步：学生通过拥抱，以拥抱的人数作为答案。如：白雪公主的故事中有7个小矮人，那学生就每7个人拥抱在一起。没有被抱在一起的学生就代表输了，站到老师指定的位置"待定"，等待下一轮其他同学来"营救"。

因为游戏规则规定：两次进入"待定"位置的学生要被取消游戏资格。所以，这就要求学生要有牺牲精神，在选择时优先考虑那些已进过"待定"位置的学生。数字游戏法让学生在游戏中通过肢体的接触，彼此熟悉，彼此信赖。

第三节　结构套餐法：发展思维技能

21世纪以前，大多数人都生活在农村，依靠农业生存，那时的教师清楚地知道，自己应该教给学生怎样的知识和技能。但是今天，随着信息时代的到来，科技不断发展，手机、GPS定位系统、视频会议等新的高科技产品不断涌现，人们在享受高科技带来便利的同时也心存迷惑：科技发展如此之快，十年后的生活将会怎样，一个刚入小学的孩子在他大学毕业时将会面对怎样的社会和工作需求。很显然，当代教师面临着以往未见的挑战。尽管人们无法预测几十年后的社会及其生活，但许多教师都清楚，满足于死记硬背肯定是不行的。信息更替之快，使得学生在校学到的知识，到毕业时很有可能过时。信息时代，能力不再体现为对信息的储存，而是对已有信息进行分类整合，从而生成新信息并加以评价应用。思维能力的培养显得尤为重要，它即便不是唯一的，至少也是21世纪必不可少的。

一、合作结构用于思维技能训练的优势

在如何对学生进行思维训练的问题上，教育界一直存在两种观点：课程观和教学观。课程观视思维技能为一种具体的、外显的学习内容，认为可以通过改编现有教材来对学生进行训练。例如：可以向学生呈现一段文字，阅读后用一句话进行总结；或是给学生看一幅图画，让学生看后用不超过 30 字进行描述。这些课程内容都是在训练学生总结的能力。

教学观则认为思维是一种过程，可以采用新的教学方法来对现有课程内容进行教学，从而培养学生的思维能力。上述两种方法都具有可行性，但卡甘更倾向于通过改进教学方法来培养学生的思维能力。卡甘认为，较之思维训练的课程观，合作结构法有以下几大优点：

（1）省时省力，不增加学生负担。学生课业负担本来就很重，如果再增加一门"思维训练"课，无疑会增加学生的负担。而且因为是全新的内容，教师也得重新备课。而通过改变教学方法的形式，将思维训练作为一种隐性课程寓于原有课程中，既为师生节省了备课和学习的时间，也不会给学生增加考试压力。

（2）学为所用。虽然通过"看图说话"之类的题目，也能锻炼学生的总结能力，但在现实生活中，不会有这样的题目，这就造成所学的知识很难应用于实际生活。而卡甘合作结构法在课堂中为学生营造出逼真的生活场景，学生在课堂上所习得的知识、技能能很快迁移到实际生活中去，做到真正的学为所用。

（3）练习充分。思维训练的课程观由于视思维技能为一种内容，那么，学生是不能天天都学习同样的内容的，这就势必要求教师今天教一种思维能力，明天教另一种思维能力，但因为疏于练习，学生很快就会忘记。而合作结构法则因为与内容无关，就可以在不同的教学内容的学习中重复使用，从而让学生处在一种天天进行思维训练的学习情境之中。

二、合作结构在思维技能培养中的具体应用

根据脑科学的研究，思维类型不同个体所使用的大脑部位也不同。卡甘合作结构法针对 15 种不同的思维类型，设计出了不同种类的合作结构（表 2-1），教师在使用各种结构法训练学生不同类型思维能力的同时，也在全方位地开发学生的大脑。

培养思维技能的卡甘合作结构

表 2-1

	思维技能	适用的合作结构
理解信息	1. 回忆（Recalling）	提问（Send A Problem） 寻找知情人（Find Someone Who） 旋转复习（Rotating Review） 起立分享（Stand and Share）
	2. 总结（Summarizing）	解释通行证（Paraphrase Passport） 打电话（Telephone） 三步访谈法（Three Step Interview）
	3. 提炼（Symbolizing）	思考—绘画—轮流说（Think-Draw-Round Robin）
	4. 分类（Categorizing）	相似小组（Similarity Groups） 综合排序（Sequencing） 头脑风暴（Brainstorming） 单词连连看（Team Word Webbing）
	5. 角色认同（Role-Taking）	价值站队（Value Line-Ups） 自我配对（Match mine）
处理信息	6. 分析（Analyzing）	寻找异同点（Same Different） 切块拼接（Jigsaw）
	7. 应用（Applying）	编号共学（Numbered Heads Together）小组—配对—单干（Team-Pair-Solo）
	8. 归纳（Inducing）	思考—配对—分享（Think-Pair-Share）
	9. 演绎（Deducing）	编号共学，圈内圈外（Inside-Outside Circle）
	10. 解决问题（Problem Solving）	轮流说（Round Robin），切块拼接

生成信息	11. 头脑风暴（Brainstorming）	4人头脑风暴（4-S Brainstorming） 轮流说，轮流写（Round Table）
	12. 综合（Synthesizing）	小组陈述（Team Statement） 轮流说，轮流写
	13. 预测（Predicting）	轮流说，轮流写，编号共学，圈内圈外
	14. 评价（Evaluating）	投票表决（Spend-A-Buck）
	15. 提问（Questioning）	三步访谈法，小组访谈（Team Interview）

上述15种思维技能可以分为三大类，其中回忆、总结、提炼、分类和角色认同属于理解信息；分析、应用、归纳、演绎和解决问题属于处理信息；头脑风暴、综合、预测、评价和提问属于生成信息。下面我们依据卡甘对思维技能的三大分类，选择若干合作结构法予以介绍。

1. 适用于理解信息的结构法例举

在信息更替如此之快的当今社会，如何从众多信息中，挑选出对自己有价值的信息，并准确归纳，总结其精华，显得尤为重要。不同的人会根据不同的分类标准，对同样的事物做出不同的分类。而选择怎样的分类标准，正好反映了个体思维能力的强弱。

教师要求学生对一堆工具进行分类，往往会出现两类学生：一类学生会尝试根据不同的分类标准不断地分类，可能分了20分钟后还在分；而另一类学生可能只会根据事物大小分类，一分钟就分好。前者乐于关注事物的不同点，善于从多角度出发看问题，而后者由于将目光更多地聚焦在事物相同之处，因而思维方式常常显得较为简单。但这两种思维方式是会转变的，如果经常与关注事物差异的人相处，一个原本总是关注事物相同之处的人，也会开始关注事物的差异。教师应有意识地帮助学生提高自己的高级思维能力。卡甘合作结构为学生提供了不同标准的分类练习，拓宽学生的思路。

方法1：非结构分类法（Unstructured Sorts）。

所谓非结构分类，是指不用固定的、唯一的标准进行分类。例如，采用头脑风暴法，让学生以小组为单位将大家写出来的想法进行分类。分完后，请代表将自己组的想法写在黑板上，与全班同学分享。然后，教师鼓励学生不断找出新的标准，再对全班同学的想法进行分类。非结构分类法适用于语文课中对小说人物进行分类，或是历史课上对历史事件和历史人物进行分类，也适用于自然科学课上对动物分类。非结构分类法鼓励学生从不同的视角去认识世界，这样学生以后思考问题就不会局限于某一点，而是会从多个角度去思考问题。

方法2：结构分类法（Structured Sorts）。

每个小组会得到一张纸，上面列有16项待分类的事物，每个学生负责4项。小组成员轮流将自己分类的依据及结果告诉其他组员，只有当大家一致同意，才可以这样分类。这就迫使学生们要不停地协商。如给学生一组人物，让他们进行分类：哪些属于历史人物，哪些属于艺术家等。

方法3：单词连连看法（Team Word Webbing）。

第一步：同一组的4个学生每人分到一支不同颜色的彩笔。教师让学生将要讨论的话题（如家庭）写在纸板的中间，用方框框起来。

第二步：学生轮流在纸板上写上自己认为与讨论话题有关的关键词，用椭圆形圈起来。接下来围绕这些关键词，学生可以自由发挥，联想出许多其他词（图2-2）。

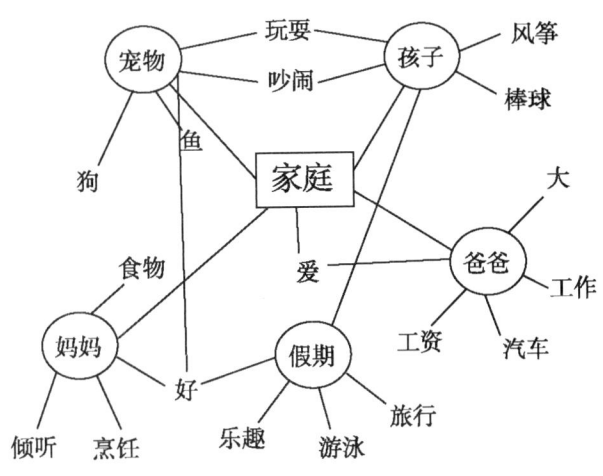

图2-2 单词连连看示意图

第三步：学生将自己认为有关联的两个词用直线连接起来。由于每个学生用的笔的颜色不同，所以很容易分辨。教师根据连线会发现有的组4种颜色的线条几乎没有什么相交，而有的组则相交线很多。前者说明这个组组员之间思维差异较大，各自比较孤立；后者说明组员间思维方式很接近，大家都想到一起了。

方法4：解释通行证法（Paraphrase Passport）。

解释通行证法通过角色扮演的形式锻炼学生的总结思维能力。在这种合作结构中，学生没有发言卡，学生想要发言，必须先将前面同学的观点用自己的话重新表述一遍，然后才可以谈自己的看法。这么做有两个好处：第一，这就迫使每个学生要仔细听别人的发言，不会出现一个人在上面发言，下面的同学都不听的情况；第二，这也可以使发言的同学了解别人是怎样理解自己想法的，从而更好地与人沟通。例如在社会课上，为了使学生对经济大萧条有更深刻的理解，教师可以让学生两两配对进行角色扮演。一位学生饰刚获知股市暴跌的企业经理，另一位饰因无法获得抵押贷款而刚失去农场的农人。两位同学采用解释通行证法进行角色扮演，两者沟通时，在阐述自己观点之前必须先将对方所说的话进行总结，然后以自己的话复述一遍，在学习新知识的同时锻炼了自己的总结能力，将两种思维技能——分类与总结完美结合。

2. 适用于处理信息的结构法例举

在理解信息的基础上，接下来要做的就是对有用的信息进行归纳、分析，应用已有信息，通过讨论提出解决问题的办法，即处理信息。

方法1：双框归纳法（Two-Box Induction）。

传统教学中，教师常常先将原理、规则等教给学生，然后通过一些例子来验证。这样做的好处是清晰明了，学生能清楚地知道概念、规则是什么，但缺点是因为这些原理、规则不是学生自己发现的，所以不容易记住。因此，不妨反过来做，教师先给学生一些例子，让学生自己试图找出规律。双框归纳法的具体实施步骤如下：

第一步：找出规律。教师在黑板上先画两个大方框，然后如图所示分别在方框中各填写一个事物的名称（如树枝、叉子），要求学生猜测其中的分类规则。

教师可以让学生先独自考虑，看看有哪些分类的可能性。然后教师在方框中再加上两个例子（如木块、小刀，图2-3）。

方框一	方框二
树枝	叉子

方框一	方框二
树枝	叉子
木块	小刀

图 2-3 双框归纳法示意图

给学生 10 秒钟的独立思考时间，接下来进行两两交流和小组讨论，让学生集思广益，找出方框一中的例子有何共同点，与方框二中的例子有何区别。最后将分类假设写在黑板上。学生可能会得到以下假设：

假设一：方框一中的事物均为木质的，方框二中的事物均为金属质地。

假设二：方框一中的事物均不是餐具，而方框二中的事物均为餐具。

假设三：方框一中的事物均无光泽，而方框二中的事物均有光泽。

……

教师接着在方框中增加例子，为了确保学生最终能自己发现分类规则，因此填写的例子要具有代表性。填好后的方框如图2-4。

方框一	方框二
树枝	叉子
木块	小刀
油	泰坦尼克
树叶	锚
船	岩石
软木塞	砖块

图 2-4 双框归纳法示意图（依据分类规则排列）

通过前面一轮轮的小组讨论，到这时学生应该可以得出结论：方框一中所列事物均能浮于水面，而方框二中所列事物都会沉入水底。

第二步：检验规则。找到规律后，让学生以小组为单位在两个方框中分别再添加一个新的例子，以此检验所发现的规律是否正确。

第三步：当全班同学达成一致意见后，教师可以再给出学生一些例子，采用编号共学法检验学生是否掌握。

双框归纳法尤其适用于各门课程的概念教学。如数学教学中，教师可以给出两组数据，让学生找出其中的规律，从而掌握奇数和偶数、素数和合数等概念；语文教学中，教师可以给学生两组单词，让学生明白形容词和副词、规则动词和不规则动词的区别，教师甚至可以为学生提供两篇不同文体的文章，让学生通过比较，明白什么是散文，什么是记叙文；科学教学中，教师可以通过所给例子使学生明白什么是脊椎动物和无脊椎动物、导体和绝缘体等概念。

方法2：思考—配对—分享（Think-Pair-Share）。

这是合作学习最著名的技术之一（图2-5）。

第一步：学生相互结伴配对。教师提出一个问题。每一个学生都花一些时间单独进行思考（一定要鼓励学生单独思考，不要相互交流。在这段时间里，教师甚至可以鼓励学生闭上眼睛好好地想问题）。

第二步：每一对成员相互交换看法。

第三步：教师随机请一些学生在班级中发言。发言的学生可以讲讲他们两人讨论交流后的看法，而不是他自己个人的看法。这时教师要注意提醒学生，如你的同伴的观点是什么、你们经过讨论后认识有没有发展等，而不是只谈自己个人的观点。

有两点是运用"思考—配对—分享"技术时必须注意的。首先，在相互交流之前，每一个人都应该认真地思考自己的观点和认识，而不是想着如何去影响对方；其次，在"分享"这一环节，教师要鼓励学生认真仔细地倾听并确切地弄懂同伴的观点。

第二章 合作模块与结构套餐 / 61

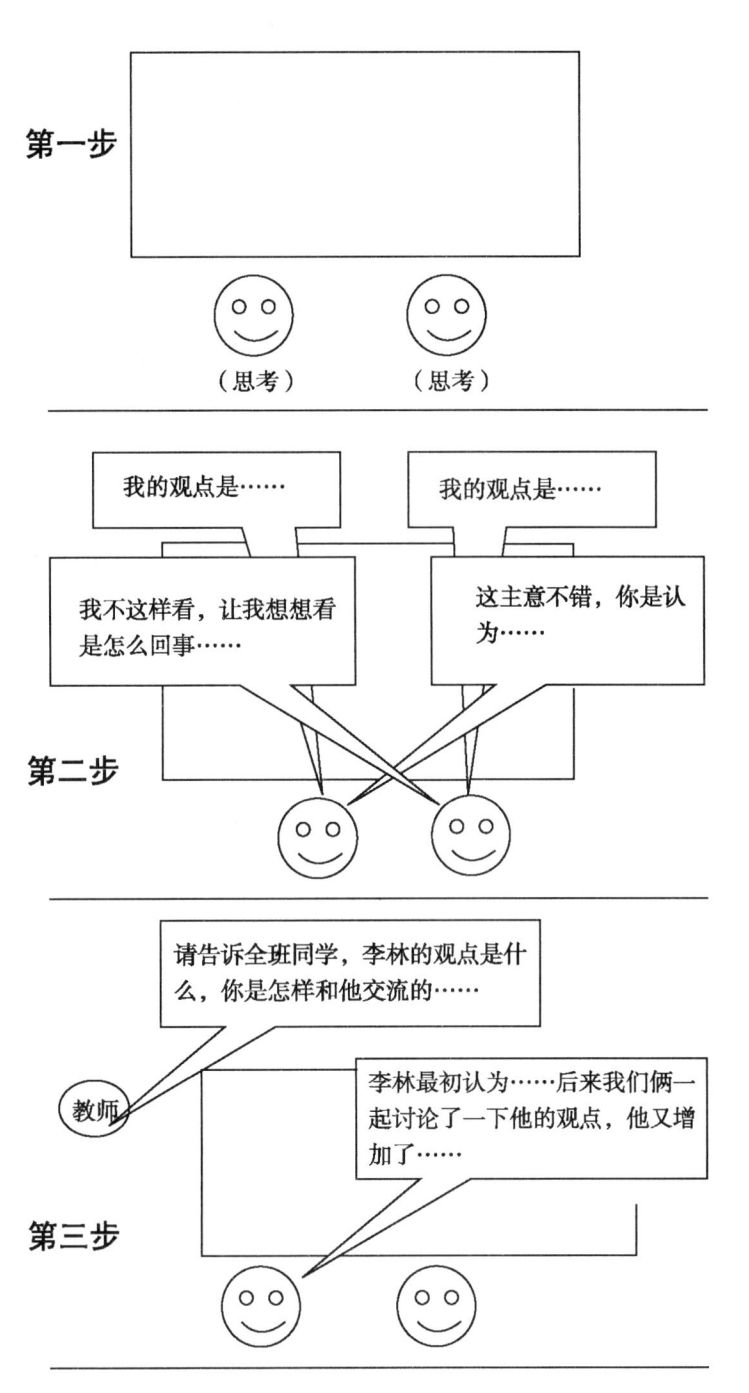

第一步

（思考）　　（思考）

第二步

我的观点是……

我的观点是……

我不这样看，让我想想看是怎么回事……

这主意不错，你是认为……

第三步

请告诉全班同学，李林的观点是什么，你是怎样和他交流的……

（教师）

李林最初认为……后来我们俩一起讨论了一下他的观点，他又增加了……

图 2-5　思考—配对—分享

"思考—配对—分享"不仅是一种促进学生有效归纳、分析信息的合作方法，更值得一提的是，它很好地体现了合作学习所倡导的积极互赖教育思想。首先，它使合作的双方都有所收益。因为每一个学生在帮助同伴使他有了好主意、好观点的同时也使自己分享到了这一好观点和好主意。其次，离开同伴的帮助谁都不能独自完成任务。因为每一个人都可能要面向全班进行汇报，汇报的内容不仅仅是自己个人的观点，它必须包含相互交流时从同伴处获取的观点和意见。

在运用"思考—配对—分享"方法时，教师不能仅仅将其视为一种合作技术，它更为可取之处也许在于其体现出的合作思想和合作观点。作为合作思想的具体体现，"思考—配对—分享"还可以有许多不同的技术变式。例如，我们可以用"书写"来代替第一步中的"思考"，由此而形成"书写—配对—分享"。书写有助于学生记住自己的观点并促使他们进行更进一步的思考，否则，他面前的纸上将是一片空白，什么也没有。除了"思考"和"书写"，取代第一步的还可以有绘制、观察、研究和设想等。

同样，教师也可以用其他选择来代替"分享"这一步。事实上，分享是一个较难操作的语词，学习活动中，学生间的分享可以是和全班分享，也可以和配对的同伴分享，还可以在合作学习小组中4人分享。卡甘曾用"方阵"（square）一词取代"分享"（share），因为方阵有4条边，当用"方阵"替代"分享"时，它清楚地表明，这一技术的第三步操作是合作小组中的4人分享。

有一位叫 Pearly Tan 的高中英语教师又进一步发展了"思考—配对—方阵"，他用变换同伴来取代合作小组中一对同伴向另一对同伴汇报的方式，在"思考—配对"环节中，1和2是一对，3和4是一对，然后进行同伴交换，1和3为一对，2和4为另一对，我们可以将这种操作技术称之为"思考—配对—变换""绘制—配对—变换"等等。

3. 适用于生成信息的结构法例举

理解信息和处理信息都是为生成新信息服务的。就学习而言，仅仅掌握原有信息是远远不够的，社会要发展，时代要进步，靠的是变革与创新。而不同思维聚集在一起，最容易碰撞出创新的火花，正如古人所云，"三个臭皮匠顶个诸葛亮"。以下两种合作结构就特别适用于鼓励大家通过集思广益，最终达成统一意见。

方法 1：四人头脑风暴（4S Brainstorming）。

四人头脑风暴是卡甘在"头脑风暴"的基础上进行修改产生的一种有助于学生求异思维和创新精神培养的合作结构。卡甘将参加人数减少为 4 人，大家各行其职，每人分别扮演一个角色，如：学生 A 扮演组长的角色（Speed Captain），催促大家快快说出自己的想法，说得越多越好；学生 B 扮演超级支持者角色（Super Support），不管别人说什么都要大力支持别人的想法；学生 C 扮演大笨蛋角色（Chief of Silly），鼓励大家提出一些疯狂的想法（一些看似愚蠢的想法事实上往往蕴涵着创新精神）；学生 D 扮演和事佬角色（Synergy Guru），促成大家最终达成一致意见。当然有位同学还要负责记录的工作，将大家的想法都记录下来。

四人头脑风暴由于参加合作活动的人数不多，因此在规定时间内每个学生提出自己设想的机会就多了。同时因为有了来自"超级支持者"的鼓励和支持，参与的学生会更勇敢地将自己的想法说出来；加上"大笨蛋"时不时地提出一些异想天开的想法，帮助其他学生拓宽思路，使各种设想在相互碰撞中激起脑海的创造性风暴，最终找到解决问题的办法。

方法 2：小组陈述法（Team Statements）[①]。

先提供一个论题，参与者有 30 秒的时间思考，然后写下自己的看法。接下来与小组的一个搭档共同讨论这个主题，彼此吸收并且加以记录。再接下来小组中的两对搭档共同比较各自的陈述质量，经过综合以后产生小组陈述，最后在全班分享。

小组陈述法的具体实施步骤为：

（1）召集人布置讨论题。

（2）短时间思考并写下个人的看法。

（3）与小组配对同伴分享和交换看法。

---

① Spencer Kagan：Cooperative Meeting：Transforming Teachers and Schools. http：//www.Kaganonline.com/Newsletter/index.html

（4）综合两人的观点。

（5）合作小组内的两对搭档之间交流比较各自的意见。

（6）进一步综合之后形成小组的意见。

卡甘认为，小组陈述法可以变式使用，如：本小组的成员可以和另一个小组的成员配对，分享和综合彼此的意见和观点；小组陈述意见可以以张贴等方式予以呈现。

卡甘明确提出，在运用小组陈述法时要注意如下问题：

（1）讨论和综合意见时可以运用发言卡（见本章第四节：适用于"自我监控"能力培养的合作结构法），以确保小组成员公平参与。

（2）小组陈述的主题应该同讨论的目的相一致，并能容纳各种不同的观点。

（3）备一些大的纸张供小组写下意见，这些意见可以贴在墙上，或者采用实物投影的方式直接书写，也可以采用PPT方式（表2-2，小组陈述记录单）。

小组陈述记录单

表 2-2

个人陈述
配对陈述
小组陈述

从小组陈述法的实施中我们可以发现，积极互赖原理要求小组陈述能综合所有个人的意见，体现每一个小组成员的贡献；责任到人原理要求每

一个人都要先独立思考,并在此基础上形成自己个人的观点;而同时互动原理则保证了在个人写下意见时100%的参与,在配对交流时有50%的参与率,在小组交流时有25%的参与率。

第四节 结构套餐法:发展情感智能

情感智能(Emotional Intelligence)这一概念最早是由耶鲁大学的萨洛维(Salovey)和新罕布什尔大学的梅耶(Mayer)在1990年提出的,他们将情感智能定义为"个体监控自己及他人的情绪和情感,并识别、利用这些信息指导自己的思想和行为的能力",即个体对自己和他人情绪状态的认识和理解,并利用这些信息解决问题和调节自己行为的能力。情感智能涉及个体对情感的认识、理解和控制能力。

丹尼尔·戈尔曼在1995年出版的《情感智能》中,阐述了自己的研究结果,认为人类的自我认知、自我约束、自我激励等情感智能对一个人的影响往往要比智商更为重要。因此,如果我们的教育忽视了对学生情感智能的培养,那对他们日后的发展是极为不利的。戈尔曼在书中同时对情感智能作了更宽泛的定义,认为情感智能主要表现在以下五个方面:

(1)对自身情绪的认知能力。了解自己的情绪,并清楚产生这些情绪的原因,能分清行动与感觉之间的区别。能认识自己的感觉、情绪、情感、动机、性格、欲望和基本的价值取向等,并以此作为行动的依据。

(2)对自身情绪的控制能力。面对挫折能坦然接受;当与他人意见不一致时,能妥善控制自身情绪,不与他人发生正面冲突;对自己、对学校、对家人始终保持一种积极的态度;懂得自我调节压力。

(3)对自我的激励能力。自我激励是指面对自己既定的目标,不断进行自我鞭策、自我鼓励,始终保持高度热忱和自制,脚踏实地朝着目标前进。

(4)对他人情绪的把控能力。对他人情绪的把控能力是指能从他人的语言、语调、语气、表情、手势、姿势等捕捉他人的真实情感,而不只是通过倾听别人"说什么";并能设身处地地站在他人的角度进行换位思考。

（5）妥善处理人际关系的能力。通俗地说就是一个人的人缘怎么样，人际和谐程度如何。良好的人际关系能力表现为能通过协商妥善处理人际矛盾；具备熟练的沟通技能，有效解决问题；为人友善、外向，在团队中能与人和谐相处，互帮互助，合作分享，受同伴的欢迎和喜爱；理解、关心他人，为他人着想。

综上所述可知，有些学生在学校里之所以会受到批评，常常并不是由智力因素所导致，而是由于他们在情感智能方面没有得到有效发展。如：上课违反课堂纪律的学生，常常在自我控制能力上存在问题；面对挫折一蹶不振的学生，大多由于缺乏自我激励能力或自我控制能力，等等。因此，学校教育除了教给学生学术知识，还应该有意识地对学生进行情感智能的教育，使学生的情商和智商得到同步开发。

为了帮助教师更好地理解情感智能的内涵，卡甘在戈尔曼划分的五维情感智能的基础上，将每一种智能的掌握程度划分成了初级、中级和高级三个不同的等级，并具体描述了每一等级应具备的能力。

卡甘情感智能等级表

表2-3

	初级	中级	高级
自我认知	仅凭感觉行事	对基本的感觉能进行区分	能区分不同情绪的强弱程度
自我监控	做事不经思考	知道做事要经过思考，具备一定的自控能力	知道怎样的行为会引起怎样的情绪；会采用不同的办法来控制自己的情绪
自我激励	不知自己为何会情绪低落	会自我安慰，自我鼓励；明确目标	对自己已有认知进行有意识的重新建构，并重新安排任务

理解他人	漠视他人的感受	能观察到他人用言语表达出来的情感	能察觉到他人未经言语表达的情感
人际关系	无法与他人建立亲密的关系	与朋友能维持良好的友谊关系，但不善于拓宽自己的交际面	能与任何人打成一片

提高学生的情感智能已作为一个不容忽视的课题摆在学校面前。如何解决这一问题？通行的做法是在原本拥挤的课程中增设一门有关情感智能培养的课程，如不少国家中小学开设的公民课。教师通过讲授配套教材的形式，培养学生勇敢、自律、尊重、诚实等品德。实际上，这种将情感智能视为一般学术知识进行传授的做法，效果并不理想。情感智能是一种体现在行动中的智能，很难以卷面考试的形式将其量化。在纸上答得头头是道的学生，并不意味着在现实生活中就一定是一个高情商的人。

卡甘认为采用合作结构法可以解决这一尴尬问题。合作结构最初并不是为了发展学生情感智能设计的。大多数合作结构设计的出发点是为了更有效地以合作学习形式传授学术知识，发展多元智能。但合作结构所产生的却是积极的学习结果，包括教会学生所必备的社交技能，有助于学生性格的养成、团体的建设、改善人际关系与提高合作技能，这些都包含在情感智能的范畴之内。教师根据不同的教学内容，灵活选择结构，让学生每天在特定的教学情境下反复使用所学的人际交往技能，这比传统的说教更有效。下面就从情感智能的五个方面，分别选取一些最具代表性的合作结构法进行介绍。

一、适用于"自我认知"能力培养的合作结构：日记反思法

为了帮助学生更好地了解自己，卡甘向教师强烈推荐"日记反思法"（Journal Reflections），即通过日记的形式，让学生将每天所学的知识及自己的想法或不懂的问题记录下来。设计日记反思法的初衷是为了提高学生学业成绩，但由于学生在日记中常会夹杂着一些对学校发生事情的想法，融入了对成败、友谊等情感问题的看法。因此这本日记事实上是一本学生

的心智成长史，学生可以在记录的过程中不断反思，更好地认识自我。

卡甘特别指出，教师在让学生展开小组活动之前，要给学生比较充分的独立思考时间。在合作学习中，独立思考是非常必要，却常常被忽略的一个步骤。许多教师在课堂中一味强调小组合作、两两配对，而忽视给学生独立学习的机会。教师常常在布置完任务后，就让学生展开合作，思维较慢的学生有时根本都来不及形成自己的观点，就被迫融入到小组活动中，跟着思维较快学生的思维走。这很容易导致盲从现象的产生。留给学生一定的独立思考时间，就意味着教师在开展合作学习活动时，一定要确保每个学生都能清楚知道自己对问题的看法。独立思考时学生只能与自己对话，在自问自答中形成并完善自己的想法。因此，独立思考是一种非常有效的提高自我认知能力的办法。同时只有时间充裕，学生对问题的思考才会深入，才能从容地组织语言，准确表达自己的想法。在此基础上的合作才是体现学生个人创造性的、高质量的合作。

二、适用于"自我监控"能力培养的合作结构：发言卡

在合作学习课堂中，常会出现两种极端的场景。当学习内容是学生非常感兴趣的主题时，学生们就会踊跃发言，争着抢着想要发表自己的看法，甚至会出现失控的局面，教师根本无法控制班级秩序；但当学生对某一主题不怎么感兴趣时，就会出现冷场的现象，学生们都不愿意发言，任教师再怎么鼓励也没有用。针对上述问题，卡甘推荐了"发言卡"（Talking Chips）法（图2-6），通过发言卡保证每个学生都有均等的发言机会，同时也迫使每个学生都必须发言（人人尽责）。具体实施步骤如下：

第一步：每个学生都有3张发言卡，也可以用其他物品（如笔、筹码等）代替。

第二步：当小组讨论时，想要发言的同学先将卡片放在桌子中间，然后发言。每个人只有3次发言机会，也就是说当你用完自己的发言卡后，就不能再发言了，只能听别人的发言。

第三步：当所有发言卡都放在桌子中间，游戏重新开始，将卡片重新发还给学生，讨论再继续下去。

第四步：活动结束后，以小组为单位讨论每个组员在活动中的表现，如是不是有学生很快就用完 3 张发言卡，是不是有学生等到别人都发言了，仍一言未发。

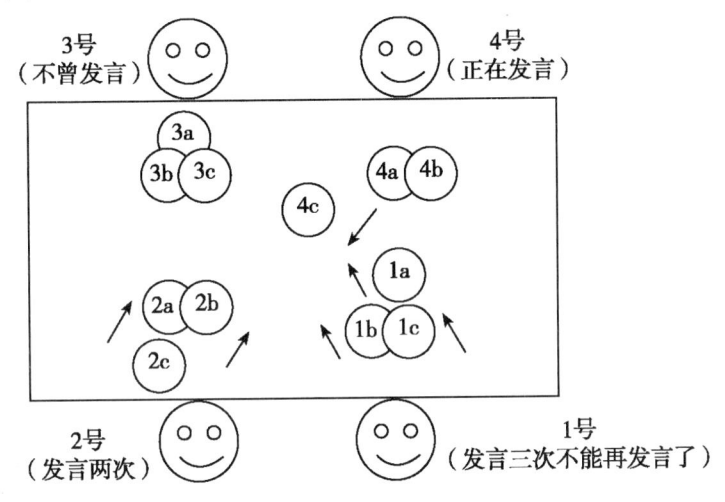

图 2-6　发言卡

发言卡法最大的好处就在于：既能保证每个学生都发言，又能防止某些学生独揽小组讨论。发言卡所体现的人人尽责、公平参与的理念，经过几次练习后自然而然就会深入人心。除此之外，由于在一轮发言中每个学生只有 3 次机会，不能随心所欲地发言。因此大家都会特别珍惜，努力克制自己想要发言的冲动，做到想好后才再发言。

卡甘所倡导的同时互动并不意味着学生在课堂上可以想说什么就说什么，想什么时候说就什么时候说。班级是一个集体，在集体中生活，就必须顾及他人的感受和利益。因此，每个人头脑中都要有轮流发言、公平参与、耐心倾听的概念，而这些恰好是培养自控能力所需的。除了发言卡之外，卡甘合作结构中还有许多其他有助于发展学生自我监控能力的合作结构，如轮流说、轮流写。

资料夹 2-1

循环写作圈

一个简便易行而又富于变化的合作学习方法是循环写作圈。这一方法可以在 4 人学习小组中使用，也可以在 4 人学习小组中由学生两两配对实施。在循环写作圈中，每个人都必须依次写些内容。循环写作圈有两种不同的运用方式，我们可以分别把它们称之为"同时写"和"轮流写"。"同时写"就是全体小组成员每人手中都有一张纸，大家同时在纸上写。其具体操作步骤为：

第一步：全体小组成员同时在各自的稿纸上书写。

第二步：每人把写有自己观点、见解（或其他一些内容）的稿纸传给自己左边的同伴。每人在接到这张纸后再在上面增加一些新的内容。

第三步：继续第二步的操作形式直至小组中的 4 人依次在每张纸上都写下了自己的观点、见解等，且这张纸又传回到了第一个在纸上写下有关内容的学生的手中。

第四步：教师请一些学生向全班报告自己写下的内容以及本组其他同伴的观点。

下面是一些运用循环写作圈的实例。

语文：每个学生开始动手在稿纸上写一个故事。写一段时间（如 4 分钟）后，每人把写有故事开头的稿纸传给坐在自己左边的同伴，每人阅读之后进行续写。这样不断重复进行，直至每张稿纸传回到最初开始写作的人手中。每个人为自己的故事写下结尾。

数学：每个人都被单独分开，要求解一些多步骤的数学题。每人只解题目的第一步，然后把纸传给坐在自己左边的同伴，由他接着做下一步。这一环节被不断重复，直至求出题目的最终答案。如果某人在某一步的解题方法不正确，那么，全体小组成员可以先中断解题过程进行小组讨论，达成一致意见后再继续解题（请注意，有时也许不止一步需要讨论和矫正）。

科学：每一个小组成员都挑选某一不同的昆虫，小组的任务是用图来展示某一昆虫的生命过程。每人都可以画一幅图（或挑一张图）来表示自己挑选的那种昆虫生命开始的第一步，接着把纸传给左边的同伴，由他接着画（或挑选）一幅图来表示这种昆虫生命过程中的第二步。接下来依次类推，直至四种昆虫的生命过程图全部完成。

社会：每人都取一张空白表格用来比较电视和报纸这两种媒体的优势。例如，这张表格有16个空格，那么每人在将表格传给左边的同伴前必须将某空格填妥。

"轮流写"是循环写作圈的另一种表现方式，较之"同时写"，它的不同之处在于，全体小组成员只需在一张纸上书写即可，当任务完成时，教师请一些同学向全班汇报自己所在小组的观点、结论或见解。

"轮流写"作为"同时写"的变式，它可以用来解决小组面临的"唯一"任务。但值得注意的是，当我们准备采用"轮流写"的形式时，我们必须先预测一下，每一个小组成员在轮到自己写时将会耗费多少时间。如果每一个人在将稿纸传递给同伴之前要花4分钟时间来书写，那么，在一个4人小组中，每人将会有12分钟的时间空在那里无所事事。因此，在运用"轮流写"时，采用两两配对的方式要比4人小组更为高效。

下面是一些我们可以选用的循环写作圈的实例。

◆学生就某一特定的主题或某一幅画列出一份适用的形容词词汇表。注意，提供给学生的图画最好是一些著名的、精美的公开出版物上的图画，这有利于激发学生的思维，对题目产生亲切感和想象力。

◆每个学生写一个形容词，然后把纸往下传。每次每个小组可以有不同的主题，如有关色彩的形容词，有关大小的形容词，有关外形外貌的形容词等。

◆全体小组成员开展集体讨论（头脑风暴）。当一个学生写下些什么时，其他学生可以提出更多、更丰富的观点，或者也可以就此观点举例说明。

◆全体小组成员根据一幅图说明消化系统的各个部分及其功能。

> ◆全体小组成员通过依次作画的方式创作出一个有插图的故事（一本有趣的小读物）。注意，画时要画得快，否则同伴要等很长时间，等到第二次轮到自己时，每人可以为画好的草图写上一些标题或说明。
>
> ◆全体小组成员对某一物体进行观察。每人写下自己的观察后把纸传给下一位同伴，下一位同伴拿到传来的纸后核对一下同伴的观点是否正确得当，是否是随意臆造出来的，然后写下自己的观察。
>
> ◆每人就刚学完的教学内容提出问题，这些问题可以是学生没有完全弄明白的，也可以是他们想更多地了解和掌握的。学生提出的问题对教师而言是极具价值的教学资源，教师可以据此确定在教学中该教些什么以及复习些什么。
>
> **资料来源：**
>
> George M. Jacobs, Michael A. Power, Loh WanInn. (2001). The Teacher's Sourcebook for Cooperative Learning: Practical Techniques, Basic Principles, and Frequently Asked Questions，(Part I: Getting Started With Cooperative Learning: 4. Principle: Individual Accountability). Thousand Oaks, CA: Corwin Press.

三、适用于"自我激励"能力培养的合作结构：小组—配对—单干法

由于合作学习通常采用的是异质分组，每个小组都是由一名尖子生、两名中等生和一名后进生组成。这种分组方式很容易造成这样一种情况，一些被认为缺乏学习技能的学生所提出的建议或做出的贡献常被人们忽视。久而久之，尖子生与后进生的差距越拉越大，后进生对学习会越来越失去兴趣，对自己的学习能力越来越丧失信心。针对上述问题，卡甘设计了"小组—配对—单干法"（Team-Pair-Solo）。从名字中就能看出这种合作结构要经历由4人合作，到搭档互助，再到一人独立完成的过程。它要求教师布置的教学任务必须处于学生最近发展区中，即学生单靠自己的力量是无法解决的，必须依赖同伴的帮助。具体实施步骤如下：

第一步：教师提出问题后，先让学生4人一组进行讨论。

第二步：两两配对讨论，互相交换看法。

第三步：经过4人小组和两人配对讨论后，每个学生独自写出问题解决方案。

"小组—配对—单干法"让每个学生都意识到自己是小组必不可少的一员，能有效增强学生的自信心和自尊心。由于教师提出的问题常常是单个学生力所不能及的，所以在最初要给予学生一些帮助——允许学生从其他三位组员那里获得提示和帮助。但这种帮助的力度会慢慢减小，随后变成配对讨论，只能从搭档那里获得帮助，最终由学生独立完成。"小组—配对—单干法"既让学生明白每个组员对小组都是同等重要的、缺一不可的，又让学生明白当碰到凭一己之力无法完成任务时，除了选择放弃外，还有其他更好的选择——向同伴求助。学生在同伴的帮助下，目标更加坚定，自信心也会增强，面对挫折会更从容。

四、适用于"理解他人"能力培养的合作结构：三步访谈法

合作的过程，其实就是一种对话交流、彼此学习、互相帮助的过程。而对话交流的前提，首先是要学会倾听，并能准确理解对方的意思。因此教师在课堂上应尽可能多地为学生提供与他人沟通交流的机会，让学生学会如何从他人的语言、语调、语气、表情、手势、姿势等方面捕捉真实情感。在此，特别推荐"三步访谈法"（Three-step Interview），即学生通过配对采访，与组员共享诸如对一首诗的看法、对一个社会热门问题的认识等信息。具体实施步骤如下：

第一步：将4人小组分成两个2人小组，两两配对进行单向访谈。
第二步：访谈者与受访者角色互换。
第三步：小组成员共享谈话所获得的信息。

需要特别指出的是，在访谈过程中，访谈者要确保自己真正明白受访者的意思，访谈者可以用类似这样的句型来复述受访者的观点，如：我可以这样理解吗，让我来复述一下你刚才的观点，看是否正确……如果受访者发觉访谈者误解或扭曲了自己的想法，受访者必须重新阐述自己的观点：我想刚才可能我没有表达清楚，我的观点是……

三步访谈法体现的是平等参与的理念，每个学生既是访谈者又是受访者，在认真倾听的过程中学会尊重理解他人，在受访过程中学会准确表达自己的想法。

五、适用于"人际关系"能力培养的合作结构：智者帮扶法（Circle the Sage）

成熟的人际交往能力是学生与同伴成功进行合作所必需的。然而这些技能并非学生天生具备，而是需要教师加以传授，并为其提供大量机会，在真实的与同伴合作的学习情境中练习。下面介绍的就是一些既能培养学生互帮互助精神，又能锻炼学生领导才能的合作结构法。

第一步：教师根据课程内容，选择合适的问题对学生进行提问。需要注意的是，这些问题必须要有一定难度，即大多数学生无法回答、只有极少数同学能解答的问题。例如：请学生解一道很难的数学题，或是问哪位学生知道某位作家的生平，也可以请学生解释为什么在结冰的马路上撒盐能加速冰的融化，等等。

第二步：请能回答这些问题的"智者"起立。其余同学各自选择一位"智者"，同组学生必须选择不同的"智者"，组成新的组（每个小组由一名"智者"、若干名普通学生构成）。

第三步：各组"智者"向同学解释答案，听的同学要认真做好笔记，不懂可以提问。

第四步：所有学生返回各自原来的小组，比较各自听到的答案是否一致。由于每个组员选择的是不同的"智者"，因此会听到不同版本的解释。当出现意见分歧的情况，可以展开全班讨论，在教师的指导下得出正确的答案。

如果教师的话题选择得恰当，每位学生都将有机会成为"智者"，体验充当权威的滋味。这种合作结构不仅培养学生的一些基本人际交往技能，如：倾听、报告、分享、解决冲突等，更重要的是培养学生的领导才能。这是其他合作结构中不多见的。

除了上述这五种具有较强针对性的合作结构外，卡甘还特别提到了两种极具代表性、涵盖情感智能五个方面的结构法——"角落法"和"编号共学法"。

方法1：角落法（Corners）。

角落法是一种能帮助学生接受并尊重来自他人不同意见的合作结构，让学生在活动中明白不同价值观和性格的重要性，正是因为大家不同，所以班级才会强大。反之，如果大家都一样，班级力量则会变弱。具体实施步骤如下：

第一步：教师向全班宣布分组标准，可以根据学生的不同喜好（如季节、动物、职业、历史人物等）进行分组，也可以根据不同观点分。持不同观点的学生各自站一个角落。例如：历史课上学习美国内战这一单元时，教师预先设计4种立场，然后课上可以问学生自己愿意代表北方军还是农场主，或是废奴主义者和南方军。如果只有一位学生选择某种观点，为使选择具有实效性，可以劝其放弃首选，改选其他角落。因为教室有4个墙角，因此通常分4组。当然也可以根据需要增减组数。如果有条件，还可以给每个角落取名字，贴上标志图画。

第二步：教师给学生一些时间，让其独立思考：自己该站到哪个角落，并将理由写在纸上。这样做的好处是能让学生理清思绪，知道自己的真实想法，避免盲从他人。

第三步：学生走向代表自己观点的角落，先两两配对，向对方说明之所以选择这个角落的原因。然后组成4人小组，向组员复述搭档选择该角落的原因。

第四步：学生以两人配对的形式进行角落间的交流，了解其他角落里同学的想法。

第五步：学生返回各自的角落，教师可通过随机抽取的方式，请学生向全班解释某个角落的观点，同时检查学生是否真正明白各个角落的观点及该派学生选择这一观点的原因。

角落合作结构既可以在刚上课时进行，也可以在课快要结束时进行，它有助于学生更好地了解和尊重他人的想法。学生在教师提供的选择项中，选择自己最喜欢的事物或是最赞同的观点，然后将理由写在纸上，这一过程培养了学生的自我认知能力，让学生明白自己的真实想法，并学会明确地表达出来。同时教师给学生思考时间也是为了避免学生因为冲动做出错误的选择，学生必须学会先冷静思考再行动，锻炼自己的自控能力。在

"角落法"中，教师先鼓励学生将自己的观点写在纸上，然后通过认真听取他人意见并用自己的话将他人的意见复述出来，这种做法，有助于学生学会心平气和地去接受、尊重甚至是欣赏异己的观念，学会站在别人的立场进行换位思考。

方法2：编号共学法（Numbered Heads Together）。

编号共学法也是一种全面发展学生情感智能的合作结构。合作小组中的每位学生都有一个编号：1，2，3，4。教师向学生提问后，学生以小组为单位一起讨论得出最佳答案，最终要做到每个组员都知道答案。然后教师随机叫号，被叫到的学生可以以答题板、板书、卡片等形式与其他组或是与全班同学分享答案。

由于这是一个大家集思广益的学习过程，每个学生在向同伴阐述自己观点时，其实也是在不断梳理自己的想法，从而更好地认识自己。

与全班提问不同，在编号共学法中，学生即便知道答案也不能举手示意老师，他们必须学会控制想要回答问题的冲动，与其他组员共同讨论或是帮助同伴明确答案，确保教师不管抽到哪个组员都能正确地回答问题，为小组争得荣誉。因此，这既是一个组员间积极互赖的过程，也是一个控制自我、不得独享风头的过程。

由于每个被抽中学生给出的答案都是在别人帮助下获得的，是全组智慧的结晶，因此他们会更乐意将自己组的智力成果与其他组的同学分享。受助于人的人往往会更乐于帮助别人。同时，学生在碰到困难时，也不会觉得无助，因为他们知道同伴会帮助自己。4人一同讨论的过程，其实是一个帮助学生建立自信心、不断激励自己的过程。

"编号共学法"讲求的是团队协作，"一荣俱荣，一损俱损"。成绩好的学生在组中的价值在于：帮助其他组员搞懂问题，确保自己组的每位同学都能正确回答老师的提问。因此，这些成绩优异的学生必须认真听其他组员的发言，然后试图站在他们的角度思考，帮助他们找出问题所在。

在组员共同寻求答案的过程中，学生渐渐学会了人际交往的一些基本技能：合作互助、认真倾听、乐于分享。学生不再以自己为中心，开始学会关心别人。这一点对于当代的独生子女教育尤为重要。

第五节 合作结构法的特色

一、理论基础科学、独特

卡甘合作结构问世已有 40 年的时间，人们从最初的质疑到后来的接受再到现在的认可，这与其方法自身的魅力是不无关系的。卡甘合作结构法之所以每年能吸引数以万计的教师前去学习，是因为它有坚实的理论基础作支撑，经得起时间的考验和实践的检验。大多数合作学习理论都是以社会科学，如发展理论、建构理论、社会互赖理论等为理论基础。而卡甘合作结构除了得到上述理论的支撑外，还得到来自脑兼容学习理论的支持。有了自然学科的支撑，合作结构当然更符合师生的需要，设计更科学合理。

正是由于有了脑兼容学习理论的支持，因此较之其他合作学习理论，卡甘合作结构理论能够覆盖个体各个层次的需求，满足了学习者安全的需求、认知的需求、个性发展需求、情感需求等。例如本章第二节中提到的组长分组法就是一例。在小组分组时，由各个组长出面，主动邀请能力最弱的学生加入自己的团队，从情感上给这些"弱势群体"以鼓励，让他们体会到被别人尊重、关心、认可的快乐。这种小组分组法，一开始就会给学生一种温暖的感觉，让他们觉得自己在小组中不会被别人排挤，大家能够友好相处，而这种安全感是教师分组所无法给予的。根据人脑运作模式设计相应课程与教学策略，作为 21 世纪教育科学中最为活跃的一个前沿领域，卡甘的合作结构理论无疑在这方面是独树一帜、成效显著的。

二、分组形式科学、合理

1. 学习小组强调团队精神

从小组性质上看，大多数合作学习研究者称合作学习小组为"Group"（小组的意思），但卡甘更喜欢称之为"Team"（团队）。在卡甘看来，一群站在马路上等绿灯通行的陌生人可以称为一小组人，但不能称为团队。

"组"指的是由不多的人员组成的单位，是从人员组织的形式来说的，与小组相对应的概念是个人。而团队是在小组的基础上建立的，并包含着特定精神在里面。一群陌生人的组合是无法称之为团队的，只有大家熟悉后，做到彼此尊重、互相支持和团结合作才能称为团队（虽然在本章写作过程中，为了方便读者理解，我们仍采用了合作小组这一称呼）。但需要特别指出的是，卡甘合作学习小组与一般概念上的学习小组是有差别的。卡甘非常重视小组建设，认为这是开展合作学习的重要保证。因此，卡甘设计了许多用于分组和小组建设的合作结构法。他坚信，只有大家彼此熟悉，互相信赖，才能使学生有一种安全的学习环境，合作学习才能有效开展。卡甘合作学习小组强调的是一种团队协同努力的精神。

2. 4人小组更适合课堂教学

从小组规模上看，卡甘坚持将合作学习小组的人数固定为4人，这是基于公平参与和同时互动这两条合作学习的基本原则。这里需要补充的是，4人合作学习小组更适合课堂教学。无论从教室管理的角度来看，还是从学生学习方面来看，4人小组都有许多优势。4人小组既有利于两两配对，可以大大提高学生同时参与的互动率，又不会出现6人小组、8人小组（小组人数超过4人）中，学生在两两配对时消耗大量时间用于挑选合作伙伴情况的出现。4人小组可以在分成两个小组时保证每个人都有合作伙伴进行交流，又能在合作小组内部实现小组交流。另外对于我国目前大班额条件下的课堂教学而言，最为理想的"马蹄式"、"圆桌会议式"等排座方式由于受到教室场地大小的限制还无法实现，这时4人小组的另一优势就显现出来了：学生根本不需要做任何移动，前排两位同学只需向后转，即可与后排同学面对面，实现合作学习小组内部的生生互动。

3. 小组类型多样，组织灵活

从小组类型看，卡甘合作小组类型更多样，组织更灵活。约翰逊兄弟根据合作小组维持时间的长短，将小组分为三种：正式的合作小组（formal cooperative learning groups），这类小组组合时间从一节课到几周均可；非正式小组（informal groups），组合时间从几分钟到一节课；合作基础小组（cooperative base groups），组合时间最长，可长达一个学期或一个学年。

卡甘则根据教学的具体需要，按功能将合作小组分为异质小组（heterogeneous teams）、随机小组（random groups）、兴趣小组（interest teams）、同质语言小组（homogeneous language teams）等。例如在学习英语时，可以根据学生英语水平的高低进行同质分组，满足不同程度学生的需求。教师可以将程度较低的学生分成一组或几组。对这些学生而言，语言环境是最重要的，如果将他们与水平比他们高一大截的学生分在一组，他们常会因听不懂别人的发言而羞于发言，久而久之失去学习英语的兴趣。同质小组为他们提供了一个自己能听懂的语言环境，让他们重拾自信。然而对于程度好的学生，可能书面阅读更为重要，因此教师可以为其提供具有一定难度和信息量的文章，让他们在互帮互助中共同学习，获得进步。

三、隐性课程蕴于结构

传统的教育观点认为，课程（Curriculum）和教学（Instruction）是两个概念。课程关注的是"教什么"，而教学研究的是"怎么教"。在卡甘看来，这种分法是存在问题的，因为在现实的教学情境中，我们很难对二者进行区分。

假设有两个水平相似的班级，同时都在学习素数这一概念。在第一个班级，教师甲让学生独自将自己认为是素数的数字写出来。在第二个班级，教师乙先让学生4人为一组，大家轮流将自己认为是素数的数字说出来，然后让学生两两配对，轮流说出更多的刚才没有说过的素数。表面上看，这两个班级的学生学的是相同的课程——素数，但第二个班级的学生除了学会素数这一概念，同时还学到了如何轮流发言、如何倾听他人讲话、如何在人数不同的小组中与人相处等等。可见，尽管两位教师所教的内容是相同的（都是素数），但由于教师采用的教学方式不同，因此两个班级的学生学到的东西是不同的。所以事实上，每种教学策略里都蕴涵着不同的隐性课程。

卡甘认为，"数学、语文、科学等学科都是显性课程，但多元智能、领导技能、社交技能、团队技能、情感智能、思维技能和多样化能力等都属于隐性课程。在面向未来的社会中,隐性课程是更重要、更长远的课程。"①卡甘合作结构不是一种新的课程,而是一种教学策略。这种教学策略在传递学科知识的同时,也在传递着丰富的隐性课程。

卡甘合作结构及其蕴涵的隐性课程例举

表 2-4

合作结构	隐性课程
配对采访(Rally Interview)	倾听、口头发言技能、轮流
编号共同学(Numbered Heads Together)	辅导、检查他人是否理解、小组合作技能
小组陈述(Team Statements)	综合各种观点、使大家达成意见一致的能力
逻辑价值站队(Logic Line-ups)	演绎推理能力
找寻我的规则(Find My Rule)	归纳推理能力、提出和检验假设的能力

在传统课堂中,教师常会采用全班提问法,对学生的知识掌握情况进行了解,学生会争相举手,示意想要发言。如果被叫到的学生回答错了,其他同学会为自己有机会发言而感到欣喜。除此之外,教师还经常会采用另外一种教学策略,即让学生各自将问题的答案写下来,逐个评分。这两种教学策略虽然实施方法不同,但都在向学生传递这样一种信息:没有别人的帮助,我自己也可以做得很好。如果老师不断向学生强化竞争的概念,会让学生认为别人的失败就意味着自己的成功,学生头脑中将只有"我"这个概念。

而在卡甘合作学习课堂中,则是另外一番景象。教师可以通过轮流说、轮流写这样的合作结构,让学生学会最基本的人际交往技能,培养学生的

---

① From Lessons to Structures-A Paradigm Shift for 21st Century Education. http://www.kaganonline.com/KaganClub/SpencerArticles.html

情感智能。如在"轮流说"这种合作结构法中,学生需要掌握倾听的技巧,要能准确把握同伴的意思,这就是情感智能的第四项——理解他人。由于大家轮流发言,因此学生必须学会耐心等待,尊重别人,这属于情感智能的第二项——自我监控。总而言之,每一种合作结构都传递着相应的隐蔽课程,教师只要选择恰当的合作结构,学生就能在轻松的学习氛围中,学会如何与人和谐相处的人际交往技能,明白每个人都为小组、为班级做出了重要贡献,每个人都具有不可替代性。要让学生意识到与人合作是一件非常美好的事情,在帮助别人的同时,自己同时获得进步。与强调单干、竞争的传统课堂不同,合作结构向学生灌输的是"我们"这一概念,让学生明白只有"我们"成功了,"我"才会成功。

四、合作结构简单易学,操作性强

卡甘合作学习中心之所以每年能吸引众多国内外教师和其他教育工作者前来学习,这与合作结构简单易学、操作灵活、实用性强是不无关系的。正如卡甘承诺的那样"不管是教师还是学生,合作结构简单易学,今天学了明天就能用,终生都享用"。

1. 结构名称简单易记

到目前为止,卡甘及其同事共设计出两百多种合作结构,并且他们给每一种结构都取了一个醒目的名字。卡甘之所以要给每种结构取一个朗朗上口的名字,除了方便人们记忆之外,还有以下几条原因。

(1) 省时省力。在第一次使用某种合作结构法时,教师需要向学生解释并告知其结构名称。以后使用时,当教师说出所要使用的结构名称时,学生就能准确知道自己要做什么,无须教师再作解释。这样就省去了每次开展合作小组活动时解释活动步骤和要求的时间,提高了教学效率。

(2) 便于教师间的沟通。由于每个合作结构法都有一个名字,因此教师在互相交流时,当一方说"我用'轮流说'教学生'素数'这一概念",另一方就能马上明白是怎么回事,无须向对方作更多解释,这就使教师在互相交流、切磋时更方便。

(3) 便于教师弄清自己是否掌握某种合作结构。对教师而言,结构法是一门可以量化的课程（quantifiable curriculum）。当合作结构的培训师问受训教师："你知道什么是智者帮扶法（Circle the Sage）吗？"得到的答案无外乎"知道"或者"不知道"。受训教师能够立即明确自己是否掌握这种合作结构，无须更多的询问和解释。

2. 合作结构重策略而非重课型

课型是课堂教学的形态，即根据教学需要划分的课的类型。约翰逊兄弟在对竞争、合作、单干三种教学情境做出分析的基础上，强调营造积极的课堂氛围和完整的合作课型。约翰逊兄弟所谓的完整课型是指，在每一节课中都应包含开始阶段、进行阶段和结束阶段三部分，每一部分都应紧紧围绕积极互赖、面对面的促进性互动、个体责任、人际和小组技能及小组自评这五项基本原则，同时必须综合运用正式合作学习小组、非正式合作学习小组和合作学习基层小组这三种小组组织形式。为了从传统课型向合作课型转变，教师需要依据各门学科的不同内容以及学生的具体情况来设计相应的合作课型，要求在教学中时时、处处都彰显合作精神。由于设计合作课型是一道极其复杂的工序，教师想要在设计与实施合作课型上得心应手，就必须不断进行培训。而且只有学生在合作课型实施之前，也接受过相应有关合作技能的培训，合作教学才能顺利开展。

相比较而言，卡甘的合作结构就简单得多了。卡甘关于合作学习的核心思想是"内容＋结构＝活动"。教师只需将不同的内容添加进各种结构中，就能生成出一系列活动来。通过改变结构和内容的搭配，就能创造出不同的教学活动。与合作课型不同，合作结构不受教学内容的限制，能够反复使用，而且教师可以凭借自己的教学经验，根据教学需要对原合作结构进行修改调整。如轮流说、轮流写本是针对4人小组进行的，让4位学生轮流阐述自己的观点。但为了提高学生的参与度和学习效率，就派生出"配对轮流说"（RallyRobin）和"配对轮流写"（RallyTable），即两两配对，两人轮流阐述自己的看法。4人"轮流说（写）"全班每次只有25％的学生在发言；而"配对轮流说（写）"则将学习者参与学习的程度提高到了50％。

事实上，卡甘合作结构的来源十分广泛，有些是在观摩了优秀教师的课堂教学后，结合理论研究改编的；有些则完全是一线教师智慧的结晶。由此可见，合作结构是一种动态的合作学习形式，教师可以根据自己和学生的需要随时进行调整，具有很强的操作性。

卡甘合作结构的灵活性还体现在教师不需要从原来的传统课型向合作课型转变，教师只需根据教学需要将合作结构置于任何一节课中。卡甘结构法的目标是让教师掌握各个简单的结构之后，根据任务的需要选择和运用相应的结构，并以自己的方式把它们串成一堂复杂的课，即所谓的多重结构课型。[①] 教师可以根据自己对合作结构的掌握情况及教学任务的需求，选择一种或几种合作结构，配上相应的内容，组成不同的活动，然后由这一系列的活动构成一节完整的课。

五、合作结构适用于大班额课堂

以往提到合作学习，人们常常会想到小班化教学。事实上，学生人数少并不是实施合作学习的充分条件。相反，从某种意义上说，大班额条件较之小班化课堂更需要采用合作学习。因为在一个以教师为主导的教学情境中，学生人数越多，留给每位学生展示自己、参与活动的机会就越少，教师对学生单独辅导和检查督促的时间也更少。因此，教师面临着要找寻一种如何在大班额条件下有效开展合作学习的途径，而卡甘合作结构正好为教师提供了这样一个契机。

由于目前的教师大多是在缺乏合作的传统教育体制下长大的，不管是自己做学生时，还是后来进入师范院校接受职前培训，大多没有得到正规、系统的有关如何与同伴开展合作学习的训练。进入工作岗位后，虽然也有不少在职培训的机会，但涉及合作教学的培训却少之又少。许多教师在没有真正理解合作学习真谛的情况下，误以为合作学习就是小组学习，他们对合作学习的理解和了解仅限于形式：布置完小组学习任务后，就蜻蜓点水般地在各学习小组间游走，有的教师甚至全程放手，让合作小组完全处于一种自由放任的状态，仅在小组学习结束后，依次听取各学习小组汇报

---

① 盛群力，郑淑贞. 合作学习设计.浙江教育出版社，2006：89.

并稍作评价与总结。这样的教学组织，无论从教师层面体会还是从学习者角度分析，双方都无法真正体会到合作学习的神奇魔力及其带来的学习乐趣。

在对合作学习的理解上，还存在着这样一种误区，即不少教师将合作学习视为一种全新的教学组织形式，试图彻底否定、抛弃传统的班级授课方式。在教学实践中，他们一味强调合作课型的完整性，过分追求导入、展开和结束中各个环节的合作性，无形中给合作学习套上了沉重的枷锁，让师生都觉得合作学习是一件非常机械的事情，从而对合作学习产生一种抵触心理。

卡甘倡导的"内容＋结构＝活动"理论为我们打开了合作学习的另一片天空，重新唤起师生合作的欲望。卡甘设计的不是具体的合作学习方略，而是一些可以应用于小组活动的基本结构。教师一旦掌握这些简单、即时可用的合作结构，并根据具体的教学任务和学生特点，巧妙地将这些结构组织连接起来，就可以形成复杂多变的课程。对于教师而言，由于不再需要设计特定的合作学习课型，教师备课任务大大减轻。加上合作结构可以直接应用于传统课堂，教师可以在讲授过程中，穿插若干个合作结构，既能保证大班额条件下的教学效果，又能活跃课堂气氛。对于学生而言，也不再需要在课前专门花大量时间学习特定的合作学习内容，而是在学习学术性知识的同时，掌握合作结构中所蕴涵的隐性课程，诸如人际交往技能与合作技能等。另外，因为合作结构可以反复使用，因此为学生提供了充分练习、运用这些社会交往技能的机会，从而使合作真正深入人心。

附录

卡甘合作学习结构法问题解答[①]

1. 合作学习该怎样同直导教学匹配才能为提高学生的学业成绩服务？

这个问题的提出是建立在两个错误假设的基础上的：第一，要提高学业成绩，就需要更多地采用直导教学；第二，合作学习和直导教学是相对立的。

许多研究数据可以证明，"多采用直导教学可以提高考试成绩"是一个错误的观念。例如，马扎诺和他的同事通过对近1000份材料的元分析研究得出了结论：那些在教学中时常使用合作学习的教师，他们的学生在学业成绩方面提高很大。

纠正"合作学习与直导教学两相对立"的观点，只需要看一看那些有经验的教师是怎样运用合作学习就可以解决。教学实践中，这些教师通常让学生对已经以直导教学方式呈现的知识点进行思考或复习，或者让学生对直导教学中呈现的技能进行说明。例如，老师可能通过直导教学定义了某一个写作技巧并举例说明，接着，教师可能会要求学生以配对的方式轮流说，请他们指出所教诗歌中运用了什么样的写作技巧；或者，老师可能使用轮流查等学生所熟悉的结构相互指导。很显然，在上述教学活动中，教师所采用的合作学习方式是对直导教学的补充而非取而代之，它通常用于巩固直导教学中学生所学到的东西。

当学习依赖于老师直接呈现知识或技能时，脱离了直导教学的合作学习就好比明眼人为盲人指路。反之，缺乏合作学习策略支持的直导教学则会导致学生对所学的东西"左耳进，右耳出"。

[①] Kagan Spencer & Kagan Miguel (2009). Kagan Cooperative Learning (Chapter1：Frequent Questions). San Clemente, CA：Kagan Publishing. http：//www.kaganonline.com/catalog/cooperative _ learning.php

2. 如果教师在课堂教学中组织学生开展小组讨论，那么，小组建设、激发学生参与等都需要花费课堂教学的时间，我还有时间和精力去完成教材内容的教学吗？

课堂教学中，如果一个教师更多考虑的是怎样尽可能多地讲解教材内容，那么，他就会站在讲台前照本宣科赶进度，就会追求课堂中的纪律和安静，就不能容忍课堂中出现任何计划外的干扰，当然，也就不允许学生提问或者讨论。这样做确实可以保证教师讲完教材内容，但是，这样的课堂会使学生觉得学习毫无乐趣，他们将很难理解所教内容，收获也会很少。

讲完教材内容当然是一个可敬佩的目标，但教师的教学应该追求寓教于理解与欣赏。实际上，如果教师想要学生理解学习内容，欣赏和喜爱学习过程，那么教师就要尽量少讲，经常留出时间让学生来发表意见。只有学生的对话和不同观点的碰撞才能让学生自己建构意义。学生经常是通过同伴的帮助和指导来巩固所学知识技能的。实际上，主动陈述比被动倾听学到的东西更多；教师讲的少，学生则可能学得多！

但是实际情况远不止于此。当今世界，信息很快就会过时。据估计，对于一个新工程师或心理学从业人员来说，其知识的半衰期不会超过5年。换句话说，他们所掌握的信息在5年之内就会过时。这一结果是发人深省的：如果要教给学生获得成功的技能，我们就必须让他们乐于学习。做到了这一点，那么每一个人就将成为终身学习者。如果仅仅是考试得了满分，却对该门学科学而生厌，望而却步，那就是在育人上的最大失败！课堂教学中的小组建设、激发兴趣的游戏活动都可以为学习过程创设一种积极的氛围，有助于实现"学而不厌"这一教学目标。

相信我们每一个人都有这种经历：教师在台上激情演讲，自己坐在下面却思绪乱飞。学习过程中，我们需要有时间消化老师讲的东西；长久地、无聊地被动灌输只能导致注意分散、学习分心。一个优秀的老师会合理安排课堂教学过程中学生的倾听、表述、操练、活动的时间分配。认真听讲、头脑放松、参与游戏能使所有学生思想集中，精力充沛。请思考一下，下述两种做法哪种才是更好的：①老师讲完所有的课堂内容，学生却毫无热情，心不在焉；②虽然教师只讲了80%的内容，但学生始终精力充沛，专心致志。相信我们每一个人都会毫不犹豫地说，当然是后一种做法更好。是的，通过小组建设、头脑放松和激发学习者兴趣的游戏活动，教师既能保证上课的进度，又可以培养学生学习的热情。

3. 在学校中，所有的教学改革都要讲科学依据，合作学习革新有科学依据吗？

当然。合作学习有教学改革中最强有力的实证研究依据。超过1000项的研究证明，在学习成绩、社会交往与情感发展、认知发展、学校与班级凝聚力等许多方面，合作学习都功不可没。

4. 合作学习的备课需要花费很多时间吗？如果一个教师想设计一堂比较复杂的合作学习课，需要花几天的时间吗？

多年前，合作学习尚处于萌芽阶段，大家一般都提倡设计比较复杂的合作学习课时教学方案，实施完整的合作学习课堂（合作课型）。实际上，这种做法基本上是将合作学习视为传统课堂教学的替代品。也就是说，它往往要求教师抛弃多年来习以为常的教学方式方法，采用新型的合作课堂。当时，这样的做法很时髦，因为似乎有一些扎实的研究表明其具有合理性。然而，我们发现教师没有足够的时间来对传统的课堂教学大动干戈，因为无论是编制"切块拼接法"表单，还是准备复杂的合作学习课时计划，都是一项耗时的工作，对合作课型的追求往往使教师精疲力竭，最后只能忍痛割爱。事实是残酷的，如果我们通过研究所证明的东西在现实教学中并不能得到贯彻，那么，它就不具备任何价值。

就在这个时候，我同当时流行的合作学习方式分道扬镳，开始了"卡甘合作学习结构法"的探索。很多人都坚持要在复杂的合作学习课堂环境中对教师进行培训，并由此设计合作课型。相反，我要求教师放弃所谓的"合作学习课堂"。我的口头禅是："不要合作学习课堂，而是要把合作学习融入每一节课。"我开始培训教师如何进行两分钟"计时配对分享"（Timed Pair）或者是一分钟"轮流发言"（Rally Robin），以此来取代为期两周的"合作课堂"（Co-op Co-op）和历时两天的"切块拼接法"（Jigsaw）。我试图帮助教师既做到课堂教学更生动、更富于参与感，又不完全另起炉灶。

我们仍然相信比较复杂的合作学习课堂是有效的，并且认为它在制订合作学习课时计划时扮演了一个重要的角色。学生在复杂的、设计精良的合作学习课堂中将获得奇妙的学习经历，这是在简易的合作学习结构法中无法获得的。但是一个好的合作学习并不一定需要复杂的课时设计、教案或者是配套的材料。一旦教师掌握并运用了简易的合作学习结构法，每一次教学都可以成为合作学习课堂。掌握合作学习结构法的一个好处是，在今后参与复杂的合作学习课堂时，这些简易的结构作为整个课堂学习必不可少的一部分，将大大提升教学的效果。

5. 合作学习可以镶嵌到我的课时计划中吗？

教师在运用合作学习结构法时并不需要重新设计课时，但实际上课堂已经发生了自然而然的变化。这是如何做到的呢？在卡甘合作学习结构法中，我们并不强调合作学习课时计划，我们所做的是运用结构法使得合作学习成为每一堂课的组成部分。比如说在一堂课中，教师可能运用"计时配对分享"（Timed Pair Share）来评价原有知识的掌握情况或者让学生自由表现学到的东西。在讲解了基本概念之后，教师也可以让学生运用"轮流发言"（Rally Robin）来回顾学习重点。在教师示范了某种技能之后，可以要求学生通过相互指导（Rally Coach）来操练和完善。最后，教师会让学生对所学内容进行"小组陈述"（Team Statement）。

这听起来像是很多课时计划叠加在一起，好复杂啊。但事实上，运用合作学习结构有一定经验的教师几乎不需要费心思去重新准备教案。因为每天都要用到"计时配对分享"方式，所以似乎就是信手拈来，恰到好处。教师都了解，相对于独立自学或者完成作业，"相互指导"对帮助学生操练技能和完善技能更有益处。感受到"小组陈述"（Team Statement）的特定效用，所以教师自然会将其用于课堂结束活动中。在采用了卡甘合作学习结构法之后，课堂教学的面貌已经焕然一新。不需要调整复杂的课时计划，只要运用卡甘合作学习结构法，教师就能将传统的课堂转化为师生都能积极参与的合作学习课堂。

能够娴熟运用各种合作学习结构，不是出发点而是落脚点。首先，教师可能只是偶尔能运用"计时配对分享"，接着，他会运用更多的合作学习结构，传统的课堂就逐渐改造成为了强大的合作学习课堂。

6. 教师是不是越多使用合作学习就越好？

这个问题的回答并非绝对的。当我们培训教师使用合作学习结构时，他们就会逐渐掌握这一方式的各种具体形式。一开始，教师可能只是偶尔运用了"轮流说"（Rally Robin）或"计时配对分享"（Timed Pair Share）。学生则会更加主动参与，喜欢上课，学得更多。看到即使是这样简单的方式也能收效多多，教师就会更乐意经常采用。之后，一旦这几种具体的合作学习方式成为教师日常课堂教学不可缺少的一部分，那么，就会像滚雪球一样逐渐添加其他新的合作学习方式。所以，我们建议教师最好还是以自己感到适度为好，从简单的合作学习结构开始先加以尝试，等到师生都适应了之后再逐渐予以深化。有经验的教师平均每 10 分钟就要运用一种合作学习方式，不过这种互动可能是很简单的，例如一分钟的"轮流说"或半分钟的"闪亮登场"（half-minute Instant Star）。

7. 教室里的课桌椅都是固定的，怎么开展小组合作学习活动呢？

即使围绕着固定的桌椅讲课，教师依旧可以成功开展合作教学。或许我经历过的运用合作学习最大的一次挑战是在印度。那里有些班级有七十多个学生，教室却比欧洲、美国的一般教室还要小。教师根本就没法靠近学生，教室里大家挤成一堆。但是，我们还是可以将学生分成 4 人一组，运用大部分的合作学习结构。学生都非常喜欢！在实验室中，我们经常让学生将椅子移到一块来进行合作学习。许多幼儿园教师很好利用了"地毯区"（每个学生都有自己的小毯子）。尽管学生都坐在地上，但他们都知道自己的对座和邻座。有志者事竟成！在固定桌椅的教室上演示课时，我发现是最容易将学生分组的，可以是两人一组，也可以是 4 人一组，尽量要做到面对面坐。我会尽量让 4 人一组围起来坐，这样彼此很容易面对面交流。

8. 如果全班学生一起互动，课堂会不会乱糟糟的难以控制？

多年前，我在加利福尼亚州钻石吧市的查帕拉尔中学执教。这所中学之后获得了金铃奖，成为该州的示范中学。这部分要归功于该校很好地运用了合作学习。这所学校的教室是开放的，各个班级之间只是用高墙隔开，所以我们必须实施"安静的合作学习"方法。例如，我们要求学生在心里默念或者轻声细语（不影响旁边的小组）形成自己的学习计划，积极思考，小组示范，挑选组长和鼓励赞赏等等。总之，既井然有序、轻声细语，又生动活泼、充满热情地开展合作学习，这不是不可能的事情。

掌控力是成功实施合作学习的关键。许多教师担心，允许学生发言和交流将无法控制整个课堂。在合作学习中，我们能够让学生释放很多精力。我们允许学生做他们最想做的事情：发言、交流乃至走动。在课堂上，我们要有办法控制学生无谓的精力或者引导它产生积极效果。

与合作学习有关的社会交往技能训练也会对解决许多管理和纪律问题提供帮助。例如，学生学会了怎样专注自己的学习任务，学会了欣赏而不是贬低其他人的不同想法，学会了积极处理与一些不太讲理、咄咄逼人或害羞胆怯组员的关系。

9. 上课时小组同学一直都要安排围坐在一起吗？

我们提倡稳定、成形的小组。学生进教室后就和他们的小组成员坐在一起。这种精心选择的稳定小组会带来很多益处，包括不同成绩水平的学生分在一组可以使辅导作用达到最大化。异质分组可以改善人际关系，满足学生的不同需求；将有不良表现的学生分到各个小组中去可以减少很多麻烦。而且，这种分组可以使得课堂管理更加简单，因为这样每组都会有一个学优生，都有一个需要教师加强辅导的学困生。如果学生在固定的小组，这样就很容易轮流进行直接指导、小组活动和配对学习。任何时候、任何情况，老师都可以说："确保你所在小组的每个人都知道……"同样，配对学习这样一种合作方式，很容易做到"面朝你的对座"或"面朝你的邻座"。稳定的小组会使得学生联系更加紧密，学会彼此帮助，善于共同学习。所以我对这个问题的回答是肯定的，我们建议小组同学在课堂上可以一直围坐在一起。

当然，全班教学中还是有整体班级集体活动时间的。在这种情况下，我们建议要经常使用班级建设结构，此时不同小组同学被打乱了，分散到各个小组中临时配对活动。而且，偶尔使用一些抛锚活动、随机分组和兴趣小组等分组方式都可以创造附加的学习机会。

大多数体验过卡甘合作学习结构法的教师很快就能理解固定分组的力量，从一开始就设法重新安排桌椅，仔细异质分组。有些教师则可能需要几周才能完成这一转变。他们让学生排好队或者待在他们的位子边上，首先通过班级建设活动和运用随机配对等简单结构，或者让排队的学生前后左右配对，很轻松地就能进入合作学习。

10. 对那些经常缺席和迟到早退的同学应该怎么办？

将学生分组的时候，我们会把那些经常缺席和迟到早退的学生分散开来，这样4个人的小组一般不会变成少于3个人的小组。但是，有时如果许多学生经常迟到早退，我们就会把两个经常迟到、早退的学生和两个不会迟到早退的学生分成一组。当有学生离开时，剩下的组员可以和另一小组的成员重新组成一个小组。

合作学习提供了一些管理技巧来帮助我们对付这些经常缺席的学生。我们设了一项规定，小组成员会把上课内容告诉那些缺课的同学。我们还将指定作业伙伴，这样，缺席的学生就知道找谁去询问作业或寻求帮助。

11. 教师应该怎样对整个小组的学习情况进行评估？

我们不对整个小组的学习情况进行评估。我已经反复强调过，合作学习是为了学习而不是为了评分。尽管这一领域的其他学者认为基于小组学习活动对学生个体进行评分是合理的做法，可我们并不这样认为。比如说，约翰逊兄弟倡导基于小组的学习活动开展评估。例如，一门课1000分中的400分是基于小组学习活动进行评分的。这在我们看来是完全不公平的，因为如果两个能力和动机相近的学生，一个被分在比较弱的小组，另一个正好被分在比较强的小组，他们就可能得到不同的成绩。除此之外，我们认为还有其他许多原因决定了评分只能基于个人学习情况。当然，这并不是说，学生不应该依据自己在小组学习中的表现得到反馈。教师、组员、同学的反馈和自我评价都是有用的。但是，课程评分应该是对学生所做事情的反映，而不光是对其他学生所做或没做事情的反映。

12. 有些人反对使用奖励，认为奖励会消磨学习者的内部学习动机，然而合作学习却频繁使用奖励和庆贺。如何看待这一矛盾呢？

并非所有的奖励和奖励的方式都对内部动机产生消磨作用。想象自己有段时间很喜欢剪贴画，正当你很自豪地贴完一页的时候，一个朋友经过说道："好漂亮啊……"那么你贴画的动机就会减少吗？当然不会。你从剪贴画中找到了乐趣，别人的赞扬并不会使得贴画的乐趣减少——反而会使贴画更加有趣，你也会从中感到更加开心。你会继续贴画，不是为了受到赞扬，而是你自己内部的动机增强了。另一方面，如果有人雇用你，告诉你完成一张剪贴画他们就给你 20 美元，你开始你的剪贴工作，过一阵子你或许会跟自己说："我做剪贴画是为了钱。"这样你的内部动机就会被消磨——你已经知道你做剪贴画是为了钱而不是乐趣。如果没钱付给你了，你可能就不会想去剪贴画了。

上述两种情况有什么区别呢？第一种情形，你得到的是意料之外的无形的奖励（赞扬）；第二种情形，你得到的是意料中的有形的奖励（20 美元）。研究清晰表明了不同奖励方式带来的不同结果：意料中的有形的奖励（代币券、奖品）经常消磨内部动机，意料之外的无形的奖励（赞扬）经常强化内部动机。在卡甘合作学习中，我们尽量避免提供意料中的有形的奖励；我们会给予赞扬和庆贺，而这些均强化而不是削弱了内部动机。

我们有意地在许多合作学习结构法中加入了赞扬和祝贺，因为这些赞扬和庆贺可以给学生和班级带来很多益处。当学生得到积极反馈时，他们会自信心更强；当学生互相赞扬和庆祝成功时，我们也利用了强大的社会交往力量。回想一下你最近一次被赞扬的场景，你当时是什么感受？你对那个赞扬你的人有什么感受？通过在小组学习结构中加入赞扬和祝贺，我们可以加强学生的自尊心和对其他人的喜欢。我们创设了一种更加积极的学习环境：学生更有安全感，更乐于参与，更敢于冒险；我们培养了学生"为他人考虑"的思考习惯；我们转变了班级规范。学生不会被别人嘲笑为"假装无所不知的人"，相反，他们会为自己的知识和能力感到欣慰。

最近的脑研究确证了对课堂上频繁运用赞扬和庆贺的不同意见。世界顶尖的记忆研究专家詹姆斯·麦高（James McGaugh）详细阐述了"逆行增强记忆"原则。麦高和他的同事认为，情感是大脑的信号器，如果我们有"这个值得牢记"的情感，那么，在教学过程中以激发学生情感的方式展开教学将可以使学生更好地记住这堂课。如果学生在解决了一个问题后互相赞赏，问题的解决方案就会更深地储存在他们的脑海里。

我们会在今后的研究中更深入地探讨奖励和动机的问题。

13. 有些学生拒绝和别人一起协同努力或者和谐相处，对此教师应该怎么办？

学生的一系列行为会给合作学习带来挑战。确实有学生在学习过程中拒绝和别人一起协同努力，他们有的表现为排斥，有的表现出敌意，有的则显得专横，还有的因为害羞或者有特殊的行为、认知或情感的需求。对这些拒绝合作的学生，我们的回答很简单：也许你难以让一个学生学会合作，但你一定可以让合作变得更有吸引力从而使得学生参与进来。如果你的课堂足够有魅力，过不了多久那些不情愿甚至很顽固的学生终究会参与到合作中来。教师可以通过很多方法使得合作课堂更具有吸引力。你可以让学生在独自学习和小组合作中进行选择，布置一些小组合作能够更快、更好完成的任务，然后配上一个只有完成任务才能进行的有吸引力的活动。为小组成员提供一些鼓励性的开场白，例如，"我们真的需要你的帮忙"或者"我们真的很感谢你的帮忙"。对那些有所犹豫的、不太情愿参与小组合作性活动的学生，教师可以为他们选择一些符合其兴趣和能力的学习任务。

14. 有些学生上课经常心不在焉，他们对学习不感兴趣，也不想一个人独立学习，教师怎样才能吸引他们参加小组活动呢？

这个问题涉及的不是那些不愿与别人合作的学生，而是那些不愿学习的学生。因此，我们应该从动机理论的角度加以分析。

相比独自学习，有些学生在作为小组的成员和同伴共同学习时会更有积极性。几乎所有的学生都会受到同伴认可的驱动，他们看到自己作为小组成员得到了同伴的认可，这就解释了为什么在合作学习中一些学生会有更好的表现。

一般来说，当任务更加有趣和更有针对性的时候，学生的学习动机会加强。我们常常喜欢利用外部奖励方式让学生完成一些无意义或者枯燥乏味的任务。所以，如果学生的动机未被激发，教师就要思考要求学生完成的任务是否得当。我们应该考虑如何使自己所布置的学习任务更加具有发展性——难易适度。当面对一个挑战时，如果学生觉得颇有胜算而且该任务有意义或者针对性强，他们就会表现得很好。我们也需要确保学生将掌握技能视为帮助他们达标的重要途径。可惜的是我们经常没有搞清为什么要在学习之前就急于教授技能。

运用合作学习结构法也可以增强学生的学习动机。精心设计的合作学习结构在互相支持的情境中做到了平等参与和责任到人。这是动机理论所探讨的问题，也是我们常常所说的"不用奖励、不搞竞争，仍旧激励学生"。

15. 儿童往往有自我中心主义倾向，低年级孩子能不能开展合作学习呢？

瑞士著名心理学家让·皮亚杰（Jean Piaget）在其早期研究中总结道：幼儿难以有角色体验和真正的移情理解。后期研究证明这个结论不完全正确——幼儿也能移情理解，能够理解别人的想法和感受。许多幼儿园教师每天都在运用合作学习，而且取得很大成效。幼儿身心发展的一个最重要任务就是培养积极的社会化能力。合作学习是一种相当不错的方式，因为它不仅强调了学业成功的必要能力（聆听发言，听从指令，努力完成任务），而且强调基本的社会交往技能（轮流做事，诚恳致谢，虚心请求而非巧取豪夺）。许多合作学习方式都可以在幼儿园或者小学中应用。

16. 有些孩子智力超常，合作学习对他们来说适用吗？

如果你问老师哪些孩子算是聪明的学生，毫无疑问，老师都会说是学习成绩优异的学生。若是问他们在哪些方面有不足，答案肯定就是社会交往技能。许多有天赋的孩子学习成绩很好但社会交往能力不强。

因此，关于合作学习是否适合那些有天赋的孩子这个问题，我们的回答是，合作学习对这些孩子来说可能是最适合的方法。为什么呢？不管我们用哪种方式教学，这些孩子在学习成绩上总是不用人操心的。问题是，他们在社会交往能力方面会同样出色吗？合作学习从各个方面提高学生的社会交往技能，包括聆听、赞赏别人的观点、领导才能、问题解决能力、冲突解决能力和善于帮助他人的品质。掌握这些社会交往和领导能力决定了这些智力超常的孩子是否能真正得到全面发展，决定了他们在工作和生活群体中能否担任好领导的角色。

合作学习同样有助于发展高层次思维能力。我们所采取的最有力的方式之一就是异质分组。学生间不同观点有了互动与碰撞后，彼此就可以互相挑战各自的假设，摆事实讲道理，甚至来一番争辩。相比个人单干学习，协同努力使得每个学生都能站得更高、看得更远。一般来说，倡导培养高层次思维能力的人都拥护合作学习。

另外还有一个经常会被问到的问题是：对那些颇具天赋的孩子该单独辅导教学，还是应该把他融入到常规班级中？这一争论倒是见仁见智，尚无定论。不过，合作学习是否有利于这些超常孩子和我们是否应该给他们设置单独的辅导课程是两个不同的问题。不论这些孩子是否被分配了特殊的任务，合作学习对他们来说也是很重要的。大部分人认为面向超常孩子的特设课程，同样应该包括合作学习。

17. 班级中有随班就读的学困生，他们能否适应合作学习？

学困生在合作学习中同样也能学到很多东西。通过合作学习，学生不仅能在学习成绩上得到提高，更不可思议的是，他们的自尊感也会有所提高。此外，学生们对这些学困生的态度也有相应的改善。相比让这些学困生在班上孤苦伶仃地无人理睬，帮助他们融入团队成为合作小组中的一员，将更容易使他们获得同伴的喜爱。一个学生在整个班上和在一个小组里的表现可能会完全不同——尤其当组员们都知道该怎样来帮助这个同学形成归属感并满足他的特殊需求时，更是如此。

18. 合作学习与差异教学是不是有矛盾？有的学生成绩很好，教师是不是可以将他们安排在相同的小组或者让他们参与相同的活动？

当我们逐渐采用比较彻底的全纳教学而摒弃能力分组时，在班级中也就形成了更大的异质群体。这是每个教师所要面临的最大挑战之一。差异教学一直以来都对此提出呼吁。教师如何依据每个学生的"最近发展区"施教？怎样依据学生不同的学习成绩调整教学以努力做到因材施教？

事实表明，几乎所有的卡甘合作学习结构法都可以适应差异教学。例如，我们使用"问答交换"（Quiz-Quiz-Trade）的时候，教师可能用不同颜色标示问题卡，拥有绿卡（难度较低）的学生只能和其他绿卡的同学交换；拥有橙卡（难度中等）和红卡（难度较高）的学生也一样。另一个例子是，在"相互指导"的环节，某学习小组选择这一组问题，其他学习小组则负责另外几组问题。这样，如果一个班有15个两人配对小组，那就可以有15组不同层次难度的问题。

19. 合作学习是不是与多元智力有矛盾呢？有些学生交往能力比较强，但是有些学生缺乏这样的素质。我们不是说要扬长避短吗？我们不是说要区别对待、因材施教吗？

我们坚信必须因材施教。"扬长避短"是多元智力理论提出的三个观点之一。如果这是我们唯一的目标，那我们就应该寻求一种能满足尽可能多的学生的教学方式，那自然就是合作学习了。为什么呢？大部分学生更喜欢的学习形式是协作学习而非竞争或单干。各种合作方式确实包含了人际交往和社会交往的成分，但它实际上更多包含并发展了广泛的智力因素。通过使用各种合作学习方式，我们就在落实扬长避短。

除了扬长避短，多元智能理论的第二个观点是"扬长补短"。也就是说，我们要正视每个学生原本不擅长的方面，并有针对性地进行矫正，帮助学生在这些方面有所发展。当我们运用合作学习方式教学时，我们不仅在一些学生的主导智能方面做到了"扬长"，同时也对一些学生不擅长的智能方面做了"补短"的工作。例如，我们使用画画结构法（让学生描绘课程概念的一种结构），对那些视觉、空间智能强的学生来说是"扬长"，同时也为那些在视觉、空间智能方面弱的学生提供了"补短"的机会。关键在于我们不能把教学活动安排得总让一部分学生居于"扬长"的地位，让另一些学生总是弱弱地处在"补短"的位置。通过使所有学生都有机会在合作小组中学习，我们可以确保让那些人际交往和社会交往方面较弱的学生都有机会得到锻炼。通过小组合作，他们可以具备更好的就业能力、家庭教育能力和与人相处的能力，他们的个性品质和情感智能也可以得到更好的发展。

多元智能倡导的第三个观点是"彼此欣赏"。通过充分挖掘每一个学生的不同智能，大家开始欣赏自己的特色和别人的长处。不善于"逻辑站队"（Logic Line-Ups）的学生可能很擅长"单词连连看"（Team Word Webbing）。当学生利用自己的强项获得成功时，他们的自尊心就会加强，其他同学也会对其刮目相看。通过运用各种合作学习方式来教学，我们允许学生和组员互相赏识各自独特的天赋。

20. 如果在课堂上一一提问和检查，教师就可以对学生的学业业绩做到心中有数，但是如果是配对学习，教师不可能分身有术，如此一来，错误的东西没有得到及时纠正不就会传播开来吗？

在传统课堂上，教师会一一提问，每一个人都不厌其烦地听别人发言，然后教师逐一反馈或者一一纠正错误。在合作学习课堂上，教师则放弃了这种"奢侈"。取而代之的是不能让大家只是听别人发言，教师也不是仅仅限于给学生纠错，而是根据学生的实际需要择善而教。

这将怎样实现呢？在传统课堂上，那些有错误答案的学生很可能会将自己未得到纠正的错误知识带到课外。让我们来看下面两个例子：

例1：教师问了一个问题。知道答案的学生举了手并被点名回答，教师针对他们的回答给予了及时反馈。在这常见的一幕中，那些得不到反馈和矫正的学生，恰恰是一些更需要帮助却不会陈述自己想法的学生。

例2：教师讲解某种技能或知识，然后问道："谁还有问题吗？"那些有问题的、害怕难堪或不想积极参与的学生，是不会举手问老师的。那些没有理解或有错误想法的学生还没有弄清楚问题所在、错误还没得到纠正，下课时间就到了。如果我们换一种做法，让学生配对互动，给同伴一分钟阐述的机会，教师在教室走动并聆听每组的想法，就可以听到一些最具代表性的例子。我们会听到一些在传统课堂听不到的错误观点。我们可以选择立即给予反馈或在小组互动之后对全班进行反馈。不论哪种情况，我们对学生的理解水平都有一个更加客观的评估。因为所有学生都阐述了自己的想法，而不只是那些学优生。那些最需要纠正机会的学生更容易得到帮助，不管是从同伴那里还是从教师那里。

错误的回答在小组中大家都会看得到。因为答案在合作学习课堂上得到呈现，这些答案就更有可能得到组员或教师的纠正。为了提高纠错的可能性，我们在小组中设定了一个规则：如果你听到了一个你不确定对错的答案，立即停下来向其他同伴、教材、网络或者老师寻求帮助。在合作学习中，我们确实需要"分享"错误的答案——只有大家都说出来，才可以纠正！

21. 学优生与学困生一起学习，会不会被拉后腿？合作学习不是说要学优生来帮助学困生吗？

这个问题自合作学习开始以来就一直不断地有人问起。答案很明确：

不会。下面的实验证据给了我们一个清晰明了的结论：学优生在合作学习课堂上比在传统课堂上表现得更好。这个结果是出人意料的。学优生花费了一些学习时间用于辅导学困生，那他们的成绩怎么没被耽误呢？事实表明，多做几张练习纸对学优生的成绩提高几乎没有影响，但是通过辅导学困生他们却从中获益颇多。每个教师都知道"教学相长"，而且，学优生有更高的动机去学习，因为他们在合作学习课堂上有着较高的地位（他对我们小组帮助很大，我们小组离不开他等等），而不是像在传统课堂中那样尽管地位较高但却遭到别人的排斥（他是个怪人，他是个马屁精等等）。

当被问到"学生能从合作学习中学到什么"时，我们立即就会想到它给学优生带来的益处。合作学习给学优生提供了发展社会交往技能和多方面才能的机会。在合作学习小组中，学优生在参与活动的过程中，不仅发展了领导能力、协作能力、聆听技能，还习得和发展了肯定欣赏他人、尊重他人的不同观点和冲突解决能力等。当他们运用一系列融合高层思维的方法和开发各种智能时，他们形成和发展了原本不具备的能力。合作学习使得人人都获益多多。

当家长问到合作学习是否适合他的孩子时，我总是这样问："你想要你的孩子长大后做什么？"答案不外乎都是医生、律师、公司总裁或者一些薪水高、地位高的职业。我又接着问："你认为职场成功的最大一个因素是什么？"在他们给出答案后，我提到了两本有影响力的书——丹尼尔·戈尔曼（Daniel Goleman）的《情感智能》和《社会交往智能》。戈尔曼综合大量数据证明了职场成功和生活成功更多地取决于情感和社会交往智能，而不是智商高或学习成绩好。在合作学习中学到的社会交往智能将影响大部分学优生在职场和生活中取得成功的程度。

22. 小组项目学习是不是对有些学生来说是加班加点、苦不堪言，而对另一些学生来说则是搭乘便车？

小组项目学习确实常常存在劳苦分配不均的问题，但合作学习则不是。在小组项目中，教师给小组布置任务让他们自己做出安排，决定怎样合作。因此，在很多小组中，有的人做得多，有的人做得少甚至不做。相比而言，合作学习是经过认真规划的。合作学习限定了资源，指定了角色，将学习任务落实到个人,这样就保证了人人尽责,个个出力。

23. 学生成绩不好一般来说都是教师有问题,但合作学习有些兵教兵的味道,这会有什么效果吗?

如果合作学习只有学生的互相合作而没有老师的指导那就真成了兵教兵。把合作学习解读为兵教兵是不恰当的,若真有教师采用兵教兵的方式实施合作,这实际上是教师撒手不管,让学生自己去撞运气而已。我们要严格区分小组学习和合作学习。缺少分工安排的小组学习总是会导致有些学生努力积极出力而有些则会搭乘便车。这也会造成学生学习的时候心不在焉、效能低下,管理不力和课堂纪律问题也会接踵而至。教师应该非常认真地考虑如何合理安排学习任务和互动行为,使得每一个学生都能够专心致志,合理分担各自的职责。我们坚信教师讲解和示范的重要性。大多数的合作学习结构法离不开教师对知识技能进行讲解和示范,在此基础上再开展必要的操练。

24. 如果小组必须做出一项决策或者一次呈现,这是不是意味着大家要诺诺附和,或者放弃个人的意见?

合作学习在很多重要方面都和真实生活相符。很多时候某个家庭必须决定一个度假地点,即使家庭成员之间也会有异议。同样,一个工作团队也必须决定产品制作的方案或一组工作程序。众口一致常常是难以保证的。通过合作学习,学生学到了冲突解决能力,懂得了取舍,这对维持和谐合作的关系是必不可少的。

当然,这并不意味着学生只在小组中学习。正如学生需要学会和他人合作,他们也需要学会个人自学。因此,为了促进学生全面发展,我们需要将小组合作学习和个人独立学习很好地结合起来。学生需要充分展示个性的空间,对自己所负责的成果做出创造性的贡献。合作学习将协作技能融入到课程本身之中,弥补了存在于当今教学中的不平衡现象。

25. 合作学习结构法太刻板了,是不是有点行为主义的味道?对学生建构知识来说,应该倡导什么呢?

合作学习结构法是经过精心设计的:通过合理有序的安排来保证学生之间以及学生与课程间的互动。然而,我们很难给这些结构贴上一一对应的标签,它们包含了形式多样的学习互动方式。带有行为主义色彩的结构法如"闪卡游戏"(Flashcard Game)——学生在答对后会得到同伴的称赞,安排这一游戏可以让学生反复训练答错的题目。体现建构主义理念的结构法如"小组陈述"(Team Statements)。通过小组陈述,学生可以建构知识:他们首先提出并分享自己对某一概念的定义,找出各概念间的区别,最后提出大家都赞同的一种定义。要注意的是,虽然小组陈述是比较结构化的,但是学生通过这个环节都能得出自己的理解。因此,我们不可能将所有结构归为一组并贴上对应的标签。有些结构帮助学生学会达到高度共识与分清对错概念,另一些则鼓励学生开展发散性思维,欣赏每个学生表达自己独特的观点。有些帮助学生掌握知识或技能,另一些帮助学生建构知识。有些发展学生独特的沟通能力,另一些促进小组成员间的积极互动。

26. 在一个竞争的世界中为什么还要教学生学会合作?这是否有些不识时务?

如果我们倡导过度使用合作学习,这当然会让学生在走向社会时措手不及。学生需要知道怎样独立工作、怎样开展竞争。但是,我们并非把合作学习看成是唯一的教学方式。我们认为合作学习应该是教学日程的一大部分,但不是全部。我们运用结构法只是想让合作学习变得简单一点。

为什么合作学习在教学中如此重要?合作学习课堂上的学生比竞争课堂和单干课堂上的学生表现更好。合作学习是为学生进入现实世界做好准备:四分之三的新岗位要求从业者善于小组合作。美国培训与发展协会组织和劳动部达成必要技能秘书委员会(SCANS)对就业能力进行过两次规模较大的调查,结果都强调了团队效能(包括小组合作能力、人际交往能力和沟通技能)的重要性。例如,SCANS调查报告得出结论:"越来越多的用人单位重视团队合作,这意味着教学方式也必须重视合作学习而不是个人单干。对于各类别各水平的教学与培训来说,所得出的调查结果对现有的教学内容和方式提出了挑战。"

我们生活在一个互相依存的世界。越想要赢别人,就越要同别人合作,这看似有些自相矛盾了。在世界的不同地区,团队协调既要面对面进行,也要会与不同地区的团队共事。我们进入了高科技的全球经济中,工作场所变得更为复杂，单枪匹马难以赢得胜利。竞争能力依赖于合作能力——与人沟通，协调工作，解决冲突，达成共识。如果学生仅仅独善其身或热衷于争赢好胜，他们就无法学到合作技能，我们就难以适应现今社会的工作要求。传统课堂中所宣扬的"分享就是抄袭"的观念早就过时了。

就业能力研究表明雇主最看重的能力是与他人沟通和合作的能力。如果学生在课堂上、在学校中不和他人合作，那他们怎么获得这些技能呢？

27. 当学生升入高年级时，合作反而不太使用了，对高中生讲合作是不是有些太孩子气？教师是不是该为学生进入大学接受以讲授为主的学习活动做一点准备呢？

出于很多原因，从合作学习课堂出来的学生为升学做了更好的准备，即使高等教育体系中不包含合作学习。首先，研究清晰地表明：合作学习课堂的学生学到的更多，高水平学生更有能力进入大学并得到更好发展。另外，这些学生因为有了合作学习的经验，更喜欢在小组中学习，这比那些讲究单干的学生更有优势。而且，大学是以讲授为主的这种说法根本就是谬论。大学中的讲授课程一般都会有常规的讨论环节相配套。研究生课程一般都有小范围的高频率互动。有过合作学习经验的学生更有可能参与到这些讨论环节并从课程中获益。

最后一点，定期运用合作学习使学生形成了心智的适应习惯，他们更能在以讲授为主的体系中脱颖而出。对比下面两种课堂，一种课堂是教师光讲授而没有使用合作学习，另一种课堂是教师运用结构法来辅助讲授。我们假定两位教师都能讲完半小时的教材内容。第一位教师不知道中途停下来运用结构法来配合——通过快速互动结构，如"计时配对分享"（Timed Pair Share）和"轮流说"（Rally Robin）来强调讲授内容。这位教师就这样一口气直接用完了半小时的课堂教学时间。在他开讲10分钟后，一些学生开始思想开小差，他们记不住超过10分钟的内容，接下来的课就像把水灌入已满的杯子里。另一位教师的做法是，10分钟到了，他停下来对学生说："接下来和你的同桌进行'轮流说'——我刚刚讲到的最重要的内容是什么？"一分钟之后教师继续讲课。再过了10分钟，教师又说："和你的邻座同学进行配对分享——到目前为止，你觉得最有意义的是哪部分内容?"两分钟之后教师再继续讲课……

这两种课堂对学生分别会有什么影响?在传统课堂里,学生会养成心不在焉的习惯,而在合作学习的课堂上,学生则会养成主动回顾、评价和复习知识的习惯。当学生进入以讲授为主的大学体系中时,这种持续的主动认知参与会给他们带来很多益处。

28. 许多教师一直都在使用直导教学,也很管用,为什么还要运用合作学习呢?

在漫长的直导教学过程中,聪明、有条理、精力充沛且具有幽默感的教师能够帮助学生积极地参与课堂认知。他们是如此的胜任教育,因而学生确实能在课堂学习和考核中获得好成绩。即使你也是这样的好老师,我们仍然建议你运用合作学习结构法。为什么呢?正如我们所指出的,学会相互合作是学生胜任未来工作的重要品质。除此之外,在应用合作学习结构法时学生能够获得更丰富的、直接镶嵌在课程之中的合作技能与合作品质,这种品质在单纯依靠直导教学的课堂活动中是无法学到的。

例如,当学生运用了"解释通行证"法时,他们学会了如何更好地聆听并发展了移情技能。当学生进行"小组陈述"时,他们学习了如何整合不同的观点,学习了如何解决矛盾。当学生进行"逻辑价值站队"时,他们大脑右半球相应位置的思维技能也得到了发展。当学生进行"动觉表征"时,能激发他们的运动皮质,帮助学生获得表征和牢记知识的其他学习方法。当学生在进行"起立—举手—配对"和"计时—配对—分享"时,他们学会了独立思考和多样化的技能(如倾听不同的观点)。通过运用不同的结构法,我们获得了各种合作技能。每一种教学方式对应着不同类型的学习。教学方式越丰富,我们提供给学生的学习机会也就越多。

29. 合作学习是不是有不同的方式,结构法是不是有什么过人之处?

合作学习有多种方式。卡甘合作学习结构法与其他合作学习方式的最大不同之处,在于它强调将简单的结构融入到任何一次课当中。正如我们曾经指出过的:其他的合作学习方式强调合作课型,强调完整的课堂合作活动过程,这就需要教师重新设计课时计划。卡甘的合作结构法提出"不要合作学习课时,要把合作学习融入每一节课"。

采用卡甘合作学习方式有很多益处，因为它依赖的是简单的合作学习结构，它不要求特殊的材料、特别的准备，甚至不需要改变课时计划或课堂内容，合作学习自然就融入到每一节课中。这与要求教师抛弃传统的课堂教学、设计新的合作学习课堂、作秀式地开展合作学习是截然相反的。运用卡甘的合作学习方式，能够实现稳定的、可持续的教学实践，因为教师和学生都会发现合作学习结构很容易运用，并且充满了乐趣，为他们带来了成就感。由于卡甘的合作学习方式是一种综合学习方式，结构被融入到每一节课中，因而学生能更多地积极参与到课堂中去，使得合作学习效果倍增。

30. 使用卡甘结构法以来，学生的成绩提高了，更加喜欢学校了，我对教学的态度也发生了变化。我曾经对教学感到厌倦，盼着早点退休，但是现在却心存向往。每一个教师都应该了解和使用这些合作学习方法。我们该如何去说服其他人也相信合作学习呢？

在我们的工作坊中直接体验了卡甘结构学习方式的魅力后，许多教师都有茅塞顿开的感觉。他们切身感受到了卡甘结构法的力量。他们会问"为什么我们不早一点了解"或者"我们该如何将卡甘合作学习结构法在学校中进行推广"，等等。结构法使得教学和学习经历充满了乐趣，对学生和教师来说都是如此。许多惯于运用结构法的教师在观摩传统课堂时都会不习惯：所有的学生都面朝教师排排坐，整个课堂鸦雀无声，学生们有的在认真听讲，但更多的人则心不在焉，疲惫不堪。

我们的经验是，你无法通过口头说教或者是你个人的成功体验来说服其他教师，他们必须亲身体验这一学习方式。勉强邀请其他教师来参观你的合作学习课堂并不能奏效，有抵触心理的教师会说"这并不适用于我的学生"。

所以我们提倡两种说服的方式：①让他们来工作坊亲身体验结构法，或者帮助他们在自身教学中发现合作学习的基本原理；②在原有的教室，面向原有的学生，就原有的日常教学内容开展合作学习示范课。当教师们亲眼看到在合作学习结构指导下，学生能多大程度参与到课堂中，能多大程度地掌握学习内容，他们自然就被说服了。

另一个消除教师抵触心理的方法是强调合作学习不需要教师作任何改变。请有抵触的教师简单尝试"配对发言"这一学习方式。让师生都感到在运用一种新的简单结构法时如沐春风。在推广时掌握好这个程度，教师的抵触自然消除了。只有当我们的要求超过了教师所能接受的程度时，我们才遭遇了抵触。毕竟，不要从头讲到底，请同学们找一个同伴，轮流发言，这又是什么难事呢？

31. 我相信合作学习管用，我也希望尝试一下，但是我不知道该怎么着手开始啊？我该怎样开始应用合作学习呢？

事实上，你已经开始了！你正在阅读有关合作学习的书籍，你获得了大量资源，包括运用卡甘结构法所需的理论与实践策略。我们建议你刚开始先采用一些十分简单的合作学习结构法，如轮流发言、配对发言和"计时—配对—分享"等。选择一个简单的结构法，然后一次试验一种方式。课后你可以反思效果如何，怎样加以改进。然后再次加以尝试。渐渐地，师生都会慢慢适应这一方式，直至融入日常教学中。当你已经熟练掌握一个结构法时，再开始运用第二种方式。切记，始终使这样的尝试保持在师生可接受的范围内。

为了尽量减少学生的抵触，请在教授最简单、有趣的内容时引用新的结构法。举例来说，在开展"轮流发言"时，可以让学生以轮流发言的形式来描述放学后会做哪些有趣的事情。如果你是一位中学数学老师，千万不要在第一次运用轮流发言法时就让同学们来解释"什么是素数"。如果学生觉得可能会受挫，那么他们将会自动放弃这个任务以避免丢人现眼。当学生在心里默默地对自己说，"这样做是不是很傻啊"，实际上他表示的是，"我不想在同伴面前出丑"。对于学生来说，借口"这样做是不是很傻啊"比"我很害怕出丑"让他感觉更舒坦。确保学生了解自己能胜任，这样内心的纠结就自然消除了。

我们建议你参与到卡甘工作坊中来。这听起来像是在做推销。它确实是如此。正如我们大力倡导的一样，亲身体验结构法并获得教学专家的指导是不可替代的。向学生传递我们未曾亲身经历的事物是非常困难的。结构法的实施远比从表面看来困难得多，为了在运用此法时真正理解我们提供给学生的是什么东西，我们需要亲身体验。卡甘工作坊（学习中心）提供了比书面知识更重要的技巧和引导。

请想方设法获得支持。寻求另一个同样运用结构法的教师，这样你们可以分享经验和共同释疑。你还可以利用卡甘在线讨论板块。如果你对如何运用一个结构法有疑问，或者想获得班级教学内容的建议，或者仅仅只是想分享，请把你的疑问或者观点张贴在卡甘在线讨论板块上。你将在1~2天内得到答复。在这里，我们将为你解决问题，为你运用合作学习法提供各项支持。

从我完成本书第一个版本的写作至今，已经过去了整整25年时间。在那时，充分的实验性数据支持使得合作学习成为不可逆转的趋势，大多数教育者不再质疑合作学习，转而提问怎样才能使合作学习发挥效能。尽管如此，许多人仍持怀疑或者抵触态度。教学工作者提出的问题主要分为三类：实践方面、哲学理念和隐形抵制。实践方面的问题是合作学习应如何运用，哲学理念方面的问题是运用合作学习能否提高学生的竞争能力，隐形抵制的问题是合作学习会不会制造出新的管理问题。

每一年我们都会在多个国家为成千上万的教师提供合作学习工作坊。我们通过对培训者进行民意测验来找出最常见的问题。很显然，不管是当下还是25年前，相同的问题以不同的形式被反复提及。这些问题需要答复。然而，除了原有的问题，也出现了一些新问题。差异教学和多元智能理论的出现，使得教学工作者开始思考合作学习能否与之相适应。提高学习成绩也显得愈发急迫，因而现在一些最常见的问题往往涉及测验、评估、评价和评分。

因此，我们出版了新版《卡甘合作学习》（2009），解答了新旧的常见问题。这些问题仍然来源于实践和理念，以及由于根本性转向合作学习而引发的抵触情绪。

32. 现在倡导建构主义，但卡甘合作学习有点刻板机械的味道，这值得大家仿效吗？

有一些教师将建构主义教育等同于非结构化小组互动。如果这是你对建构主义的定义，那么卡甘结构法不属于建构主义范畴。我们对于建构主义有不同的定义，这与对知识的认知建构是一致的。建构是将新的观点和概念在心理上积极构建的过程。简单地灌输知识和提供解答都不是建构。我们尽可能地要求学生自己去发现基本原理。我们希望学生通过争论、协商和辩论来达成共识或者各执己见，但是这并不意味着我们将学生聚集在一起，撒手不管让他们自己去解决。如果我们不能合理组织学生的互动，那么，这样的课堂学习方式将导致大家都做甩手掌柜、参与不公和用心不专，如此组织的课堂教学也违背了有效合作学习所提出的关键原则。

以学生讨论为例。语言是我们获得认知发展的最重要的工具之一。现在，我们提出了一个启发性的问题：为什么化学物的反应始终不变呢？在第一个班级中，我们挑选了一个同学来回答。在第二个班级中，我们没有组织结构化互动，只是简单要求"按组讨论"。在第三个班级中，我们运用了"轮流发言"法，每一个组员轮流发言。在第一个班级中，几乎没有什么知识建构。在第二个班级中情况要好一些，因为至少有一个同学得阐述自己的观点。然而，因为这个讨论没有合理安排，很可能某一个学生占据了整个发言过程。在第三个班级中，通过轮流发言每个学生都必须阐述观点，表达自己。同学们倾听同伴的不同回答，他们可能获得多样化的观点，从而对于不同的解释持更开放的态度。结构化的讨论帮助每一个学生更好地进行知识建构。

再以实践操作为例，它是促进理解与发展的另一个有力工具。通过对课程具体内容的动手动脑，学生理解了教学内容的本质。但是，如果在班级中只有一个学生或者小组中只有一个学生动手动脑，我们能说已经成功帮助所有学生获得意义建构了吗？

作为教师，我们鼓励学生对课程形成自己的理解。这并不意味着教师放弃了作为知识建构促进者的角色。我们是构建学生学习经验的"工程师"，合作学习结构法是确保每一个学生积极参与到知识构建过程之中的有力工具。

（柴巧君、吴婷译，盛群力校）

第三章 常规课堂与合作学习

　　合作学习是一个在国际上具有广泛影响的教学策略，几十年来得到了众多专家学者和中小学教师的关注。在美国，合作学习的理论家和倡导者们在基本原理、合作课型、小组建设、合作评价、合作结构等方面均提出了自己的独到见解，如约翰逊兄弟的合作课型和教授合作技能的基本步骤、斯莱文的切块学习和成绩分阵、杰克布斯的合作价值观、卡甘的合作结构法等，为合作学习的课堂实施奠定了坚实的基础。在中国，自20世纪90年代初起，合作学习的理论研究和中小学课堂教学实验就有所开展并取得了一定成效。21世纪伊始，在新的课程与教学改革背景下，合作学习作为一种新的学习方式受到大力倡导和更大范围的应用实验。然而，作为诞生于西方的合作学习教学策略，它从传入中国的那一天起，就一直面临着人们的质疑，即它能否在中国常规课堂教学的现实中如人所愿，充分展示其应有的魅力？

　　教学实践中，许多老师常常把合作学习和小班化教学相联系，认为合作学习在常规课堂教学中行不通，只有在那些条件优越的重点学校、民办学校，合作学习方式才可能取得成效。他们觉得合作学习所倡导的积极互赖、人人尽责、生生互动、人际技能、小组自治等教学要求是难以企及的事情。比如，有教师就曾提出，"全班四五十个人，怎么可能实现生生互动，小学低年级的学生连话都说不清楚，做事常常以自我为中心，让他们怎么去合作，时间紧、教学任务多，哪有时间去合作"，等等。确实，要有效地开展合作学习，在常规课堂中如何运用合作学习就是一个必须解决的问题，上述问题也是必须得到回答的问题。

应该说，在常规课堂教学的条件下实施合作学习，尽管是一件具有相当难度的事情，却是一件非常有意义的事情。我们认为，合作学习要真正发挥其满足学生内在需要、提高课堂教学效率的作用，就必须从多角度出发理解合作学习理论，就必须从营造合作氛围、培养合作意识、形成合作技能、创设合作方法等方面思考合作学习的实践问题，就必须将转变教学观念与落实教学措施放在同等重要的地位予以对待。基于上述思考，我们开始了"常规（大班额）课堂条件下的合作学习应用研究"，并形成了若干培育合作意愿与技能、在大班课堂中实施合作学习的具体策略。

第一节　课堂教学与小组合作的相互关系

一、课堂教学及其特点

课堂教学是中小学教师最为熟知的教学组织形式。它以班级为单位开展教学活动，所以，人们又常将其称之为班级授课制。

课堂教学就是依据年龄和文化程度，把一定数量的学生组成固定的教学班，由教师根据固定的课程、教学进度、教学时间表，对学生进行集体教学的一种组织形式。

自从1632年夸美纽斯在《大教学论》中从理论上确立了班级授课制之后，尽管人们曾经针对课堂教学的缺陷进行过多方面的革新和改造，提出了从道尔顿制到同伴媒介教学等各种不同的改革方案，但近四百年过去了，至今，课堂教学仍然是世界各国学校教育的基本教学组织形式。之所以如此，就是因为课堂教学具有如下几方面的突出特点，这些特点也是课堂教学的生命力之所在。

（1）教学要求统一。将学生按年龄和知识水平分成有固定人数的班级群体，由一位教师同时对全班学生进行教学，每学年结束时，全班学生统一升学一次。

（2）学习内容分科。课堂教学统一教学内容，实行分科教学。由于教学内容统一，为大多数学生掌握相同水平的知识技能奠定了基础。由于分科教学，为教师的专业特长及有效的师资培训提供了保证。

（3）学习时间统一。教学以"课"为单位。通过课，把不同的学科内容划分为相对独立而又彼此衔接的各个组成部分。每堂课规定了统一的时间，在相对固定的场所进行，课与课之间安排休息时间，每堂课一般只学习一门课程，不同课程通过一节一节课交替进行。

很显然，课堂教学是以统一要求为特征的。在这种教学条件下，教师难以顾及学生的个别差异，学生的学习需要也难以通过课堂学习得到满足。为保证全体学生达到"掌握"学习的水平，实现"每年秋季集体升学一次"的目标，教师在教学中时常采用的策略就是"抓中间，带两头"，而学生无论适应与否，都必须以教师所要求的方式跟上全班学习的进度。此外，在传统的课堂教学中，教师关注学习者学科知识的掌握，而忽略学生人际技能的培养和发展，"教教材"、"学教材"是课堂教学的常态。

资料夹 3-1

选择教学组织形式

巴班斯基曾对教学组织形式与完成某些任务的效率之间的关系作过比较，建议教师据此选择不同的教学组织形式。

顺序	教学组织形式	完成教学任务的比较效率			
		形成和培养			
		知识	技能	活动速度	学习独立性
1	全班	高	较低	高	较低
2	小组	中	中	中	中
3	个别	中	高	中	高

最优地选择教学组织形式，应尽可能综合考虑多方面的因素，例如，在确立以学生主体活动为主的课堂组织结构之后，究竟是采用小组学习，还是采用个人自学，就需要进一步考虑其他因素。图"教学组织形式与教学内容的匹配"就是组织形式与教学内容之间优选匹配的直观例示。即个别学习对掌握"原理"最无效；而小组学习对掌握"事实"最无效。进一步的研究还表明，就程序性知识（例如运算的步骤）而言，既可以通

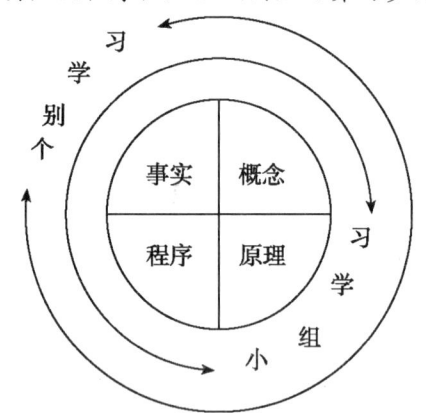

教学组织形式与教学内容的匹配

过接受学习获得，也可以从发现学习中掌握。但是，当通过接受学习获得的程序性知识主要涉及"做什么"时，便十分适合个别学习方式；反之，当从发现学习中掌握的程序性知识主要涉及"为什么"时，采用小组学习的方式则更有利，因为小组学习为集思广益提供了机会。

资料来源：

朱作仁. 小学教育学. 江西教育出版社，1993 年；297～299.

其实，在课堂教学出现之前，学习的组织形式经过了个别学习→班组学习→课堂教学的漫长时期。例如，在资本主义制度创立之前，学校教育一直就是以个别化的形式为主的：孔子讲学授徒，采用的是个别教学；古希腊的苏格拉底则通过与学生进行启发式谈话，充当学生智慧的"助产婆"。即使在学校教育进入了全面采用课堂教学组织形式的当代，许多研究者仍然清楚地看到了它的不足之处，并将其和小组教学、个别教学进行了客观的比对，为人们提供了合理选择课堂教学、小组教学和个别教学的基本思路（资料夹 3-1）。

二、合作学习及其特点

课堂教学是当今学校教育中使用最为普遍的教学组织形式，无论是发展中国家还是发达国家，课堂教学都在学校教学中居于无可争议的重要地位，若论有所差异，也许只在于班级人数的多少而已。客观地说，课堂教学的优越性是无可替代的，但教学进度过分刻板，教学内容强求统一，教学时间固定不变，教学要求一刀切却是其显著的缺陷。尤其是当课堂教学中的竞争被突出到了不恰当程度的时候，对其进行改造就成了必然。可以认为，合作学习的出现为提高课堂教学的效率开辟了新思路。

什么是合作学习？不同的研究者曾从不同的角度进行过阐释：约翰逊兄弟非常强调小组的组建及其作用，他们非常关注完整的合作课型的创设；卡甘却在不改变传统课堂教学的基础上，提出了合作结构法，认为合作的基本公式应该是"结构＋内容＝活动"（详见本书第二章：合作模块与结构套餐）；杰克布斯等人则提出，合作是一种重要的价值观，合作的功能、合作学习的价值远在小组之上，他甚至明确提出，合作学习不只是一种学习方法（how，如何学习），它还是一种学习内容（what，学什么），因为它需要我们创设出一种学习的情境。换言之，通过合作学习，学生能学会如何相互学习、协同合作。从教学组织形式发展的角度分析，我们认为，合作学习的产生是建立在人们既试图弥补课堂教学的不足，又渴望发挥课堂教学优势的基础之上的。因此，综合多方面的观点，我们认为所谓合作学习就是指，在传统的课堂教学中，借助异质小组的基本形式，通过小组同伴的沟通与交流，以小组目标达成为标准，以小组整体成绩为评价、奖励依据的教学策略。更确切地说，在课堂教学的合作情境中，每个人追求的是不仅会给自己带来好处，同时也会使小组其他成员有所受益的结果。

具体分析，合作学习在具有积极互赖、人人尽责、同时互动、小组自治、人际技能等基本要素的同时（详见本书第一章第一节：合作学习的核心要素），较之于课堂教学，还具有如下几个特点：

（1）关注个体，善用差异。课堂教学的一个显著问题是，难以在学习速度、学习方法、评价方式上满足学生的个体差异，每一个学生无论能力如何，都必须按照教师所制订的教学计划按部就班地进行学习，由此所带来的问题是部分学生学习兴趣的泯灭。合作学习尽管仍然无法完全解决一对一的教学针对性问题，却通过创设异质学习小组、协同完成学习任务、评价小组学习结果的方式，将教师的目光从面向班级整体转为在关注整体的同时关注学习者个体，尽可能地调动每一个学生的学习积极性和主动性。例如，在成绩分阵法中（详见本书第一章资料夹1-1），一个即使是某一学科中全班成绩最差的学生，也可能通过同伴的帮助、自身的努力为小组做出贡献，并最终实现超越自我、有所进步的目标。换句话说，在传统的课堂教学中，那些被视为拖班级后腿的"慢生"，在合作学习中和优等生一样可以为小组目标的达成做出贡献。

（2）聚焦意愿，满足需要。学习内容和教学进度是课堂教学中教师关注的重点。许多教师认为，意愿的满足是建立在获得成功的基础之上的，除此之外难以从其他途径获得。也就是说，意愿的满足以优异的成绩为前提，离开了学业成功就不要奢谈意愿满足。正因为如此，许多人认为，就学习来说，成功的体验是增强学习行为的最好奖赏，也是最大的满足。一门学科的成功可以影响另一门学科的学习，一年级的优异成绩会成为二年级学习的动力……学生由此而实现一年一年的进步，最后成为一个优秀的毕业生。一句话，就是"只有学得好，才会愿意学"。也许正因为如此，许多教师才将大量的精力放在了作业批改、课外辅导等方面，他们希冀通过提高学业成绩（或分数）来调动学生的学习积极性。但合作学习持与之相反的观点。合作学习信奉的是，"只要愿意学，就能学得好"[①]。也就是说，在传统的课堂教学中，人们信奉的是"认知领先"，而在合作学习中，人们提倡的是情感领先。为此，合作学习的倡导者格拉塞曾分析说，教师不可能强迫任何学生做他们不愿意做的事情，试图强迫学生学习总是难以奏效的。例如，教师经常对学生说，学校是一个令人愉快的场所。学生在小时候也是不加怀疑的，但是，当他们逐渐长大时，至少有半数以上的人开始觉得课堂上所做的一切事情对他们来说并不美妙。学生就转向自己内心体

---

① 马兰. 掌握学习和合作学习的若干比较. 比较教育研究，1993（2）.

验的世界而远离学习行为，形成一种"反智次文化"，鄙视学业成功的价值。因此，只有创造条件满足学生对归属感和影响力的需要，他们才会感到学习是有意义的，才会愿意学习，才能学得更好。为解决有效教学的问题，合作学习开出的处方是：通过小组开展学习。在合作学习小组中，通过同伴间的相互交流、相互检查、相互帮助，创设出一种相互尊重的学习情境，满足学生友谊交往的需要——小组中既充满温情和友爱，又像课外活动那样充满互助和竞赛。同学之间通过提供帮助而满足了自己影响别人的需要，同时又通过互相关心满足了归属的需要。在小组中，每个人都有大量的机会发表自己的看法，也乐意倾听他人的意见。当学生一起协调出色工作时，他们得到的也更多，学得也更愉快。

（3）培育技能，促进交往。读、写、算是传统课堂教学甚为重视的教学任务，合作学习在继续坚持完成这一任务的同时，明确提出，必须把教给学生人际交流的技能作为教学的一个重要任务而提出。一个掌握了合作交往技能的学生和没有掌握交流技能的学生在小组中的表现和作用是不同的：前者可以为小组目标的达成做出贡献并赢得同伴的喜爱，而后者则可能引起同伴的不快甚至导致小组活动的中断。正因为如此，一些合作学习的倡导者明确提出，在传统的课堂教学中，学习的任务是单一的，即"学术"的任务；而在合作学习中，学习者必须完成两个基本的任务，即学术的任务和人际技能的任务——学习者不仅自己要完成学习的任务，同时还必须帮助小组同伴完成学习任务，为小组的成功做出努力。

（4）组建小组，自主自治。自主自治是合作学习成功的基本条件，缺少了小组自治，活动将难以为继。我们无法想象在一个有着6～10人小组（甚至更多）的课堂上，教师将如何实施管理。

三、合作学习与课堂教学的相互关系

有人曾质疑说，以合作小组的方式开展学习不利于形成班级集体，也给学习者的学业评价带来了问题。提出这类疑问的症结在于，发问者将合作当作了学校教学的全部，误以为学校教学将以小组作为唯一的教学组织形式。

必须清楚地指出，在传统的课堂教学中，也有小组，教师也时常通过小组开展教学活动,但这种传统的小组学习和合作的小组学习有着显著的差异(参见资料夹 3-2)。合作学习不否定课堂教学,也不排斥个别学习,我们甚至可以说,合作学习是以课堂教学为基本组织形式、以个别学习为小组交流基础的一种教学策略。通过小组共同目标的达成,个体的价值和才智得以体现,个人的需要得以满足,通过组间竞争,课堂教学相同的学习内容、共同的评价标准的目标得以落实。

合作学习与课堂教学的相互关系可以从如下几个方面理解:

1. 合作小组是课堂活动的基本单位

课堂教学的特点是,教师面向全体学生进行讲授,学生以个体为单位完成教师布置的学习任务。但在合作学习中,教师将学生组织成若干小组,以小组活动为主体开展学习活动、完成学习任务。这是合作学习区别于传统课堂教学的最重要的特征,它的所有环节都必须以此为核心。组建小组不是为了便于教师管理课堂,而是为小组活动提供活动形式与空间。教师的精讲是为了给后续的小组活动提供知识背景;以小组为奖励的基本单位,是为了给小组活动提供取之不竭的动力源泉。

资料夹 3-2

合作小组学习和传统小组学习之差异

合作小组学习	传统小组学习
1. 小组成员间积极的相互依赖性	1. 小组成员间无依赖性
2. 考虑小组中个人的学业成绩	2. 不考虑小组中个人的学业成绩
3. 异质分组	3. 同质分组
4. 小组成员分享领导责任	4. 指定一名领导者
5. 大家对每个人的学习成功共同负责	5. 只考虑自己是否能取得成功
6. 强调完成学习任务及维持成员间良好关系	6. 只强调完成学习任务
7. 直接教给学生有用的社会交往技能	7. 假定学生已经掌握了社交技能或者不予顾及
8. 教师观察及指导小组学习	8. 教师采取放任自流的态度

> 小组学习的有效性在许多研究中都得到了肯定。美国教育技术专家斯皮赛（D. R. Spitzer）曾概括了小组学习的几个优势：①小组能满足个人的社会交往需要；②个体作为小组的一分子能增加他的动机水平；③在适当的小组规模内，面对一个解决问题型的学习任务，小组的判断往往优于个人的判断；④小组能储备每个人的智慧，通过取长补短产生更好的学习结果；⑤在改变个人的态度方面，小组往往能发挥强有力的影响作用；⑥个人参与小组活动能增强他对小组决策所作承诺的责任感；⑦小组学习时，个人往往学得更多，更乐意长时间地把注意力集中在完成学习任务上。
>
> **资料来源：**
> 1. Johnson, D. W. & Johnson, R. T. (1986). Computer-assisted Cooperative Learning. Educational Technology, Jan.
> 2. Spitzer, D. R. (1983) Power of Group, Educational Technology, Aug.

2. 互助合作是促进课堂教学发展的动力

小组合作学习是同伴间的互助合作活动。在课堂教学中，教师通过创设"组间同质、组内异质"的小组形式，改变了以往课堂教学中按学习水平划分教学层次、忽略学习者个别差异的粗犷型教学，创设出了一个"关注差异、善用差异，聚焦意愿、满足意愿"的学习环境。组建异质学习小组的目的在于促进小组成员之间的互助与合作，发挥每一个学生的聪明才智和不同的学习能力，并以此推进教学活动的步步发展。

小组合作学习改变了传统课堂教学中以个人成绩为标准，以学生个人为奖励对象的做法，从而改变了课堂教学中学生成员之间以竞争为主的交往方式，促进了组内成员的互助与合作，使学生在各自的活动中尽己所能，得到最大程度的发展。小组合作学习的各组内成员都必须视小组的成功为个人的成功，从而使每个成员都不仅自己要学会要求掌握的知识，而且还要关心和帮助组内其他成员获得成功。

第二节　培育合作意愿与技能

如何在一个常规化的课堂中开展合作学习，这是许多工作在一线的中小学教师感到疑惑的问题。之所以会出现这样的疑惑，主要有如下两个原因：首先，许多教师在论及合作学习的时候，往往对其做了狭隘的理解，将合作学习等同于小组讨论，由此引发的关联性问题就是误以为合作学习只适用于小班化教学；其次，将合作学习与课堂教学对立，甚至误以为采用了合作学习就不再有常规课堂教学中的"教师讲授"了，他们担忧如此进行的教学怎么保证教学进度和教学任务的完成。其实，合作学习不仅不排斥课堂教学，甚至只是课堂教学中为促进学习理解、满足学习需求、完成多方面教学任务而采取的教学策略，如同我们多次强调的那样，合作学习不仅仅是一种教学方式，它还是教学内容，通过合作学习，可以培养学生的合作意愿和人际技能，可以形成学生乐于、善于与他人协商共事的人生态度和方式方法。

一、设置校本课程，培养合作意识

愿意与他人交往、知道该怎样做才能和同伴有效地交往，这两点是课堂教学中开展合作学习的基本条件。很难设想一个尖酸刻薄、喜好独处的学生能在合作团队中发挥作用。当教师的教学对象是一个人数多达 50 甚至 60 人的班级时，如果学生缺乏合作的意识和技能，那么，课堂中的合作就一定会是难以企及的事情。

怎样才能让学生乐于并善于和同伴合作呢？我们采用的方式是自己动手编撰并在校内设置校本课程。在这套名为《学会合作》的校本教材中，我们将有关合作的理念、技能等归纳成不同的主题，编排为上、中、下三册，分别面向小学低、中、高段 6 个年级的学生。每册教材均按主题分为 8 课，每课各包含两个小主题：

上册

第一课　进入新集体
　　1. 来到新集体
　　2. 请你认识我

第二课　大家做个好朋友
　　1. 一起玩耍真快乐
　　2. 没有朋友真孤单

第三课　夸夸我的小伙伴
　　1. 你真棒
　　2. 你会夸奖吗

第四课　让我们轻声说话
　　1. 轻点儿，再轻点儿
　　2. 有理也要轻轻说

第五课　别人说话不插嘴
　　1. 认真地倾听
　　2. 礼貌地表达

第六课　让别人知道我的感受
　　1. 我的心情你能懂
　　2. 同伴不是出气筒

第七课　不能没有你
　　1. 我的进步离不开你
　　2. 一个好汉三个帮

第八课　团结就是力量
　　1. 合作产生奇迹
　　2. 人心齐　泰山移

中册

第一课　每一个人都是独一无二的自己
　　1. 我的自画像
　　2. 尺有所短　寸有所长

第二课　严于律己　宽容待人
　　1. 正视自己　欣赏别人
　　2. 己所不欲　勿施于人

第三课　分享使人快乐
　　1. 赠人玫瑰　手有余香
　　2. 与你分享　给己喝彩

第四课　换个角度看问题
　　1. 面对困境，努力寻求解决的办法
　　2. 走出困境，会使我们变得更加出色

第五课　善于倾听　善于表达
　　1. 倾听是金　会说是银
　　2. 勇于表达　善于陈述

第六课　助人与求助
　　1. 帮助他人就是帮助自己
　　2. 困难之时要善于求助

第七课　委婉表明观点
　　1. 得理饶人　当君子也
　　2. 心平气和　不争高下

第八课　诚恳待人　热情助人
　　1. 主动道歉　获得谅解
　　2. 以诚相待　热情相助

下册

第一课　有话好好说

　　1. 说话不盛气凌人

　　2. 和言善语是解决问题的良药

第二课　勇于拒绝　善于说"不"

　　1. 说"不"需要勇气

　　2. 拒绝是一种艺术

第三课　对自己的行为负责

　　1. 接受不恰当的行为带来的后果

　　2. 学会对自己的行为负责

第四课　释放压力　快乐学习

　　1. 扔掉情绪垃圾

　　2. 把"乐"刻在心里

第五课　担当不同的角色

　　1. 我是团队一份子

　　2. 你我各尽其职

第六课　直面冲突　协商解决

　　1. 直面冲突　解决问题

　　2. 真诚协商　达成共识

第七课　做小组活动的主人

　　1. 公平合作　不坐享其成

　　2. 精诚合作　攻克难关

第八课　秀出你的魅力　亮出你的特色

　　1. 亮出自信　秀出风采

　　2. 我们的特色大舞台

各年级教材的主题、体例设计和内容编写，在知识信息、感知理解、自我体验、思维拓展、综合运用上，体现出了由易到难、由简单到复杂、由形象具体到抽象思维的螺旋形上升特点。在教材编写中，我们围绕小学生的认知水平和兴趣，以"合作学习"理论为依据，以"故事"体现合作意识，以"活动"培养合作技能，采用叙事与说理相配合、思考与操作实践相结合的方式，让学生在丰富多彩的讨论、游戏和交流中领悟合作的真谛，培养学生愿合作、会合作、懂合作的能力。本章附录为读者呈现的就是低、中、高三册教材中主题相同、认知难度不断加深的三篇课文，从中可以看到不同年龄的学生在合作认知、人际技能、形成团队意识方面所需要学习和解决的问题。

二、营造合作氛围，强化合作意愿

学生的合作品质是在完成团队合作任务所带来的身心愉悦中逐步形成的，如果学生享受不到合作成功的欢乐，体验不出和同伴交流互助的欢愉，教师再多的说教都是于事无补的。为此，教师应该重视在班级中营造合作氛围，为学生创设一个乐于合作的学习情境。

1. 合理布置教室，创设合作情境

让学生置身于充满"合作"氛围的环境中，会对学生合作意识的培养形成一种"润物细无声"的作用。我们的具体做法是，把孩子们自己设计的一张张充满想象和创造力、代表小组特点的标志张贴在教室的四周，选用一些蕴涵"合作"思想的图画、警句张贴在教室里。对高年级学生，我们选用的有："成绩是大家集思广益共同努力的结果，绝不是个人苦思冥想孤军奋战的产物""合作是森林，竞争和单干是树木""不让一个同伴掉队，不用一个标准看人"等。在低年级的教室里则将"让我们专心倾听""让我们轻声交流""我们是一家人，相亲相爱的一家人""请你一起参加我们的活动""你的观点对我们很重要"等口号，以标语或图片的形式张贴在教室的墙上。表3-1呈现的就是我们时常选用的一些贴在教室墙上的口号。这些文句不仅可以持续地强化学生的合作意识，还可以帮助他们理解合作学习的思想和观点，在教室中营造出浓郁的合作氛围。

促进合作的口号

表 3-1

1.	借人之长，补己之短；扬己之长，助人之需。
2.	不让一个同伴掉队，不用一个标准看人。
3.	让我们认真倾听，让我们轻声交流。
4.	今天合作完成的事情，明天就能独立去做。
5.	合作学习，今天学了明天就能用，一生都享用。
6.	有效学习＝合作解决问题＋友好竞赛＋独立完成任务。
7.	我为人人，人人为我。
8.	一人为大家，大家为一人。
9.	荣辱与共，休戚相关。
10.	人人进步是我们的目标，互助合作是我们的手段。
11.	每一个人都有聪明才智，每一个人都有优点特长。
12.	善待自我，欣赏别人。
13.	我们团结，我们协作，每个人都棒！
14.	只要努力了，我们就一定能行！

2. 建立"合作园"，促进共同进步

合作学习不是只讲合作，不讲竞争，而是把原本个人间的竞争改成为小组间的竞争。这一转变不仅提高了学习的趣味性，同时还使小组"合作"的气氛更浓了。许多老师在实验中采用了"合作园"的方式反映各小组的竞赛成绩，如结合班级的词语听写、朗读课文、完成作业、速记"数字"等活动，在各小组间进行争星比赛，要求每个组员完成一项得一颗小星，每小组满 10 颗小星得一颗大星，并黏贴在班级"合作园"里；比一比，哪个小组争的星星多，一周评一次，一月小结一次，请得星多的小组介绍经验并予以奖励，依此循环，期末评出"棒棒合作小组"，予以相应的奖励（见图 3-1）。

图 3-1 教室中的合作园地

3. 召开主题班会，培养合作精神

合作学习非常强调不用一个标准看人，不让一个同伴掉队。其实，每个教师都明白，孩子都有自己的闪光点，问题在于为了有效地开展合作学习，我们该如何让学生能有意识地发现同伴的优点（这是有效合作的基本前提，否则合作的课堂将成为你争我吵的农贸市场）。为此，我们依照自主性原则，有计划地在班级召开了"我们行，我们最棒""展示自我，学习他人，学会合作"等系列主题班会，让学生体验合作的内涵，悦纳同伴的观点。如三年级的学生在以"学会合作"为主题的队会上，通过游戏、故事等生动活泼的形式，体验了合作的乐趣，认识到了合作的重要性。

主题班会

学会合作

主持人：快乐QQ组1号、水晶玉兔组3号

活动过程：

一、主持人宣布主题队会开始，起立唱队歌

二、课件演示：龙舟大赛的场面

主持人A：同学们，你们看过龙舟比赛吗？看，这就是龙舟比赛时的情景（播放赛龙舟比赛的视频）。

主持人B：同学们，现在让我们一起来讨论一下，参加龙舟赛的人该怎样划，才能使龙舟的前进速度更快？

（同学们同桌两两配对讨论）

主持人A：龙舟比赛是一个集体项目，只有集体中的每个人都听从指挥，动作协调一致，大家团结合作，才能使龙舟的前进速度加快，从而取得比赛的胜利。

三、游戏体验

游戏1：折筷子

主持人B：我手里有一根筷子，想一想，你能不能把它折断？（对同学甲说）一块儿来试试？（同学甲将筷子折断）哎呀，你可真了不起，轻而易举就把它折断了，（加上一根筷子）你还想试试吗？说一说跟刚才比有什么不同？（同学甲：比第一次费劲儿）好，这回呀，再拿来一把筷子，谁还想来试试？怎么样？（折不动）三次折筷子，结果却截然不同，谁来说说，你是怎么想的？

游戏2：五指争功

让学生共同体验五指分别拿苹果及五指共同拿苹果所花费的不同力量，从而得出结论：团结合作的力量大无比。

中队辅导员发言：通过刚才的折筷子、五指争功的游戏，我们可以感受到，个人的力量是微弱的，团结合作的力量才是巨大的。所以只有团结合作才能取得胜利，赢得成功。

四、听故事，议一议

主持人A：有请火箭队的2号同学给大家讲《蚂蚁搬大虫》的故事。

主持人B：听了这个故事你们是怎么想的？（学生即兴回答）是啊，同学们有没有想过不团结又会怎么样呢？

主持人A：听了《蚂蚁搬大虫》的故事，我们都深深地感到，合作很重要，团结的力量大。接下来请火箭队3号同学为我们讲《人、梭子鱼和天鹅的故事》。

五、体验合作

主持人A、B：合作才能成功，成功才会快乐，你想不想做一个快乐的人？下面就请同学们根据自己的兴趣和爱好自愿结合成小组去合作做一件事，体验一下合作的快乐吧。

（学生自由组合开展合作实践活动）

> 主持人A：接下来请同学们来展示一下你们的成果。
>
> 中队辅导员发言：从同学们脸上洋溢的表情，老师看到大家都尝到了成功的喜悦，想不想用一句话告诉大家你的收获？
>
> 主持人A：同学们，团结就是力量，只有真诚地团结合作才能取得胜利，赢得成功。让我们一起歌唱《众人划桨开大船》，体验合作的快乐，共创和谐的集体！
>
> （主持人宣布活动结束）

4. 开展游戏活动，形成积极互赖

小学生正处于喜爱活动、乐于交往的年龄阶段，越是有形的、可见的、有趣的活动，学生往往越爱参加，因此，一些需要全体成员齐心协力完成的、富有挑战性的游戏活动就可以对学生合作意愿和技能的养成起到积极的推动作用。为此，我们设计了一些有意义的游戏活动，以培养学生的合作意愿和合作技能。如"搭空可乐罐"游戏。该游戏的具体操作是：请各小组在指定的地点，不借助任何工具，将40个空可乐罐在规定的时间内一层一层往上搭（可以用各种不同的方法），看哪一组搭得最高。这项活动清楚地表明，要想获得成功，个人单干是绝对行不通的，小组成员必须依靠集体的智慧和力量，协同努力才行。再比如，切块学习（参见本书第一章，资料夹1-1）在具体运用时需要变换小组构成（图3-2），若缺乏练习，小组构成变换的过程势必会花费较多的时间。为此，老师们创设"快速变变变"的游戏，利用课外活动的时间让学生练习如何从4人合作小组换为专家学习小组，又如何将专家学习小组的形式换为4人合作学习小组。有趣的游戏活动使学生很快就掌握了"切块拼接学习"中的这种分组变换（合作学习小组→专家学习小组→合作学习小组）要求，即使是一个近60人的大班也能在很短的时间内快速、安静地完成合作分组的要求。

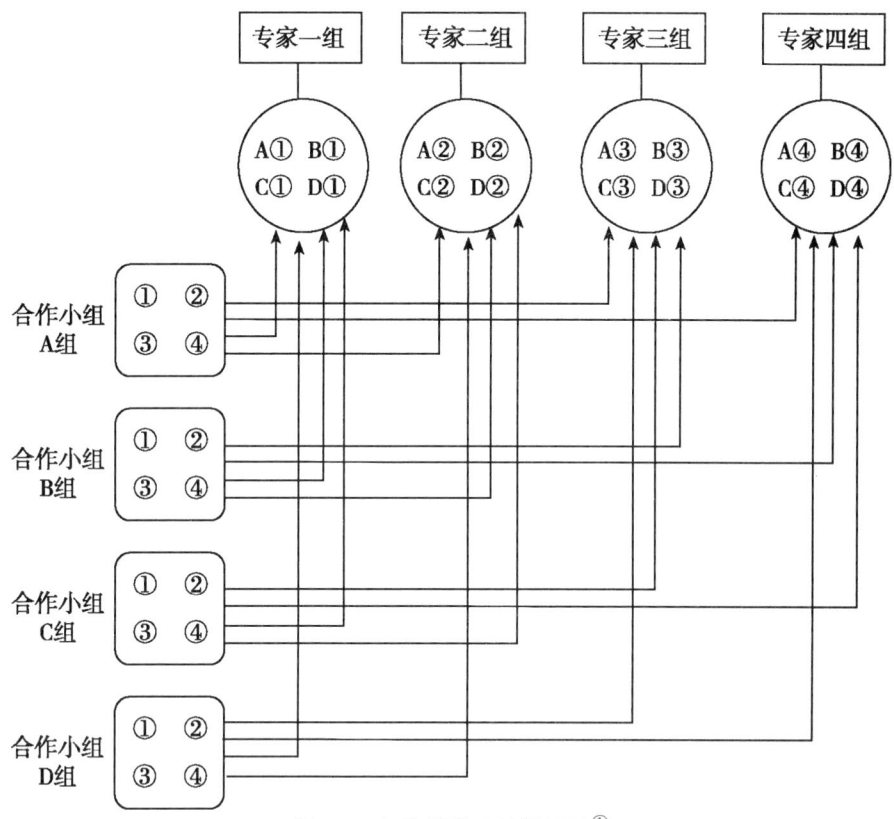

图 3-2 切块拼接法教学图示[1]

三、借助卡通绘画，培养合作技能[2]

有效的课堂合作学习离不开生生间良好人际关系的确立和学生对人际技能的掌握。很多合作学习小组之所以不成功就是因为小组成员缺乏必要的交流技能。所以，要提高合作学习的实效性，必须以学生喜爱的方式教给他们基本的交往技能，这是合作学习有效进行的基础。有些教师以传授学科知识的方式对学生进行合作技能教育，以条文、规则要求学生该这样

---

[1] 根据王坦《合作学习——原理与策略》一书第 153 页图改编。图中的①②③④指各合作学习小组中的 4 位学生。

[2] 本部分内容由杭州时代小学王云英老师提供。

做、不该那样做。我们认为这种单调、乏味、僵化的方式不适应当今小学生的身心发展特点。卡通画是学生喜闻乐见的表达形式，它以直观形象的手法诠释生活中的智慧，向人们传递幽默，打动着人们的心灵。卡通画中生活化的情景、夸张的人物表情、细腻美观的构图，既具时尚气息又富童真童趣，非常符合小学生的认知特点和心理需求，并给予孩子审美和艺术的享受。因此，我们把卡通画带进了教室，带进了学生的课余生活，利用卡通画的形式在课堂内外创设合作氛围，帮助学生理解和练习合作技能。

1. 绘制卡通画，活化合作技能

用卡通画形式表现合作技能，能将抽象、复杂、枯燥的合作技能训练内容形象化、生动化、具体化。当我们把那些条条框框的文字内容转化为富有情境性，易于为学生理解、想象、模仿的画面时，每个合作技能背后的情感就通过卡通画人物的眼神、动作、体态和表情，传递给了学生，引起了学生情感的共鸣。

结合小学生课堂合作学习中必须具备的 13 种基本人际技能（见表 3-2，其中 1~8 种技能适用于一、二、三年级的技能训练，9~13 种适用于四、五、六年级的技能训练），[①] 我们根据小学生的年龄特点，分别绘制了适合低年级学生和中高年级学生欣赏的表现合作技能的卡通画，同时为每一幅卡通画配上了交往故事以及思考题，以引起学生的思考和交流。

小学生基本合作技能

表 3-2

序号	合作技能名称	序号	合作技能名称
1	请求原谅	8	仔细聆听
2	请求帮助	9	善于倾听
3	诚恳致谢	10	说理充分

---

① 张玉民主编. 新课程教师组织合作学习和创设教学情景能力培养与训练. 人民教育出版社，2004：65~66.

4	热心帮助	11	委婉表明不同观点
5	热情赞扬	12	发言紧扣中心
6	勇于反思	13	分工合作奔目标
7	耐心等待		

图 3-3　发言紧扣中心　　　　图 3-4　诚恳致谢

例如，围绕"讨论紧扣中心"这一技能，我们就绘制了一幅活泼、可爱的卡通画来表现（见图 3-3）。在这幅卡通画的旁边，我们还配上了这样一段文字——妮妮是个能说会道的孩子。这天，学校请小朋友谈谈对减负的看法。妮妮先说明了自己的观点：减负不减质。接着，她列出了 7 条理由，每条都紧扣观点，讲得头头是道。大家听了，连连点头称是。

想一想：（1）为什么说妮妮是个能说会道的孩子？（2）选一个话题，学着妮妮的样子，说说自己的观点。

2. 张贴卡通画，营造合作氛围

有了体现合作技能的卡通画后，我们首先做的是把卡通画贴到教室的墙壁上。这样做的目的主要有两点：吸引学生注意（画的内容是什么，说明了什么）和引发学生讨论（老师希望我们做什么）。由于卡通画符合儿童的认知特点，张贴后立刻百分百地吸引了学生的眼球。许多学生看了图画后就想，老师为什么要把这些画贴在教室里呢，从而引起了学生对有关合作技能的思考和讨论。至此，张贴卡通画的目的已经基本达到了。学生在自发的注意、讨论、思考中，明白了卡通画所要表达的内容，懂得了卡通画所阐释的合作技能的基本含义。需要说明的是，我们并没有立刻把所有绘制完成的画作全贴在教室里，而是采用每周贴一张画的方式，既让学生保持新鲜感，又能让合作氛围的创设得到延续，同时还有助于让卡通画表达的合作技能渐渐地深入人心，让学生在学习生活中自然而然地习得交往的技能。

例如，我们把"诚恳致谢"（见图3-4）这幅卡通画挂在了二年级的教室里，马上就有很多小朋友围了上来，大家七嘴八舌地议论开了。有的说，这幅画真好看，肯定是美术老师画的；有的说，卡通画中的小朋友真可爱。有一个小女孩说："老师，这幅卡通画讲了一个故事呢！"

"哦！说来我们听听。"

"有一天，小朋友做作业的时候要用尺子了，可他忘在家里了。他就向同桌借尺子，同桌给他尺子，小朋友说'谢谢'。"

"你的故事讲得真好，那谁能说说，老师为什么要把这幅卡通画挂在教室里呢？"小朋友争先恐后地回答：老师要我们学会互相帮助；借了别人的东西后要说谢谢；别人帮助我们，我们要表示感谢……

"真能干！你们也能像卡通画中的小朋友那样接受帮助后，诚恳地对别人说'谢谢'吗？"

"能！"所有围观的学生一起说。于是，我们趁机把和卡通画配套的故事也贴了出来。接下来的几天，始终有学生围在卡通画旁，边看故事，边欣赏图画，并不时地品头评足。

很显然，这是一幅非常简单的卡通画，所要表明的思想是，与人相处应该谦恭有礼。应该说，这是进行人际交流最必需的一项技能，不管是对亲人、朋友，还是老师、同学，甚至是素不相识的陌生人，当得到他人的帮助时，都应该真诚地说声"谢谢"。许多孩子通过社会性实践或多或少已经懂得了这一道理，也具备了这个技能，所以，教师不必通过课堂教学进行专门的技能传授，而是通过在教室里张贴卡通画的方式，"润物细无声"

地营造出了课堂学习的良好氛围。

3. 解读卡通画,领会合作技能

有些合作技能乍一听似乎挺简单,但学生在实际的合作交往中却往往做不好,且问题很多。譬如善于倾听、请求帮助等,这些不仅是课堂中的学习技能,也是影响人未来发展的生存技能。这类合作技能用卡通画表达出来后,需要教师引导学生一起理解,以丰富卡通画的内容,领会卡通画所要表明的真实含义。于是,我们专门开设了合作技能课,以课堂教学的形式来进行这类合作技能的教学。

可能有人会提出疑问,合作技能需要花专门的时间去教吗?当初,我们自己也存有这样的疑惑,但实践告诉我们,花时间教学生学会了合作技能的班级比那些舍不得花时间的班级合作效果要好得多。所谓"磨刀不误砍柴工"讲的就是这个道理。我们是利用语文教学中的口语交际课来教学生合作技能的。

图 3-5　善于倾听　　　　图 3-6　善于倾听

例如,我们为"善于倾听"这一技能绘制了两幅卡通画(图 3-5、3-6)。图 3-5 是为 1～3 年级的孩子创作的,而图 3-6 则是为 4～6 年级的孩子设计的。我们利用图 3-6 在四年级上了一堂合作技能的教学课。我们先请学生观察卡通画上的人物正在干什么。同学们马上就说出来了:一个小朋友正在汇报发言,他周围的两个同学正在倾听。老师肯定了学生"倾听"这个词用得好并追问,从哪里可以看出两个同学正在倾听。同学们纷纷说出了他们的观察所得:他们的眼睛都看着发言的同学;有一个同学手托着脑袋像个思考的样子,他们的神情非常专注。这时,有同学提出,那些符号是什么意思。我再请同学观察,他们马上发现,那些符号正是发言同学讲的内容,也是两个同学倾听到的正在思考、分析、比较的内容,这些内容经过他们大脑的加工,正逐渐转化为他们自己的知识。然后,我出示了和图3-6配套的交往故事,请同学们思考一下,刚才的观察是否与故事内容相一致,是否疏忽了什么。最后,大家根据故事内容和观察所得一致得出"善于倾听"的要领:眼睛注视发言人,神情专注,边听边分析、比较,领会同伴发言的要点,必要时可以做记录。随后,同学们联系各自的生活经验、学习经验,交流了"善于倾听"在生活学习、合作交往中的重要性,这当中有成功的经验,也有失败的教训。这节课结束后,我们把卡通画张贴在教室里,提醒学生,时时注意"善于倾听"。

4. 表演卡通画,体验合作情境

合作团队中最容易出现的问题便是争执不休。当合作小组成员对学习内容意见不一致或合作任务没有及时完成彼此责怪等情况出现时,如何妥善处理成员之间的矛盾便是合作学习活动继续开展下去的关键。没有掌握合作技能的学生往往会争论不休,轻则完不成任务,重则伤了同学和气。这时候特别需要教给学生委婉表明不同观点、勇敢承认错误、使用幽默帮助小组等技能。我们在教学这些相对复杂的合作技能时,通常是创设一个问题情境,然后借助卡通画进行表演,再请每个合作小组想出解决问题的办法,最后集思广益,把大家认为最好的处理办法集中起来,成为我们以后解决实际问题的合作技能。

例如,我们采用创设情境、表演卡通画的方法,帮助三年级学生理解和掌握"委婉地表明不同观点"的含义和技能。首先联系实际抛出一个问题:当小组同伴在学习时产生不同意见或者相互闹矛盾时,我们怎么办?当学生把各自的问题解决方法说出来后,教师肯定其中一些好的做法,如谦让、宽容等,然后请学生看看卡通画中的人物是怎么解决意见分歧的。看懂卡通画以及交际故事后,请同桌两两配对合作表演卡通画(图3-7)中的对白，再请表演特别逼真的同学展示给全班小朋友看，请大家给予评价：态度是否诚恳，语气是否婉转。然后，教师指导学生继续思考：要委婉表明自己的观点，不让同伴难堪，我们还可以说些什么话？学生的讨论非常有意思，他们想到的可以对同伴说的话有："我首先认为你讲得有一定道理，但是我还想说明的是……""你真会动脑筋，但你有没有想过……""对不起，我暂时不能同意你的意见，因为……""这个问题我们暂时放一下，是否先……"就这样，通过表演、讨论，最后学生自己得出了结论：要尊重别人；在小组中表明不同观点时，应该态度诚恳，语气婉转；要先肯定对方的优点，然后再讲出自己的观点和意见……

图 3-7　委婉表明不同观点　　　　　图 3-8　我来帮你

值得一提的是，在帮助学生理解各个人际交往技能时，我们不仅借助卡通画，同时还为每一幅画配套创造了一个小故事，以引导学生思考怎样才能成为一个善于合作的人。

与卡通画配套的合作故事与问题

◆诚恳致谢

南南和聪聪是同桌。数学课时要画图，聪聪找不到尺子了，急得脸都红了。南南见了，主动递过自己的尺子，微笑着说："别急，先用我的吧！"聪聪很感激，连声说："谢谢！谢谢！"

想一想：（1）你认为南南和聪聪的做法对吗？（2）你遇到过这样的事吗？你是怎么做的？

◆善于倾听

故事1：品德课时，大家分成学习小组，讨论着垃圾分类的问题。虹虹首先发言，说得头头是道。小舒看着她，认真地听着。小冈边听边做笔记，心里想："她说得很有道理，不过，这里还可以补充这样几点……"轮到小冈发言时，他根据笔记，有条有理地发表了自己的想法。最后，虹虹的小组被评为最佳合作小组。

想一想：（1）虹虹的小组为什么被评为最佳合作小组？（2）在合作学习中仔细聆听同伴的发言，你是否学到的东西更多？

故事2：数学课上，同学们正在讨论一道思维训练题。这时，老师请圆圆把自己的理解说给大家听。沉沉和历历认真地听着。沉沉托着脑袋像个思考者的样子，边听边想：为什么这里要这么算，好像我的理解和圆圆不一样……历历的眼睛看着发言的同学，边听边和自己的分析比较，准备待会儿补充。

想一想：（1）当一个同学发言时，听的同学做了什么？（2）你会倾听吗？你是不是一个善于倾听的人？

◆委婉表明不同观点

语文课上，老师要求分组讨论男孩好还是女孩好。小蝶和军军是一组，他们先各自发表了意见，结果发现两人的观点不一致，军军抓抓头发腆腆地说："小蝶，你说得对，是我没有考虑清楚。"小蝶认认真真地听着，接着轻轻地说："不，其实你说的也有一定道理。"两个人不由开心地笑了起来。

想一想：（1）小蝶和军军面对与自己不同的观点时是怎么做的？（2）从小蝶和军军那里你学会了怎样表明不同观点了吗？试着用一用。

5. 创作卡通画，深化合作技能

随着卡通画渐渐走进教室、渗入课堂，同学们对卡通画的兴趣也越来越浓厚，很多学生已经开始跃跃欲试，进行自己的创作。我们抓住这个有利时机，进一步利用卡通画，深化合作技能。我们利用课外活动的时间教学生画卡通画，说卡通画，编写交往故事。题材可以灵活多变，不过主题要围绕合作技能。让我们大开眼界的是学生的卡通画虽然不够精美，想象却极其丰富，画中的对象已经不再局限于人，他们用自己的创造诠释着他们心中的合作能力。学生的画作丰富了教师制作卡通画的素材，同时也使有关合作技能的阐释更具童心。我们还把师生创作的卡通画编成一本合作技能卡通画册。图3-8就是学生创作的卡通画，他们还模仿老师阐释各个合作技能的方式，为这幅画编配了一个有趣的卡通画故事：

小蜗牛陶陶和妞妞是同班同学。有一天，蜗牛老师叫小蜗牛们做算术。妞妞很快就做完了，可是陶陶怎么也不会做，急得在一边大哭，他边哭还边说："妈妈就生了我一个孩子，我怎么知道1＋2等于几呢？"妞妞在一边忙着劝慰："陶陶，别哭，我来帮你。这跟妈妈生几个孩子没有关系，你想，你爸爸、妈妈是两个蜗牛，再加上你一个，你家有几个蜗牛呢？"陶陶这才反应过来：原来1＋2＝3呢。

想一想：(1) 妞妞是怎么帮助陶陶的？(2) 当同伴有困难时，你会怎么说，怎么做？

卡通画以其夸张的表现方式，突出的人物个性，无论在形式上还是内容上都为孩子们带来了很多快乐。我们以卡通画的形式呈现合作技能，以卡通画为载体将合作技巧活化，并引导学生在口语交际中伴随快乐的情绪体验了解合作，学会合作。当然，学生合作技能的形成不是一蹴而就的，也并不是说所有的合作技能都需要以卡通画的形式表现出来。培养学生的合作意识还有许多途径，如具体合作活动中教师潜移默化的示范，结合各类学科内容的教学，同伴之间互相的观察、监督，生活中真实情境的处理等。卡通画只是我们采用的一种较为特别的形式。实践表明，以卡通画作为载体，不失为培养儿童合作技能的一条有效途径。

四、教师阐释示范，形成人际技能

除了借助卡通画培养学生的合作技能，教师的阐释和示范也是我们指导学生人际技能学习中的重要一环。例如，小组交流时，当某个学生的想法与同伴的意见不一致时,我们就对学生说,不要随意地指责同伴的观点是错误的,而可以说"我的想法和你有些不一样,我是这样想的……""我不太明白你为什么会这样想,你能把你的意见说得更具体一些吗……"当学生代表小组发言时,我们要求学生不要用"我认为……"而应该说"我们组认为……""我们组的意见是……"在小组交流活动时,我们告诉学生"要轻轻地说,只能让自己小组的同伴听到……"

对那些决定小组活动能否顺利进行的关键性技能,我们更是反复强调,适时训练。如"学会倾听",指学生能听、会听、善听。倾听,意味着听者必须全神贯注,眼到、耳到、心到,一个眼神,一个动作,都随发言人的变化而变化。可以认为,没有倾听就没有交流,没有倾听也就谈不上共鸣、互助、思考、合作。从一年级开始,我们就常常和学生说"倾听"一词,指导学生理解"倾听"的含义:"当同伴发言时,眼睛看着他(她)","听时不说话","边听边点点头……"我们告诉学生,别人对你说话时,你若认真地看着他,就表明你很尊重别人,是一个可爱的孩子;别人对你说话,如果你的眼睛看着别的地方,说明你不知道尊重人,是一个没有礼貌的孩子……对中高年级的学生,我们注重从倾听和表达两个方面进行示范训练。如"礼貌质疑"就是一项包含了倾听和表达的复杂技能,一个人只有做到了"倾听",才有可能正确地"质疑"。

为帮助学生形成合作学习所需要的基本的人际技能,我们对这些技能进行了较为详尽的阐释,以使学生明白自己在小组活动中究竟该怎样做(见表3-3、表3-4)。

为将这些有关合作技能的培养落在实处,我们在课堂教学中常常以随机抽样的方式请学生复述有关的学习内容,以检验学生是否在倾听老师和同学的发言,如:"请把××同学的意见再说一遍""把同桌小朋友的意见说给大家听听"等。同时,我们常常鼓励学生大胆表达自己的不同意见,如"我对××的意见有补充""老师,我对您刚才的表述有不同意见""我认为,××刚才的回答是错的……"对于那些认真倾听、勇于表达自己不同意见的学生,我们总是及时予以表扬奖励。如此一来,学生慢慢体会到了倾听和表达的魅力,并进而感受到了倾听和表达给自己所带来的快乐。

倾听技能

表 3-3

一级指标	二级行为指标
专心倾听	别人发言时不做别的事情；眼睛看着对方，边听边记住要点；微笑、皱眉表示赞同或质疑。可以说"我同意××的意见"，"太棒了！"，"真佩服你！"
耐心等候	别人发言时不插嘴；有不同意见要耐心等待；微笑、点头，不做显示不耐烦的动作、眼神和表情。
礼貌质疑	微笑着请对方解释说明；提出不同意见时，要有礼貌。可以说"你能不能再说明一下"，"我有不同的意见想和你讨论"，"我有个建议"，"我对你的观点有一些补充"等。
提醒同伴	当发现有同伴在讨论时开小差或态度不当，可用目光或动作暗示提醒同伴。

表达技能

表 3-4

一级指标	二级行为指标
轮流发言	按次序发言；不抢着发表自己的见解、扰乱发言的秩序；不互相退让"你先说，你先说"，以免浪费讨论时间。
轻声交流	发言时，眼睛看着大家；声音要轻，保持在30厘米距离能够听到的程度，不影响其他小组的学习。
清晰表达	发言之前要有准备；发言时尽量做到清楚明白，不啰唆，能说清理由。在小组内交流、表达自己的观点时，可以说"我认为……"代表小组发言时，应说"我们小组认为……""我们小组的意见是……"

耐心解答	别人提出疑问时，要尽自己努力做出答复，让他人听明白，可这样说"好的，让我试着从其他方面再解释一遍……"
鼓励他人	以眼神、表情鼓励同伴；同伴发言时，可轻拍他的肩膀轻声说："真棒！"当同伴信心不足不愿参与时，可对同伴说："我们相信你能行。""相信自己，你的观点对我们很重要。"也可以经过小组商量，让信心不足的同伴在组内第一个发言，以降低难度。

五、组建合作小组，奠定合作基础

合作学习是以小组为基本单位开展学习活动的，为此，构建合作性学习小组就是进行合作学习的基本组织前提。合作小组构建的成功与否，直接影响着合作学习活动的成败。在组建合作学习小组时，我们的主要做法是：

1. 组内异质、组间同质、有序编号

就合作小组的组建而言，除个别情况下可以让学生自由选择合作伙伴，一般情况下均可由教师按照组内异质、组间同质的原则划分学习小组。比如，我们开展"大班额条件下的合作学习应用研究"的课堂是一些有着58~62人的班级，教师在构建合作小组时，就将学生分成16个4人合作学习小组。首先，老师根据学生的性别、学业成绩、认知水平、学生特征、身材高矮、家庭背景等条件，对学生进行分组、排座，为小组间展开公平竞争创造条件。其次，按照座位顺序给每组成员编号（1、2、3、4），使全班每个学生都有一个号码，并且每组学业水平处于同一层次的学生号码相同。最后由各组自行选举一位具有号召力、判断力和良好人际关系的学生担任组长，由其负责组内活动分工及安排。

2. 小组活动了解自己的同伴

组建完成的合作小组，只能说是形式上的"合作"，要让学生真正会合作，就必须创设条件和情境，让学生之间有相互的依赖性和利益趋同感，让他们喜欢自己小组里的每个成员，而促进学生安全感和归属感的有效方式就是组织和开展小组活动。例如，"增进同伴间的相互了解"是一种有趣的小组活动形式。每组成员先依次向组员介绍自己的家庭成员、个人性格和爱好、特长、理想、优缺点等；然后，各成员分别向介绍人真诚赠送一句"希望你……""你是我们的一员"等激励性的语句。在一个异质学习小组中，同伴之间的相互了解、身份认同是决定他们能否相互合作的重要因素；同伴间相互了解，坦诚相见，是有效合作的必要条件。

3. 为小组命名，给小组设计图标和口号

为培养学生对合作学习小组的认同感，我们让学生为自己所在的合作小组取一个有趣的名称，并设计一个有特色的标志，以反映小组成员的共同意愿。小组图标可以用轮流画的方式，由全体组员同心协力完成，1、2、3、4号组员各画一部分，也可以是大家选举绘画能手完成后，大家修改确定。最后，由组员商议、为自己所在的合作小组设计一句富有激励性、督促组员共同前进的口号。事实证明，学生的潜能、智慧、兴趣和小组认同感、荣誉感都在给小组命名、设计图标、拟定口号的活动中反映出来了。学生为小组拟定出了许多很有意思的名称，如美丽天鹅组、团结星星组、幽默水晶小兔组、QQ小组、雄鹰之子组等。通过这种有趣的活动方式，我们不仅改变了以往以数字代称区分各小组的简单化做法，同时还有效地促进了小组目标和团队精神的形成。

4. 落实组员职责，形成平等意识

合作学习的一个显著特点是人人尽责、平等参与。落实到具体的活动中，就是让每一个小组成员承担不同的任务（职责）、在教学活动中扮演不同的角色。一般而言，根据小组活动的性质差别，小组成员进行课堂活动时可以有各种不同的分工：组长（或召集人）——负责召集和组织活动；记录员——负责记录小组活动的过程和本小组讨论中的主要观点；报告员——负责向其他组或全班汇报本组观点；时间控制员——负责掌握本组活动的时间和每个成员的发言时间，确保每个成员都有交流机会；声音控制员——确保小组发言时的声音不至于影响其他小组；解释员——对其他小组向本组汇报所提出的问题进行解答和阐释；另外还可以根据需要安排观察员等。值得一提的有两点：首先，随着合作学习活动的开展，组长（或召集人）的角色并不是一成不变的，这一角色人选和其他角色一样也是轮流的；其次，每个小组成员所承担的任务角色，开始时由教师指定、安排，但随着小组活动的逐步开展，就可以由小组成员自行决定或自我推荐、定期轮换。由于每个人都有了明确的职责，各自扮演着不同的角色，这就促进了每个人的学习主动性。而只有当小组内的每个角色互相帮助，团结协作时，合作小组才可能顺利地完成任务。

第三节　在大班课堂中实施合作

合作的意愿、技能、观点是在实践的过程中不断发展和巩固的，因此，让学生在形式多样的合作学习活动中学习合作、体验合作就显得非常重要，为此，我们在理解和把握合作理念的基础上，依照卡甘"内容＋结构＝活动"的思想，结合学校大班额课堂教学的条件，创设并尝试运用了一些有趣的合作学习方式。

1. 合作早预习

培养学生形成预习课文的习惯是语文教学的重要任务。为此，我们设计开发出了 4 人合作晨间预习的方法。具体做法：先分工，然后 4 人一起交流和反馈。例如，在预习一篇课文时，两人负责标出自然段，两人负责圈出"生字宝宝"，最后 4 人一起互帮互助，讨论如何记住生字、读熟课文。

2. 合作练句式

听说读写是语文学习的主要形式。教学实践中，为了既体现合作的思想，同时又达成调动学生学习积极性，把学习活动组织得有趣、生动的目的，我们采用了合作"说句子"的学习方式，即在一个 4 人小组中，同伴相互合作，用游戏的形式进行句式训练。具体步骤是：①确定句式要素，例如谁、在哪里、怎么样地、干什么四个要素。②明确游戏规则，每人根据相关要素轮流说。如第一轮 1 号同学说谁（王芳芳），2 号说在哪里（正在操场上），3 号说怎么样（满头大汗地），4 号说干什么（练习跳绳）。然后把句子完整地写下来：王芳芳正在操场上满头大汗地练习跳绳。第二轮由 2 号说谁、3 号说在哪里……依次类推。③各组汇报，比比看哪个组的句子写得精彩，没有语法错误。最后，把一些优美、健康的文句在全班推广。

3. 合作学写话

受卡甘"同时写""轮流说"思想的启示，我们在语文教学中形成了小组成员相互配合学写话的合作方式，具体步骤为：①教师选择4幅或4幅以上的图，合作小组内先讨论如何写好这几幅画。②全体小组成员依据自己对图画的理解，同时在各自的稿纸上写出第一幅图的内容。③每人将自己写的第一段传给左边的同伴，同伴接着根据前一位同学的开头继续写第二幅图，续编故事。④继续第三步的操作形式直至把几幅图全部写完。⑤选出一篇最佳的文稿进行集体修改并以此作为本组的学习成果。

中高年级的同学，可以先确定主题，以小组为单位用接力的形式写下去。最后组长进行整体修改。或者小组合作编写同一主题的故事，并把它编成故事集。

合作学写话的特点在于，它以最简便易行的方式实现了人人尽责和积极互赖，不仅每个学生都必须参与到写作学习之中，同时，每个人还必须认真思考和学习同伴已经写好的文段，以便为后续的写作做好准备。

4. 成语滚雪球

用"滚雪球"的方法积累课外成语是学生很感兴趣的活动。方法1：例如，在开展含有"一"字的成语滚雪球活动时，先让各合作小组的学生在组长的带领下通过小组查资料、组内汇总的方式写出他们所能想到的所有带有数字"一"的成语，然后进行小组汇报。汇报时由老师把各组说出的成语写在黑板上。汇报采用小组依次轮流的方式，每次每组只能说一个成语且不能和前面小组说出的成语重复。如，青蛙组1号：一心一意→彩虹组1号：一干二净→QQ组1号：一无是处→向上葵花组1号：一毛不拔→四大名捕组1号：一尘不染→美丽天鹅组1号：一了百了……方法2：以"成语接龙"的方式比赛，看哪一个小组说出的成语最多。具体方式是：由老师随机报出一个字，小组依次往下接着说成语，每组说出的成语的字尾成为下一组说出的成语的字首，如老师说"一"，学生就接着说一无是处→处事不惊→惊天动地→地动山摇……这样雪球越滚越大，成语越来越多，最后黑板上呈现的是全班同学共同合作的成果。活动结束时，大家一起读一读、背一背这些成语，从而达到积累课外成语的目的。这一活动看似和以往课堂中的依次回答问题一样，但不同的是，每一个人在4人小组中都必须认真、虚心地向同伴学习，同时，每一个人都必须把自己知道的、查找到的成语无私地奉献给小组中的同伴，以保证本组在后续的滚雪球活动中不落后、不卡壳。小组交流为学生实现积极互赖（资源共享）创造了条件，依次轮流则使平等参与（每一个人都必须说出成语）成为可能。

5. 合作背古诗

语文教学中为使学生牢记一些古诗词，就必须对学生提出一些背诵的学习要求。为此，我们常常让每个合作学习小组在组长的带领下，4人一起复习背诵古诗，并力求做到形式多样。例如组长出题：李白的《望天门山》，然后4人一人背一句；或者4人轮流出题，一人背一句；也可以根据教材和课外读物的目录随机抽古诗题目，4人齐声背诵。此外，我们还根据实际情况定期在班级中开展组与组之间的背古诗比赛，学生高兴地将这一活动称作"赛诗会"。具体操作是各合作学习小组按位置坐好，老师从纸盒里抽古诗题目，第一组背第一首，第二组背第二首……依此类推，背出一首得10分，最后哪个组得分最高就是哪个组取胜。这样的学习形式节奏快，计分方便，便于操作，能很好地培养学生的合作意识，因为学生从活动中体会到，要想使自己的小组得高分，就必须在活动中积极参与、相互帮助。

6. 合作交作业

利用学生上交作业本的机会让学生懂得合作的重要性。具体操作步骤是：每个行政组的同学准备好要上交的作业本，随着老师"开始"的口令，全班8个行政小组的学生同时开始由后往前传作业本，比一比哪个组安静、动作快、本子放得整齐。然后根据名次分别在黑板上的各组名下标上所获得的星（获得第一、二名的组赢得4颗星，获得第七、八名的组只能得到一颗星）。通过这样的活动使学生懂得，任何一个团队活动，要取得胜利单靠个人的力量是不够的，必须全组同学团结一致、合作完成。协调、互助、心中有他人等合作的意识通过这一几乎每天都进行的、再平凡不过的活动，悄无声息地就渗透到了学生的心里。

课堂教学中，上述这些学习方式一般并不单独使用，它们往往体现出整体性和顺序性，如从开始的合作预习，到最后交作业，同时也体现出阶段性和灵活性。有些课可能用到合作预习、合作写句式和成语滚雪球等方式，有些课可能用到合作写话、合作背古诗和合作交作业等方式。

7. 小拳猜数

小拳猜数是一个用于小学低段数学加减法学习中的合作学习方式，分为 A 和 B 两种方式。

小拳猜数 A：用于 10 以内的加减法练习。具体做法是：同桌的小朋友两两配对，先由左边的学生伸出 3 个手指，右边的小朋友伸出 4 个小手指，再由左边的小朋友说出一个加法算式、一个减法算式，并算出得数。玩过 5 次后，同桌小朋友互换角色，伸出小手后，由右边的小朋友说加减法算式，并算出得数。

小拳猜数 B：两位数加减一位数。同桌的两个小朋友两两配对，先由左边的学生伸出小手，左手表示十位上的数，右手表示个位上的数，（如左手握拳伸出一个手指表示 1，右手握拳食指钩起来表示 9，两个数合起来表示 19），由此组成的两位数作被减数，右边的学生只伸出右手，其表示的个位数用作减数，看谁先报出两数相加减的答案，每道题完成后，两位学生扮演的角色互换。（其中，大拇指和小手指翘起，其余 3 个手指弯曲，表示 6；大拇指、食指、中指捏在一起，其余两个手指弯曲，表示 7；大拇指和食指翘起宛如一把手枪，其余三个手指弯曲，表示 8；食指钩起，其余手指弯曲，表示 9）

8. 拍手歌（乘法口诀）

同桌的两个小朋友两两配对，边念乘法口诀，边做拍手游戏。

9. 击掌报数

击掌报数 A：老师与全班小朋友配对，老师出示口算卡片，全班学生眼看算式，击掌报得数。掌声零落不齐，表明有错误存在；掌声响亮整齐，则意味着学生对自己答案的肯定和学习的自信。用击掌代替全班口头报答案，利于教师有效地了解学生的知识掌握程度，也便于教师及时进行反馈和教学调整。

击掌报数 B：老师与全班小朋友配对击掌。如：老师拍 3 下，要求小朋友拍的次数必须是老师击掌数的几倍。这个游戏也可以同桌两两配对进行：

左边的小朋友拍 3 下，右边的小朋友自己想好要拍的次数必须是左边小朋友的倍数。如：拍 9 下，请左边的小朋友说出右边小朋友拍的是自己的几倍。玩几次后，两位学生扮演的角色再互换。

10. 暗号悄悄对

每个同学坐在自己的座位上，4 人（或 6 人）分为一组，各个小组依次报数，请每个同学记住自己的号数，老师出题：得数是几，几号同学站起来回答。如"6-3"时，各组 3 号同学马上站起来回答"等于 3"，再如"6×3÷9"时，各组的 2 号同学马上站起来回答"等于 2"。只给回答最快的小组 1 分。如不该回答的同学站起来回答，就要扣掉这组 1 分，每个同学之间不能互相提醒，最后以得分最多的小组为获胜组。

11. 魔法记数

在很短的时间内记住指定数字，比比哪个组能把这些数字记得又多又准，并按顺序排列，第一次出示 4 个数字，8078、5671、2001、1999，请成功小组谈成功经验，（4 人合作，1 人记 1 个）。第二次出示 8 个数字，6070、989、2034、3042、5692、4056、5007、3296，最后总结方法。

12. 密码悄悄递

这个以合作方式进行的计算活动以行政小组的方式进行，各小组之间不仅要比正确率，还要比速度。具体操作步骤和方法是：

（1）分发密码卡。

a 45×3＝□　　　b □×4＝□

c □－25＝□　　d □－27＋6＝□

e □×6＝□　　　f □×2＝□

g □＋83＝□　　h □×5＝□

（2）每个小组最后一位同学拿第一张密码卡（以此进行倒推），并计算出结果，并把结果传给倒数第二个同学。获知这一密码的同学，把它填在自己密码卡上的第一个方框内，并算出新的密码，再往上传，以此类推。真正的密码是最后一个同学算出的答案。

（3）传的时候，可以在前面同学的背上写数字，但不能用嘴巴说，也不能伸手指给前面的同学看，前面的同学更不能回头看后面的同学。为增强趣味性，也可以用部位表示法传递密码：摸头部表示 1，左耳表示 2，右耳表示 3，左肩表示 4，脖子表示 5，右肩表示 6，左手表示 7，右手表示 8，背表示 9，双手蒙眼表示 0。如 2460，即先摸左耳，再摸左肩，然后摸右肩，最后双手蒙眼。或者左臂表示千位，左肩表示百位，右肩表示十位，右臂表示个位，如 3428，即左臂敲 3 下，左肩敲 4 下，右肩敲 2 下，右臂敲 8 下。

13. 小先生

"小先生"立足于培养学生的自理自治能力。学校开展合作学习，从某种程度上说，小先生的培养显得特别重要。如果每个合作小组中的每个同学都成了小先生，那么，他们就可以在合作小组中发挥作用。例如，在巩固练习中，充分发挥了小先生的作用，就可以让巩固练习有实效，反馈快捷。我们主要采用两种形式进行：（1）在完成课堂作业后，同桌的两个同学两两配对，交换作业本，各自批改同桌的作业。然后交换作业本，交流发表自己的意见，这样既有利于巩固学生对知识的掌握，也有助于他们及时了解自己知识掌握过程中是否存有错误。（2）以 4 人小组为单位，由组长报自己的答案，其余 3 人各自批改自己的作业，若有异议，及时提出意见，小组讨论寻求得到统一答案。

附录一

《学会合作》校本教材内容选[1]

上册（1～2年级）

第七课　不能没有你

导航台

1. 在得到别人帮助的时候，你会怎么想、怎么做？
2. 在学习生活中，你会怎样做，让大家觉得你是集体中的一员？

一、我的进步离不开你

故事树

会说话的花儿[2]

有一只很害羞的小蜜蜂——"点点"，它很喜欢唱歌，但从不敢在别人面前唱。有一天，点点正一个人在一块安静的地方唱歌时，一个声音响了起来——"你唱得真好！"原来是百合花正在向它点头。后来的一段日子里，点点每天都能听到这句悦耳动听的话——"你唱得真好！"慢慢地，点点不害怕了，它觉得这个声音又亲切，又熟悉，于是就自由自在地唱了起来。渐渐地，它能对着天空、对着阳

---

[1] 选自浙江省地方课程立项编写校本教材《学会合作》。项目承担单位：杭州市临安城南小学；项目负责人：徐新德；理论指导：马兰、盛群力。

[2] 李姗姗. 会说话的花儿. 幼儿智力世界. 2010 (13).

光唱歌了，还敢对着空旷的原野唱歌了。

这一天，点点对着它最好的朋友——小蜜蜂西西唱起了歌，当它唱完的时候，那熟悉的声音又响了起来："你唱得真好！"点点终于知道了，原来不是百合花在说话，而是西西一直躲在百合花后面鼓励自己！点点紧紧地抱着西西说："我的进步离不开你。"

对对碰

1. 点点为什么会紧紧地抱着西西说"我的进步离不开你"？
2. 你会像西西那样做吗？为什么？

体验坊

给身边的亲人、老师、朋友做感恩卡：

爸爸——您教我坚强；

妈妈——您教我善良；

语文老师——您教我们说话；

数学老师——您教我们思考问题；

音乐老师——您教我们唱歌；

体育老师——您教我们爬、走、跑、跳；

思品老师——您教我们为人之道。

……

童心岛

雁　儿

雁儿，雁儿，排好队，

后面跟个小妹妹。

雁哥哥，慢点儿飞，

雁妹妹，快点儿追，

大家团结紧，

谁也不掉队。

二、一个好汉三个帮

故事树

五个好兄弟[①]

大拇指、食指、中指、无名指、小拇指，五个手指是好兄弟。

主人见大拇指长得粗壮有力，单独把持一边，就夸大拇指能干。

大拇指听了，心里可高兴啦，觉得自己非常了不起，开始看不起四个弟弟了。

这一天，五个兄弟一起帮主人搬箱子。大拇指伸直了身子，可只能按住箱子，怎么也拎不动。四个弟弟在一起，却轻轻地抬起了箱子。主人说："食指、中指、无名指、小拇指团结起来，力气真大，箱子搬得又快又好。"大拇指听了，也加入到弟弟们当中去了，这下，兄弟五个，搬箱子就更轻松了。大拇指心想：真是一个好汉三个帮，团结起来力量大呀！

对对碰

1. 为什么大拇指搬不动箱子，而兄弟五个一起，搬箱子就更轻松了？

2. 你见过、听过哪些同伴相互帮助的故事？选其中的一个讲给同学们听听，并告诉大家你为什么喜欢这个故事。

体验坊

1. 一只手能摆出几个拼音字母或者数字？两只手呢？

[①] 周德藩. 五个好兄弟. 科学认读，2007（1）.

2. 让我们的手指团结合作，一起做手影游戏。

三、游戏："步调一致"

小组内所有队员两两并排站立，将两人靠近的左腿和右腿用绳子在脚踝处绑住变成两人三足。接着，听口令一起出发，比一比哪两名学生最先到达终点。

童心岛

人心齐，泰山移。

众人拾柴火焰高。

三个臭皮匠，顶个诸葛亮。

团结就是力量。

中册（3～4年级）

第一课　每一个人都是独一无二的自己

导航台

1. 你喜欢自己吗？最让你感到自豪的是什么？
2. 你愿意把你的特长展现给大家吗？同伴有哪些地方值得你学习？

一、我的自画像

故事树

三年级的王一帆①

我叫王一帆，今年9岁，是阳光小学三（1）班的学生。

我长着一张圆圆的脸，两条又浓又密的眉毛下面是一双炯炯有神的眼睛，像两颗圆圆的黑葡萄，小巧玲珑的鼻子下面长着一张粉嘟（dū）嘟的小嘴。我有一头黑亮的长发，常常扎着高高的马尾，走起路来左右摇摆，感觉神气极了。

我性格内向，不爱表现自己，尤其是在陌生人面前，所以大人们总说我是个文静可爱的小女孩。但在学校与好伙伴们一起玩时，我就变得大呼小叫起来，一点也不文静了。我不喜欢大人们对我发号施令，越是这样越不想理他们，如果大人们在做事前能征求我的意见，我也能说得头头是道。我爱好广泛，喜欢吹长笛、唱歌、游泳、打羽毛球，还喜欢看课外书。这些爱好给我的生活增添了许多快乐。我最喜欢当老师，这是我的理想。尤其是给妈妈做长笛指导老师。在我的辅导下，妈妈也能吹几首曲子了，妈妈总夸我是个有耐心的小老师，我感觉很有成就感！

我最大的缺点就是不够自信，不爱主动和别人交朋友，我希望通过努力可以改掉这些缺点，做一名更优秀的小学生！

这就是我，一个文静可爱、充满童心，优点很多缺点也明显的小学生。

对对碰

1. 王一帆同学有值得你欣赏的地方吗？
2. 你有办法帮助她改掉缺点吗？

体验坊

热身游戏"为自己竖大拇指"。（竖起大拇指移向胸前，并微笑着大声

---

① http://www.zww.cn/zuowen/html/45/330966.htm

对自己说"我很棒",并且每人说出3句赞美自己的话)

🐭 童心岛

我 就 是 我

我就是我,

我是独一无二的我,

我是绝无仅有的我,

我是千年不遇的我,

我是不可替代的我,

我是日新月异的我,

我就是我!

💗 心灵寄语

也许你不美,也许你不够聪明,但是你肯定有优于别人的地方,你永远是唯一的自己。爱自己吧!相信自己是最好的。

二、尺有所短 寸有所长

🌳 故事树

孔雀与百灵鸟[①]

百灵鸟的歌声特别好听,孔雀的羽毛非常漂亮,人们很爱看孔雀开屏(píng),人们很爱听百灵鸟歌唱。这一天,孔雀见到了百灵鸟,故意拍了拍美丽的翅膀,十分得意地对百灵鸟说:"歌唱家,瞧你怎么这般模样?斑(bān)斑点点的像只难看的麻雀,既不红、不绿,又不蓝、不黄。嘿,不如我送一根羽毛给你,也好给你浑身上下增光。"百灵鸟听了孔雀的话,气得火冒三丈。它说:"听着,爱漂亮的孔雀先生,我劝你还是少说几句吧,你那副沙哑的嗓子呀,谁听了都会难受得发慌。你还是离我远远的吧,别

---

① 邢涛. 小故事大道理. 浙江教育出版社. 2009.

影响我唱歌。"

燕子在一旁听它们争吵，叹了一口气，忙说："唉，你们本来很美很美，都受到过人们的赞扬。我也曾经为你们感到骄傲。可是，现在多么令人失望，以自己的长处比别人的短处，这是多么丑陋（lòu）的思想！我们都是生活在一起的伙伴们，你们以后还怎么友好相处、互帮互助啊！"

对对碰

1. 听了燕子的感叹，你有什么想法？为什么？
2. 和同伴两两配对，说说对方的优点。

体验坊

游戏：猜猜我是谁

制作个人名片，在上面写出自己的若干长处和不足，交给老师以随机抽取的方式，让大家猜一猜卡片的主人是谁。

童心岛

读一读，议一议。

三人行必有我师。

人无完人，金无足赤。

心灵寄语

金无足赤，人无完人，每个人身上都有闪光的地方，同时也会存在一些不足。相信自己的潜（qián）能，积极发挥自己的优点，展现自己。同时也要诚实地正视自己的缺点，努力向同伴学习。

下册（5～6 年级）

第五课　担当不同的角色

学习导语

1. 我们该怎样使自己成为团队不可或缺的一分子？
2. 集体中我们怎样才能做到各尽其职？

一、我是团队一份子

故事树

小橡树的烦恼[①]

　　一个美丽的花园里长满了各种各样的树木和花草，苹果树、梧桐树、橡树、玫瑰花、栀子花，每一棵树、每一朵花都那么挺拔娇艳，充满了生机和活力。

　　可在这之前的一段时间里，花园里的情形却不是这样的。有一棵小橡树总是愁容满面。可怜的小家伙一直被一个问题困扰着，它不知道自己应该长成什么样才对。大家众说纷纭，更加让它困惑不已。苹果树认为它不专心："如果你真的尽力了，一定会结出美丽的苹果，你看多容易，你还是需要更加努力。"小橡树听了它的话，心想，我已经很努力了，而且比你们想象的还要努力，可是还是不行。想着想着，它就愈发伤心起来。玫瑰说："别听苹果树的，开出玫瑰花来才更容易，你看多漂亮。"失望的小橡树看着娇嫩欲滴的玫瑰花，也想和它一样，但是它越想和别人一样，就越觉得自己失败。

　　一天，鸟中的智者——雕来到了花园，看到可爱的小橡树在一旁闷闷不乐，便上前打听。听了小橡树的困惑后，它说："你的问题并不严重，地球上许多人面临着同样的问题。我来告诉你怎么办，你不要把生命浪费在

---

①　http://blog.sina.com.cn/s/blog5144d4ae0/02dwog.html

去变成别人希望你成为的样子,你就是你,你永远无法变成别人的样子,你要试着了解你自己,做你自己,要想知道这一点,就要聆听自己内心的声音。"说完,雕就飞走了,留下小橡树独自思考。

小橡树自言自语:"做我自己?了解我自己?倾听自己内心的声音?"突然,小橡树茅塞顿开,它闭上眼睛敞开心扉,终于听到了自己内心的声音:"你永远都结不出苹果,因为你不是苹果树;你也不会每年春天都开花,因为你不是玫瑰。你是一棵橡树,你的命运就是要长得高大挺拔,给鸟儿们栖息,给游人们遮阳,创造美丽的环境。你有你的使命,去完成它吧!"

小橡树顿时觉得浑身上下充满了自信和力量,它开始为实现自己的目标而努力。很快,它就长成了一棵大橡树,成为美丽花园里的重要一份子,也赢得了大家的尊重。

小论坛

1. 小橡树的烦恼是什么?小橡树最终为何能赢得大家的尊重?
2. 你觉得怎样才能让自己在团队中获得自信和快乐?

实践园

1. 你如何看待班级中成绩较差的同学?
2. 作为班级或小组的一员,我们该怎样做才能得到大家的尊重?

智慧岛

成功不是靠个人而是靠团队。——谚语

单个的人是软弱无力的,就像漂流的鲁滨逊一样,只有同别人在一起,他才能完成许多事业。——叔本华

人们在一起可以做出单独一个人所不能做出的事业;智慧+双手+力量结合在一起,几乎是万能的。——韦伯斯特

心灵寄语

团队不是简单的人的组合和罗列,它是合适位置上的合适的人为了共同的利益和目标组成的具有共同的责任心和协作意识的有机整体。

二、你我各尽其职

故事树

飞行的大雁①

每到秋季来临，天空中就会有成群结队的大雁向南方迁徙，而这南飞的雁群就是一支完美的团队。

雁群是由许多有着共同迁徙目标的大雁组成的。在组织中，它们有明确的分工合作。当队伍中途飞累了停下休息时，它们中有负责觅食、照顾年幼或老龄大雁的青壮派，有负责雁群安全的巡视放哨的大雁，有负责安静休息、调整体力的领头雁。在雁群进食的时候，巡视放哨的大雁一旦发现有敌人靠近，便会长鸣一声给出警示信号，群雁便整齐地冲向蓝天，列队远去。而那只放哨的大雁，在别人都进食的时候自己不吃不喝，非常警惕，恪尽职守，具有牺牲精神。

据科学研究表明，大雁组队飞行要比单独飞行提高22%的速度，比单独飞行多出12%的距离。飞行中的大雁两翼可形成一个相对的真空状态，而飞翔的头雁是没有谁给它真空的，但漫长的迁徙过程中总得有人带头搏击，这同样是一种牺牲精神。在飞行过程中，雁群大声嘶叫以相互激励，通过共同扇动翅膀来形成气流，为后面的队友提供了"向上之风"，而且V字队形可以增加雁群70%的飞行范围。如果在雁群中，任何一只大雁受伤或生病不能继续飞行，会有两只大雁自发留下来守护照看受伤或生病的大雁，直至其恢复或死亡，然后它们再加入到新的雁群，继续南飞直至目的地，完成它们的迁徙。

小论坛

1. "群雁南飞"为什么称得上是一支完美的团队？
2. 群雁中不同任务的大雁为什么都能做到恪尽职守？

---

① http://blog.sina.com.cn/s/blog_85f6263c0/00u69d.html

实践园

1. 想一想，在班集体中你为大家做过些什么？你的同伴为大家做过些什么？
2. 学校举行运动会，可你不是运动员，你觉得该怎样做？

心灵寄语

高山不可摧，是因为它有众多的石块。大海不可量，是因为它有无数的水滴。困难，我们以笑面对，因为我们团结在一起。

附录二

合作学习卡通画[①]

一、为 1~3 年级学生创作的合作技能卡通画

自控守纪勿喧哗，依次发言从多数

反思自己有勇气，肯定别人得诚心

支持对方露微笑，点头鼓掌拇指翘

帮助同学要热情，耐心周到把难除

[①] 本章卡通画全部由杭州时代小学"新课程语文合作学习实践研究"课题组提供。课题负责人：王云英；课题理论指导：马兰。

二、为 4~6 年级学生创作的合作技能卡通画

听取发言不插嘴，分析比较求领会

求助别人要心诚，注视对方稍欠身

反思敢于承认错，肯定别人学着做 　　　　说明理由要充分，启发大家同思考

第四章 学会协商与解决冲突

谈及合作，人们往往会忽略冲突。其实，没有任何一种合作是建立在认知、情感、利益完全一致的基础之上的。我们甚至可以说，没有冲突，没有差异，就遑论合作。

就学校教育而言，合作学习中的冲突解决方式具有正反两方面的教育功能：当冲突以消极的破坏性、单边得益性方式予以抹杀时，冲突就是导致学生鄙视学业、厌恶交往的主要原因；当差异以积极的建设性、双边共赢性方式得以处置时，冲突就会成为学习者学术性知识、道德性价值提升的推进器。换句话说，我们青睐积极的建设性冲突解决，我们希望学生不仅适应与小组同伴共同学习的课堂教学方式，而且期盼他们能借助合作学习方式，学会承认差异、直面差异、妥善解决差异，因为合作学习的最终目的，不单纯是提高学生的学业水平，更重要的还在于促进学习者成为合格的社会成员。

第一节　冲突与冲突解决

一、合作学习中的冲突

1. 冲突的含义

作为一种普遍存在而又复杂的社会现象，冲突是人们较为关注且研究较多的问题。但尽管如此，学者们对究竟什么是"冲突"依然没有一致认可的阐释，如同托马斯（Thomas K. W，1976）和拉希姆（Rahim M. A，1986）所指出的那样，"并不存在一个被普遍接受的冲突意义"[1]。但一般而言，我们可以把人们对"冲突"概念的阐释归纳为"主观感觉说""对立行为说""互动历程说"等三大类型。

"主观感觉说"强调冲突是一种主观上的认知，倾向于将冲突扩及主观心理上所发生的内在活动与感受，如主观感受到的人际关系上的"紧张程度"。雷文（Raven B. H，1970）认为，冲突是"由于实际的和希望的反应的互不兼容性而产生的两个或多个社会成员之间的紧张程度"。俞文钊（1993）认为冲突是由于工作群体或个人，试图满足自身需要而使另一工作群体或个人受到挫折的社会心理现象。[2] 很显然，持此观点者更多是从心理的角度对冲突进行界说。

"对立行为说"强调冲突是一种公开、直接与对立的互动行为或斗争行动。如乔纳森. H. 托纳（Jonathan H. Turner，2001）认为，"冲突是两方之间公开与直接的互动，冲突中的每一方的行动都是旨在禁止对方达到目标"。[3] 周晓虹（1996）认为，冲突是人与人或群体之间为了某种目标或价

---

[1] [美] 乔纳森. H. 特纳. 现代西方社会学理论. 范伟达，译. 人民出版社，1988：244.

[2] 俞文钊. 领导心理学导论. 人民教育出版社，1993：32.

[3] [美] 乔纳森. H. 特纳. 社会理论的结构. 吴曲辉等，译. 浙江人民出版社，1987：135～139.

值观念而相互斗争、压制、破坏甚至消灭对方的方式或过程。[①] 持这一观念的人多为社会学者，他们强调冲突主体间的对立性、冲突的公开性、目标的不相容性以及后果的消极性，大多把冲突作为"合作的对立面"来看待，主要关心的是如何减少冲突而不是将之视为所有社会关系中一个必要的和积极的部分。随着现代社会学家吸取古典社会学家特别是卡尔·马克思（Kart Marx）、马克斯·韦伯（Max Weber）、乔治·齐美尔（Georg Simmel）等人有关冲突的思想，逐渐形成了现代冲突理论学派，人们开始认识到冲突其实也具有一些正面的功能。如 L. 科塞（Lewis Coser）认为冲突具有正功能和负功能，在一定条件下，冲突具有保证社会连续性、减少对立两极产生的可能性、防止社会系统的僵化、增强社会组织的适应性和促进社会的整合等正功能。[②]

"互动过程说"强调冲突是一种互动的过程，如罗宾斯（Robbins S. P，2000）从组织行为学角度提出，"冲突可以定义为知觉上的对立、稀缺和封锁。进而我们认为冲突是一种潜在的或公开的确定性行为。我们把冲突定义为一种过程，在这个过程中，一方努力去抵消另一方将妨碍其达到目标或损害其利益的封锁行为"。[③] 卡茨（Katz. D，1978）认为冲突是一系列的过程，在互动的过程中，形成相互妨碍、逼近和对立。而且，此种过程乃由一系列首尾相衔的事件所构成，形成一种循环。[④] "互动过程说"抓住了冲突的过程性特征，即从冲突主体觉察到冲突的存在，一直到冲突结束的整个过程，认识到在冲突问题上，作为处于同一系统中的矛盾的双方，是一种"既对立又统一"的关系。组织行为学家在研究冲突现象时，强调冲突的不可避免性，突出冲突的广泛性。现代冲突管理理论不但承认冲突存在的正常，而且认为冲突具有二重性，即冲突不仅具有破坏性的一面，也具

[①] 周晓虹. 现代社会心理学. 上海人民出版社，1997：45.

[②] [美] L. 科塞. 社会冲突的功能. 华夏出版社，1989：135～139.

[③] [美] 斯蒂芬. P. 罗宾斯. 组织行为学精要. 潘晓莉，译. 机械工业出版社，2005：251.

[④] Katz D & Kahn (1978). The Psychology of Organization. New York：John Wiley & Sons Inc. 613～615.

有建设性的一面，组织中存在一定的冲突，有利于其健康发展。

对"冲突"的界定是合作学习冲突解决研究的逻辑起点。我们以为，冲突即对立双方由于目标、利益、情感等方面的不一致，而采取一系列对立行动的互动历程，在互动的过程中，常会产生外显或内隐的反应与交互作用，这种反应和交互具有破坏性与建设性的两重功效。

2. 合作学习中的冲突特点

合作学习中的冲突是指在合作学习过程中，学生与学生之间或小组与小组之间，感受到双方在认知或利益方面的不一致，进而形成彼此对立的一种互动过程，在互动的过程中，常会产生外显或内隐的行为反应。

合作学习中的冲突有着不同于一般冲突的特点：

首先，冲突对象的特定性。提及学校教育中的冲突，人们能够想起的包括师生冲突、生生冲突以及教师之间的冲突。合作学习中的冲突则特指学校活动中所产生的生生冲突。包括学生个人与个人的冲突、学生个人与小组之间的冲突以及组与组之间的冲突。

其次，冲突的隐蔽性。强调合作学习中的"冲突"具有"隐蔽性"特点，并不意味着在小组合作中没有公开的、行为上的冲突，而是意在强调课堂教学因为有老师在场，学生之间即使产生了冲突，也会刻意加以掩饰，而不愿意表现得太明显，以防被老师批评。此外，也有一部分同学，"修养"好，遇到冲突往往很"大度"，一味地容忍同伴，懒得提出自己真实的见解，从而导致"合作"流于形式。正因为这样，所以有些教师往往会认为，自己的学生很少发生冲突，让他们合作，他们就会围在一起讨论，表现都很好。

第三，冲突发生的经常性。冲突和合作是不可截然分开的一对矛盾，有合作就会有冲突，因为合作学习一般采用异质分组，小组成员在认知、个性、行为习惯方面存在很大差异，但他们又必须相互依赖、频繁互动以完成共同的目标，相较于其他情境而言，自然更易面对各种各样的冲突。

第四，建设性解决冲突的可能性。冲突解决依赖于冲突双方知觉到共同的利益和共同的目标，认为有必要解决冲突才会采取行动。合作学习规则用共同的学习资源、总体成绩、最后的奖励和战利品、共同的兴趣、契约一样的工作单将组员与组员紧紧相连,如同一条利益的锁链。共同利益的锁链是学生建设性解决冲突的最大的动力,学生之间构成相互依赖的关系,迫使学生解决冲突问题,提高合作的有效性,以使大家共同受益。

3. 合作学习中的冲突类型

(1) 隐性冲突和显性冲突。按照冲突的表现形式,可将冲突分为隐形冲突和显性冲突。

显性冲突指生生之间、小组之间、成员与小组之间具有明显而可见的冲突行为,例如口角、肢体冲突等。隐性冲突则指冲突隐忍未发,一旦时机成熟即可能爆发。隐性冲突是小组合作学习中教师面临的难以预防或处理的冲突类型。一般而言,在合作的课堂中,因为有老师在场,学生常会有所顾忌,因此,当同伴间产生分歧时,他们多会以心理上的对立或对抗方式表现出来,其动机和结果都不易觉察。例如,有的人说话时突然提高了语调,语速加快;有的人面部表情突然显得很紧张,脸部泛红;有的人身体突然变得焦躁不安,在凳子上扭来扭去……很可能,这些都是学生产生了愤怒和不满的征兆,他们正在以非言语表达自己的愤怒、不满、担忧……有时候,沉默也可以被用来表达冲突,从而使冲突具有隐性特征。

(2) 积极的冲突和消极的冲突。按照冲突的作用,冲突可分为积极的冲突和消极的冲突。

积极的冲突是指对于组织、群体的生存和发展、对于问题的解决具有促进作用的冲突。消极的冲突是指对组织、群体的生存和发展具有不利影响和破坏性作用的冲突。积极的冲突能提供自我评估和改变的机会,增进决策质量,刺激创造力和创新发明,也能激励团队成员的兴趣与好奇心。消极的冲突阻碍沟通,将成员间的争执置于团队目标之上,降低了彼此的凝聚力,导致团体功能停顿甚至于瓦解(见表4-1)。

积极的冲突和消极的冲突之差异

表 4-1

积极的冲突	消极的冲突
双方对实现共同目标的关心	双方对赢得自己观点的胜利十分关心
乐于了解对方的观点、意见	不愿听对方的观点、意见
大家以争论问题为中心	由问题的争论转为人身攻击
互相交换的信息不断增加	互相交换的信息不断减少

资料夹 4-1

冲突的两面性

冲突可分为两类：有害冲突和有利冲突。

有害冲突是指导致消极和负面结果的冲突。当冲突不能得到正确处理时，会伤害组织与成员的感情，影响团结，影响组织目标的实现。这种冲突会使团队分裂，将团队的工作重点从实际问题上转移到不必要的冲突上，消耗组织的人力、物力和时间。

有害冲突会破坏团队士气，使团队成员之间的分歧扩大化，人们的行为变得不负责任，充满破坏性。有害冲突可能导致曲解组织目标，使组织目标走向歧途，增加了组织目标实现的难度，甚至使目标夭折。

冲突也有有利的一面。能产生建设性结果的冲突就是有利冲突，有利的冲突能够创造活力，就如鲶鱼效应一样。

在组织中，有利冲突使团队成员间能进行真诚的交流，团队成员虽然有不同的观点，但是愿意彼此倾听、彼此交流并互相理解。通过冲突，成员找出了彼此的分歧，从冲突中看清了问题的重点到底在哪里；经过讨论、学习，消除了分歧，从而得出解决问题的方案；同时使团队成员在感情上更加亲近，更能了解彼此的想法，减少了疑虑及压力，从而可以提高士气。

> 冲突能引发激烈的思想和观点交锋，各种思想、观点以不同的角度撞击，可能产生新的思想火花、理论观点和操作技巧。成员在一起克服困难的过程中能够学会欣赏不同的观点冲突，也会把潜在才能发挥出来，用创新的思维解决遇到的问题，培养了对未来可能发生的问题的解决能力。
>
> **资料来源：**
> Tim Ang、姜旭平主编. 冲突处理课堂. 上海交通大学出版社，2006：8～10.

（3）组内冲突和组间冲突。按照合作学习中冲突影响的范围，可以将冲突分为组内冲突和组间冲突。组内冲突是指小组内几个成员之间的冲突。如当小组分工不公正、不合理、当小组成员对自己扮演的角色不满意或者当小组成员由于意见不一而产生争吵时，就会发生组内冲突。组间冲突则指小组与小组之间的冲突。由于每个小组形成了一个小集体，有一定的凝聚力，因此，当两个小组观点不一致或小组利益产生不一致（如评优、加分）时，就会产生小组间的冲突。

（4）目的性冲突和手段性冲突。按照冲突行为的目标指向性，可以将合作学习中的冲突分为目的性冲突和手段性冲突。手段性冲突是指因合作一方或双方特定的要求未能实现而产生的冲突，冲突本身只是解决问题的一种手段，其目的在于实现某个特定要求，冲突行为本身可以由双方的沟通和协商来替代；目的性冲突是指合作一方或双方为了表达不满、宣泄情绪而产生的冲突，冲突的对象可以替换，但冲突行为本身不可避免。[①]

（5）认知冲突和利益冲突。按照冲突的性质，合作学习中的冲突可分为认知冲突和利益冲突。当个体或群体所坚持的信念和意见与其他人不同时，就表现为认知冲突，即成员的知识、经验、思想、观念不同而引起的冲突。这种冲突常常是有益的，因为大家都敢于发表不同意见，畅所欲言。认知冲突有利于启迪思维，使整个团队形成一种生动活泼的局面。当某人为满足自己的欲望或获得个人的利益所采取的行为妨碍了他人欲望的满足和利益的获得时，就会在合作学习小组中（或小组间）产生利益冲突。例

---

① 郭华. 课堂沟通论. 北京师范大学出版社，2006：108.

如，在小组互动中，各成员都担负着不同的角色，各有各的职责，如果某人因为承担的角色职责没完成好，而影响了整个小组的任务的完成，或者各角色之间职责不清，双方互相推诿、互相争夺，小组成员之间就会产生利益冲突。

二、合作学习中的冲突解决问题研究概要

长期以来，美国等发达国家的课堂教学中，合作学习的实践活动开展得比较充分，相应的，他们对有关合作学习中的冲突问题也关注得较早，研究也较为领先。其中，系统研究合作学习中冲突问题的学者当以美国明尼苏达大学合作学习中心的约翰逊兄弟、劳丽·史蒂文（Laurie Stevahn）教授最为著名，他们的研究结果主要集中在以下几方面：

首先，将常见的破坏性地解决冲突的方式分为逃避和竞争。

学生在没有经过训练前，往往会采用破坏性的方法解决冲突。最常见的破坏性地解决冲突的方式是逃避和竞争。

采用逃避方式解决合作学习中的冲突，会导致合作学习流于形式。例如，在小组合作学习时，小组成员为了维持表面的和谐，没有针锋相对地提出反对意见，这样的学生不仅放弃了自己学习的机会，同时也让小组成员失去了共同创造、产生创造性思维的可能。在这样的合作学习中，实际参与学习的只是少数学生，大多数学生则游离于学习过程之外，达不到共同发展的要求，从而使合作学习失去了原有的意义。

采用竞争方式解决冲突则可能导致合作的破裂，降低合作的有效性。例如，当将自己的不成功归因于某人的成功时，对同伴的怀疑和不信任感就会产生，因为同伴是对手、是自身成功的威胁者。于是，处理冲突时，每个人都各持己见，大家针锋相对、寸步不让，根本不能达成一致的协议。每个人都强调自己的需要、利益，毫不考虑其他成员的权益，毫不顾及双方对彼此的感受和双方今后的交情。发生冲突的学生原本应当相互协作、密切联系为学习目标而共同努力，发生冲突后双方却相互排斥、压制，冲突双方会将时间和努力用于在冲突中取胜而不是完成合作的任务。原本合作学习的目标是一加一等于二，发生冲突后，变成了一减一等于零，虽然

每位同学都出了一份力,但是他们用在了互相对抗上,而不是合作任务上,所以他们的收获都是零。

其次,指明了破坏性解决冲突对学生及其合作学习有效性的负面影响。

在合作学习中破坏性地解决冲突时,常常会伴生被同伴嘲笑、讥讽等情况,很多学生会为此产生很低的自我评价,并随之失去自信和自尊,影响以后的健康发展。破坏性地解决冲突会使学生产生厌恶、憎恨、失意的情绪,怀有报复对方的想法,也可能压抑自己的情绪,闷在心里,这会造成学生易怒、沮丧和悲伤。愤怒和悲伤破坏了学生的正常行为,使他们只关心发生在自己身上的不公平待遇,或者只关心他们正在采取的防御性攻击。他们对完成自己的任务和理解新的信息都力不从心。这些因素都会降低合作学习的有效性。

第三,明确提出了建设性地解决冲突对学生发展的影响。

建设性地解决冲突有助于提高学生的学业成绩。建设性地解决冲突引发学生激烈的思想和观点交锋,各种思想、观点以不同角度撞击,可能产生新的思想火花和理论观点。冲突中双方为了说服对方,为了证明自己的观点和立场是正确的,往往会千方百计寻找信息和资料,并进行更高难度和更长时间的思考,这样,真理便越辩越明,有关冲突的观点与立场会越来越清晰,这不仅有利于解决疑难问题,而且有利于矫正学生的不良认识。冲突是知识生成、运动、发展永不枯竭的动力源,是学生学习的内在动力。

建设性地解决冲突有利于提高学生的社会化程度。冲突可以促使学生学会用他人的眼光来看待问题。作为未来的社会成员,学生必须学会用他人的眼光来看待问题,学会与同伴密切交往,热心互助,真诚相待。在建设性地解决冲突的过程中,学生必须在小组成员面前,设法把自己的见解通过语言和动作表达出来,达到与别人沟通的目的,消除惧怕与别人交往的心理,从而得到语言、思维以及社交意识和社交能力的发展。

建设性地解决冲突使学生有机会进行自我管理。冲突发生后,通常学生只要和同伴协商,就可以达成一致的协议解决问题,如果不行,还可以请另外一个学生进行调解,这些过程都无需教师的干预,学生就有机会对怎样行动做出自己的决定,以及根据自己的决定采取行动。建设性地解决冲突中的这种问题解决思路，使学生成为自己的设计师，学会控制和管理自己的感情，学会对自己的行为负责，这些因素都有助于学生的社会化。[1]

建设性地解决冲突能改善同伴之间的关系。在合作学习中，个人的目标同小组的目标是彼此依赖的，同伴之间的关系本质上成了"利益共同体"的关系，共同的任务与目标引导大家齐心合力、共同努力。所以，从长远来看，在合作学习中，双方的关系是最重要的。建设性地解决冲突使小组成员能进行真诚的交流，虽有不同的观点，但是彼此之间愿意交流并互相帮助；由于冲突，发现了彼此的分歧；由于冲突解决，看清了问题的关键所在，并经过讨论、学习，进而消除了分歧，得出了解决问题的方案。建设性地解决冲突使小组成员在感情上更加亲近，更能了解彼此的想法，减少了疑虑及压力，[2] 从而大大改善了同伴之间的关系。

和约翰逊兄弟一样，美国明尼苏达大学合作学习中心研究者、西雅图大学课程与教学论教授劳丽·史蒂文（Laurie Stevahn）也对合作学习中的冲突解决问题予以了关注。他认为，教师应当把学生的冲突看作自己教育生涯中自然而平常的一部分，不要害怕和回避冲突，而要营造合作性的氛围，对学生进行冲突解决训练，让学生参与到冲突解决的过程中自己解决冲突。在日常教学中，教师可以通过引导学生分析、理解、处理课程内容与课堂活动中出现的冲突，使学生在潜移默化中形成正确的冲突观，掌握建设性地解决冲突的技巧和能力。

劳丽·史蒂文等人（2004）提出了一个冲突解决的训练方案。他们提出，当冲突解决训练和课程教学相整合时，教师首先要帮助学生界定冲突，并且教会学生如何鉴别课程内容中存在的具体冲突案例，同时教给学生运用协商和调解解决冲突的操作过程，在学生掌握了这些过程后，再进行冲突解决实践训练。

劳丽等人的冲突解决训练在美国中小学冲突解决教育实践中取得了显

---

[1] David W. Johnson, Roger T. Johnson. Social skills for successful group work. Theory into Practice/Spring，1999.

[2] 姜旭平. 冲突处理课堂. 上海交通大学出版社，2006：10.

著成效。首先，因为它不仅不需增设课程、加重学生学习负担，反而还能强化和提升学生的学业成绩，在面临提升学业水平和提高标准化考试分数的压力下，易被中小学采纳。其次，协商和调解的过程简单易懂，便于操作，因此，这一冲突解决训练可以灵活地扩展到所有课程、所有学生，便于建立一个任何人都可以参与其中的冲突解决训练方案。第三，它强调要教会学生运用冲突解决训练来处理冲突，让学生参与到冲突解决的过程中，做自己冲突解决的主人，特别有助于学生建设性地解决冲突能力的形成。[1]

三、合作学习中的冲突解决要义

合作学习中的冲突解决，是指在合作学习中通过具体有效的策略，激发冲突的积极影响，减少冲突的消极影响。冲突解决不只是消除冲突，也不是把冲突作为一个贬义词，而是视冲突为一个中性概念。冲突解决的目标是将冲突调整到对合作最有利的方向，以产生最佳的效果。对于引起冲突的各种因素、冲突过程、冲突行为，合作学习中的冲突解决强调应该加以正确处理和控制，努力将已经出现的冲突引向有益轨道，尽量避免有害冲突的发生，达到"趋其利避其害"的目标。因此合作学习中的冲突解决并不是消除冲突，而是鼓励、策划、控制和利用冲突。

1. 认识冲突，接受冲突

冲突是合作学习中不可避免的现象，它的存在具有客观性，是正常的。因此，我们首先要接受冲突存在的现实，认识到"冲突"和"合作"是相随相伴的，解决合作学习中产生的冲突是合作学习进程的一部分。对于冲突的性质，我们应尽量减少否定性的价值判断，而应当把冲突看作是一种中性的现象。

在一个合作学习小组中，一个冲突问题如果解决得当，就可以促进学生间的相互理解，使学生学会更好地相处与合作，增强学生间的凝聚力。如果处理失策，就会产生相反的结果。教师和学生面对冲突时，要适时调

---

[1] 张海燕. 劳丽·史蒂文"课程整合冲突解决训练"研究述评. 重庆师范大学，2008：34.

整自己的心态，积极主动地处理同伴之间可能出现的或已经存在的冲突。发生冲突后，教师和学生都积极地去解决冲突，避免因缺乏信任、惧怕冲突、逃避责任而产生表面上的认同，掩盖实质上的冲突。

2. 策划冲突，利用冲突

应该承认，在合作学习中，有些冲突是积极的，有助于达成合作的目标。例如，很多认知冲突就是积极的冲突，即成员的知识、经验、思想、观念不同而引起的冲突。因此，在日常教学中，教师要善于设计适合合作的学习任务，通过引导学生分析、理解、处理课程内容与课堂活动中出现的冲突，使学生在潜移默化中形成正确的冲突观，掌握建设性地解决冲突的技巧和能力，并鼓励他们将学到的解决冲突的技巧和能力运用于现实生活中。同时，在学习中处理好合作和竞争的关系。如果教师分配给不同的学习小组相同的学习任务，如果各组都想获得最好的成绩，组间竞争就可能导致冲突的发生。教师要善于利用组间竞争，激发各学习小组的斗志，以达到合作学习的最佳整体学习效率。

3. 控制冲突，引导冲突

从潜在的冲突到冲突的产生、发展和最后结束，再到新的冲突发生，是一个不断循环发展的过程。一般认为，冲突过程可分为五个阶段，即潜在的冲突、可感知的冲突、冲突的行为意向、明显的冲突和冲突的后果。[1] 冲突解决要在冲突发生的各个阶段，适时地对冲突实施适当的干预，有效地对冲突进行控制和引导。潜在的冲突是一个人们猜测到冲突可能存在的阶段，这个阶段常被教师们所忽视，他们或者根本觉察不到冲突可能的存在，或者因为害怕冲突而有意回避，从而错过了预防冲突的最佳时期。干预的时间应该是在冲突发生之前。当教师没有预测到冲突的存在，或虽然预测到可能发生的冲突，但干预不到位，冲突就发展到了第二阶段，人们已经感知到冲突的存在了。这时教师要积极分析、查找冲突的原因，以及判断下一步冲突将如何发展；小组成员应尽力沟通，悉心倾听对方的陈述，

---

[1] [美] 理查德 L·达夫特，雷蒙德六·诺伊. 组织行为学. 杨宇等，译. 机械工业出版社，2004：329.

找出存在的分歧以及分歧产生的根源,以便对症下药,寻找双方都能接受的解决办法。冲突的行为意向阶段是指涉及在内的人们不仅意识到冲突,还对其有情绪反应,感到紧张、生气、担忧等。这一阶段最为关键的是消除冲突双方可能出现的负面情绪,以免对冲突做出错误的归因。教师要分别对待不同性质的冲突,对建设性的冲突,要注意激发学生的创造热情,推动教学目标的实现;对消极的情绪,要及时进行调节,以防其负面影响。如果冲突进入了明显的冲突阶段,即冲突双方意向已清晰,往往会倾向于采取破坏性的行动,采用各种手段挫败对方,以达到自己的目的。因此,教师要及时、果断地处理这个阶段的冲突,以免产生严重的后果。就像有人所打的比喻,这时的"病人"已到危急时刻,应该当机立断,或者"打针"或者"手术",如果延误可能危及到"病人"的生命,或留下什么"后遗症"。[①] 因此,教师要利用各种机会化解冲突产生的敌意,创造机会让发生冲突的学生多加沟通,增进相互了解,增强双方的信任,缩小存在的差异,或者给双方树立更具挑战性的目标,增加双方合作的机会,尽量使冲突走上良性轨道。

第二节　合作学习中冲突形成的原因

积极的冲突能提高合作成效,消极的冲突则会妨碍合作学习。因此,了解学习者在合作学习实践中的冲突情况并剖析其产生缘由、解决策略,就成了有效课堂合作学习应用研究的重要内容。

小组合作情况调查,是我们根据相关文献设计的一个有关小学生合作学习中的冲突现状调查问卷(见本章附录)。全部调查都在浙江省杭州市进行,选择的五所小学都曾经或正在进行课堂教学合作学习应用研究,因此教师、学生对合作学习、小组学习等都很熟悉。参与调查的师生共计880人

---

① 林清. 中小学教师之间人际冲突的影响因素分析及管理对策. 华南师范大学, 2006:31~33.

(学生440名,教师40名)。鉴于冲突的概念比较抽象和小学生的理解能力,调查对象以小学高年级的学生为主,其中,四年级4个班,五年级6个班,六年级4个班。调查共发放问卷440份,回收440份,回收率为100%。其中有效调查表420份,无效问卷20份。无效问卷大致包括以下两种情况:一是未完成全部内容;二是答案选项全为同类(如全部选择"2"或"4")。

调查问卷共设计了28个问题。其中1~7题是对小学生小组合作学习中的冲突表现形式的调查,包括大声嚷嚷、和同伴争吵、嘲笑、争夺物品、互不理睬、默默哭泣和报告老师等;8~18题是关于合作学习中冲突产生原因的调查,包括分工不合理、不遵守规则、评价不公、不负责任、没有倾听、脾气不好、没礼貌、误会、没有必要合作以及小组成绩和自己无关等内容;19~28是对学生解决小组中的冲突问题的策略调查,包括竞争方式、逃避方式、妥协方式、迁就方式、合作方式五种策略。

在问卷调查的基础上,我们还同时运用了开放式访谈的方法。根据问卷反映的情况,我们以杭州市一所小学的57名男生、63名女生以及参与问卷的40名教师为对象,作了进一步的调研。

一、小学生合作学习中常见的冲突现象

如前所述,冲突既包括显性冲突又包括隐性冲突,既有积极的冲突又有消极的冲突,既有组内冲突又有组间冲突。对小学生而言,他们常常难以准确地描述什么是冲突,但他们对冲突引发的行为表现却了然于胸。他们不会解释什么是冲突,却能感受到什么是冲突。

通过调查访谈我们看到,选择合作学习中从来没有发生过冲突的教师占40%,学生占25%;选择合作学习中的冲突常常发生的教师占10%,学生占5%;选择合作学习中冲突时有发生的教师占50%,学生占70%(见图4-1)。这表明,认为合作学习中有冲突情况出现的师生分别占60%和75%,冲突是合作学习中存在的一个普遍现象。相关的内容调查也证实了这一点。调查显示合作学习中发生的冲突包括:34%的学生曾经大声嚷嚷,48%的学生曾经大声争吵,30%的学生嘲笑过同伴,44%的学生争抢过物品,44%的学生曾经互不理睬,30%的学生曾经默默哭泣,54%的学生选

择将冲突报告老师（图 4-2）。

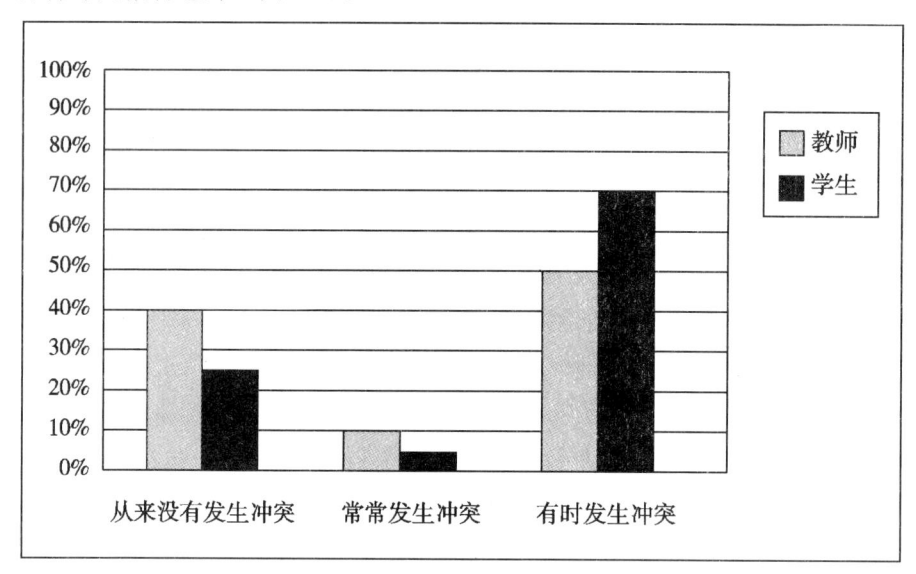

图 4-1 合作学习中冲突发生情况统计

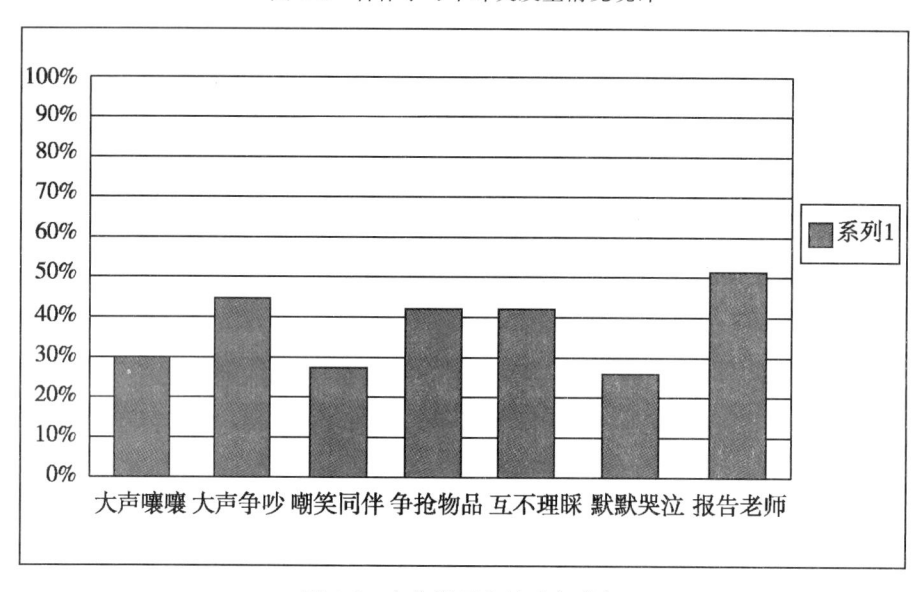

图 4-2 合作学习中的冲突现象

二、合作学习中冲突产生的主要原因

调查发现，问卷预设的导致冲突产生的原因，小学生基本都认同。在对教师和学生进行访谈时，他们又提出了很多导致冲突产生的原因。我们将之归为四类，即教师组织小组活动不科学引发的冲突，学生不能正视彼此差异引发的冲突，合作意识淡薄而导致过分竞争引发的冲突，人际和交际技能欠缺引发的冲突。

1. 教师组织小组活动不科学引发的冲突

（1）分工不合理。调查中，有40%的学生认为合作学习中的冲突是由活动中的分工不合理导致的。访谈时，面对"小组合作前，老师有没有给你们明确的分工"的问题，80%的学生说没有，他们常常在开展小组活动时自主分工，但又常常为了怎么分配这些角色而争论不休。谈及分工是否合理的问题，30%学生觉得每个角色的工作量是不一样的，40%的学生认为角色和自己的兴趣不符合，15%的学生认为成就感有差异，15%的学生觉得职责不清（见图4-3）。

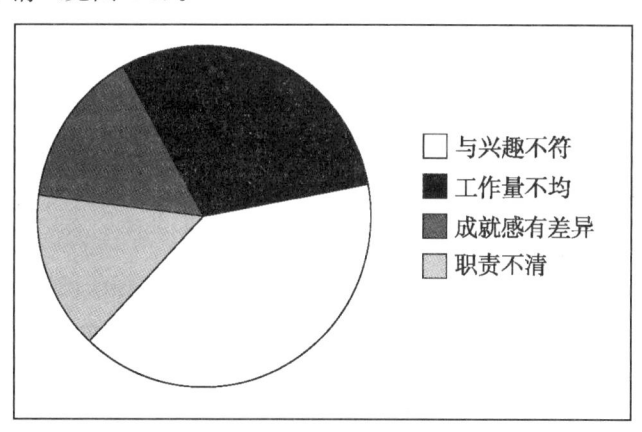

图4-3 学生心中不合理分工引发的冲突

（2）"搭便车"。在合作小组中常常会发生"搭便车"引起冲突的现象。调查中，有48%的学生选择"我认为同伴在合作时没有做好分内的工作，未负起该负的责任"。有28%的学生选择"我觉得同伴没有做事情，却享受我的劳动成果"。12%的学生选择"我觉得小组成绩和自己的成绩无关，觉得合作是浪费时间"。访谈中有学生抱怨自己一个人干活,其他人享受共同的成果。有学生认为成绩好的学生爱出风头,好表现。例如,访谈中我们了解到,有一位学生不但是合作学习小组的组长,也是小组中成绩最好的学生。每天老师上课的内容,他都会提前预习,做好学习准备。课堂教学中,当老师要求小组合作时,小组中的另三位同学常常会直接向他要答案,有时觉得麻烦,甚至干脆直接拿来"抄"。为此,他们小组常常在活动时发生争执。他告诉我:"什么事都要我来做,比我自己一个人做还累好几倍。如果我有时做作业不够仔细,那么我们小组的情况就是,我不会大家都不会……但不知为什么,我心里就是不服气。为什么都要我做,根本就不是合作学习,还不如自己做。"

(3) 奖惩不公。调查中,有40%的学生选择"小组活动结束后,老师的评价和奖励不公平,我们会发生冲突"。12%的学生选择"我觉得小组成绩和自己的成绩无关,觉得合作是浪费时间"。访谈时,当问及"为什么你会觉得老师的评价、奖励不公平"时,有学生回答说:"我们小组代表一站起来发言就是'我认为……'、'我觉得……'、'依我之见……',他往往不是代表我们小组意见,而是代表自己的意见。然后老师也常常说'你说得真好'、'你的见解真不错'。我们小组的其他同学都很气愤,凭什么我们一起讨论的东西,最后要让他一个人去表现?"显然,合作学习中的冲突很多是由不当的评价造成的。当问及"你认为评价时,最容易引起你们不满的是什么"时,50%的学生认为是失败归因,30%的学生认为是荣誉归属,20%的学生认为是物质奖励。失败归因就是当小组没有获得期望的荣誉后,成员之间互相指责,互相埋怨,推卸责任,这是学生认为的导致合作学习中冲突产生的最突出的原因。一般而言,最后的作品成功,学生就会认为合作是成功的,过程也是愉快的,荣誉和奖励属于集体,纠纷不明显;但是一旦作品失败,学生就会追究个人责任,有人认为自己是受牵连者,有人认为自己出了力,但还要受指责,感到很委屈。可见丧失小组荣誉是对团体的惩罚,也是引发冲突的导火索。

2. 同伴间不能正视彼此差异引起的冲突

合作学习时,小组成员的构成是按组内异质、组间同质的原则划分的,学习者在性别、学业成绩、能力、背景等方面存在差异。为促进有效的合作，教师往往会将学习任务设计成需要相互依赖、相互协作、相互沟通、协调行动才能完成的活动，这时，如果学生不能正视彼此的差异，就会引起冲突。调查中，有52%的学生选择了"小组合作中，我和同伴的争执常常是因为观点不同而引发的"。访谈中还有学生对因为个体差异引发的冲突提出了以下解释：

◆他明明不对，却非说自己是对的，还和我吵架，用手指着我骂。

◆我提出与他们三个不同的观点，他们就冷笑，都不理我。

◆他明明知道我的观点是对的，自己的观点是错的，还很不服气。

◆我平时动作比较慢，他们就给我起了个绰号"蜗牛妹妹"，我很生气。

◆我性格活泼，可是他们却说我爱表现，我说他们是缩头乌龟。

◆我是小组长，平时我为小组做了很多事情，可是他们却总说我傲慢自大。

◆他毛手毛脚，总是把我们辛辛苦苦做的作品弄坏，所以我们不想和他合作。

◆他总是吹毛求疵，我们已经做得很好了，他还用傲慢的神情让我们修改。

◆有一次，老师让我们小组合作设计一个环保小报，我们因为思路不同就吵了起来。

◆讨论时，他们经常埋怨我声音太响，我很委屈，因为我天生就大嗓门。

◆小组讨论时，我提出了一个非常好的观点，可是他却对我的观点进行驳斥，真讨厌。

◆我性格内向、不善言谈，可是他个性张扬、喜欢标榜自己，所以我们都不喜欢对方。

3. 合作意识淡薄、过分竞争导致的冲突

在传统的课堂教学中，竞争氛围异常浓厚，学生习惯于关注如何获胜，很少有学生会思考如何帮助同伴获取成功。正因为如此，在实施合作学习的过程中，有些学生一时难以改变长期形成的习惯，常常因过于关注输赢而引发冲突。访谈中我们了解到了一些学生的观点：

◆老师说我的发言很棒，他们就说我恶心。

◆我有问题请教他，他却说"这个也不会，你真笨"。

◆我们小组失败了，他们小组就幸灾乐祸，我们小组就和他们吵了起来。

◆他们小组声音总是很响，影响我们的学习，所以他们成绩比我们好。

◆老师让我们做识字小报，我们小组向他们借彩笔，他们怕我们超过他们，就不肯借。

◆我们组长很像当官的，总是觉得自己很了不起，我们都很讨厌他。

◆他很拽，总是自作主张，我们偏不听他的。

◆他没有征得我们同意，就自作主张。

◆他们小组在比赛中弄虚作假而获胜，我们不服，双方就吵了起来。

◆他明明知道怎么做，却不愿意告诉我们。

4. 缺乏人际交往技能引发的冲突

在调查中，有35％的学生选择"小组讨论中，老是受到同伴的批评时我就会和他们发生争执"。34％的学生选择"小组合作时和同伴发生争执，是因为我发表意见时他（她）没有认真倾听"。在访谈中学生也提出了很多的观点，主要有下面几种：

◆我还没有说完，他就说不对，就抢着说自己的观点。

◆他每次有困难就找我，好像我必须帮他似的，烦死了。

◆他脾气太坏，不高兴就骂人。

◆我发言的时候，他就在下面插嘴，好像我不会似的。

◆我明明是对的，他却说我不对。因为我成绩差，他就瞧不起我。

◆他太爱表现自己，不顾我们的感受。

◆我发言的时候，他们都不听，我很生气。

◆他发言的时候，总是爱啰唆，有时候还跑题，浪费了我们小组很多时间。

◆他总是说自己是对的，我们让他解释一下理由，他又不说，我们就不同意他的观点。

三、学生解决冲突的一般方式

小组合作中发生了冲突该怎样解决？这不仅是一个影响课堂教学效率的问题，同时还是一个和如何看待合作学习的本质内涵相关的问题。所以，我们试图了解学生解决冲突的基本方式，希望在此基础上提出有效的解决冲突的教学策略。

通过调查我们发现，学生解决冲突的常用方式是：竞争（33%），逃避（37%），妥协（46%），迁就（50%），合作（44%）。（见图4-4）

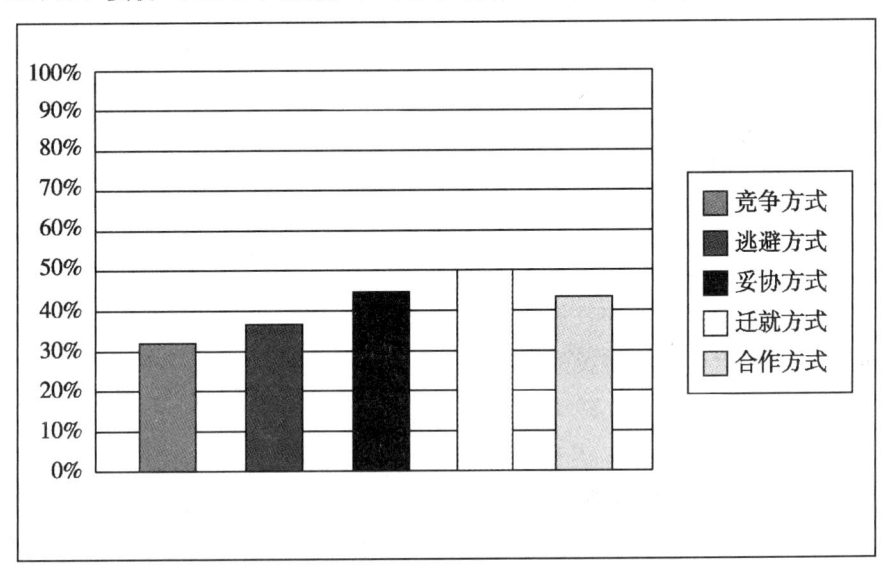

图4-4 学生自行解决冲突的五种方式

为详细了解学生解决冲突的具体情况，我们在访谈中向学生提出了"你为什么采取这种方式解决冲突"的问题。结果，70%的学生回答：因为以前发生冲突时就这样解决的，觉得比较好，所以就采用这种方法。对于"你们以前学习过怎么解决冲突，从哪里学来的"问题，学生的答案种类较多，主要有以下几种（见表4-2）：

学生获取冲突解决方法的主要途径

表 4-2

学生获取合作学习中冲突解决方法的途径	人数	百分比
在四年级思想品德课中学习的冲突解决的知识	30	25
和同伴相处中获得的经验	48	40
班主任、家长传授的经验	36	30
突然想起的，没有原因	6	5

表 4-2 告诉我们，教育是学生获取冲突解决方法的主要途径（课堂学到的方法和班主任、家长传授的方法合计占了 66%），如果没有经过专门的训练，学生就会凭借以往的经验或偶然想起的方式来解决合作学习中的冲突。

四、教学双方的冲突观

有关学生合作中的冲突解决问题调查涉及的第四个问题是：教师、学生是如何看待合作中的冲突的？

通过访谈我们发现，教师和学生普遍认为冲突是一种消极现象，没有人认为冲突也是积极的。当有人选择了冲突是中性词后，面对我们提出的"为什么你认为冲突是中性词""你认为合作学习中的冲突有什么益处"等问题时，一般师生的回答都是"不知道"。当问及"你认为冲突对你有什么影响"时，80%的教师都认为"解决合作学习中的冲突占用了他们上课的时间"。80%的学生认为"与同伴发生冲突，自己常常解决不好，心里很难过"。可见，在教学实践中，师生普遍认同合作学习中的冲突是一种消极现象，冲突的消极影响被夸大，积极的因素被忽视了（见表 4-3、表 4-4）。

教师对合作学习中冲突的认识

表 4-3

观点分类	人数	百分比
合作学习中冲突是积极的	0	0
合作学习中冲突是消极的	10	25
合作学习中冲突是中性词	12	30
不知道	18	45

学生对合作学习中冲突的认识

表 4-4

主要观点	人数	百分比
合作学习中冲突是积极的	0	0
合作学习中冲突是消极的	72	60
合作学习中冲突是中性词	12	10
不知道	36	30

五、调查结果分析

1. 对冲突的认识不合理

（1）忽视隐性冲突的存在。问卷调查和访谈的结果显示，学生之间不仅有直接的、公开性的冲突，而且大量存在隐蔽性的心理和行为上的对立。在访谈中，选择合作学习中的冲突从没有发生的教师占 40%，而学生却占 25%，就是因为学生感受到冲突的存在，却没有表现出来；教师则因为没有看到学生的冲突性行为而认为冲突不存在，但学生却已感受到了冲突的存在。

冲突的隐蔽性可分为两种情况：一种是由于认知、习惯等导致的分歧，双方或其中的一方并没有意识到和对方已经发生了分歧，即隐性冲突；另一种则是学生对待冲突，采取回避的态度。在调查中，有54%的学生选择了用回避方式解决冲突。在合作学习过程中，许多教师常常将主要精力放在维持纪律上，不明确自身在合作学习中的角色定位，因而与学生的沟通交流很少，而学生则因为担心被老师批评，也不愿甚至不敢将冲突明朗化。因此，隐性冲突常常不为教师所察觉，但是，它却在不知不觉中影响着课堂教学中的合作学习的成效。

（2）夸大冲突的消极影响。师生双方都认为，冲突是不良的、消极的，从而把冲突与破坏、非理性联系起来，认为冲突是有害的，是应该避免的。如，认为课堂上的冲突干扰正常的教育教学活动，影响课堂教学目标的达成，学生与某一个人的冲突会影响到全班同学。冲突还可能影响到学生的心理健康。严重的冲突，可能导致愤恨、紧张和忧虑。学生对学习产生倦怠情绪，学生讨厌同伴甚至对学校和社会产生反感。

（3）忽略认知冲突的积极作用。在合作学习中，认知冲突是宝贵的资源，如果运用得好，就能发挥巨大的作用。不同观点所产生的冲突与对立可以激发学生的学习动机，可以帮助学生建构起知识技能体系。认知冲突还有助于学生进行创造性地学习，在冲突解决过程中，当一名学生的观点受到其他同学的挑战时，该学生就会重新审视和评估自己观点的正确性，这可能使他得出更富创造性的观点。[1] 在解决认知冲突的过程中，每个成员都能感受到因为自己的存在使小组的思想变得丰富多彩，从而体验了成功感、增强了自信心。[2] 如果能够运用学术争论解决认知冲突，学生还能学到多种技能，包括角色选择、形成推论性的观点、以令人愉快的方式否定他人的观点、将不同的观点整合为协调一致的观点。[3] 然而，在访谈中，没有任何一个教师和学生选择"合作学习中的冲突是积极的"，有教师选择了"合作学习中的冲突是中性词"，但是却不能说出这样认识的理由。

---

[1] 张希希，田慧生. 课堂交往冲突研究. 教育研究，2005（9）.
[2] 高向斌. 走向合作性教学. 山西教育出版社，2005：198.
[3] L. A. 巴洛赫. 合作课堂——让学习充满活力. 曾守锤、吴华清，译. 华东师范大学出版社，2005：113.

2. 合作学习小组不成熟

调查中，我们发现，合作学习中的消极冲突基本是由合作学习小组不成熟引起的，也就是说，合作学习还没有发展到日趋规范阶段和正常运作阶段。

相当一部分老师对小组合作学习理论理解不够，误将合作学习等同于"小组讨论"。于是在课堂教学中，他们只是简单地让前后桌的4名学生组成小组，然后布置学习任务，组织他们进行讨论，讨论时也一味突出学生的"自主"，完全放手让学生去做，而自己只做旁观者。通常教师只关注小组的学习结果，不关注学习过程和个人的学习情况。如此一来，合作学习就变成了自由学习，小组中的"搭便车"现象也就不可避免：有学生觉得自己是游手好闲的人，有学生觉得自己是"傻瓜"，因为自己付出了很多却没有得到公正的评价。与之相关，在一个不成熟的合作学习小组（我们可将其称之为"传统学习小组"）中，有学生反感同伴"爱表现自己"，有学生以"中庸"的态度处理认知差异问题，习惯于回避不同意见。相反，有学生热衷于"竞争"，导致合作学习中相互争吵、"报告老师"的现象时有发生。此外学生缺乏合作技能和交往技巧也是小组不成熟的表现。实际上教学实践中的小组学习和合作学习存在的差别是多方面的（参见本书第三章资料夹3-2）。

资料夹4-2

两类课堂若干特征比较

不鼓励合作的课堂	合作的课堂
眼睛看着自己的，不要看别人	看看同伴正在做什么，这样你就可以向他学习，帮助他，并分享他的观点和材料
不要交头接耳	和周围的同学交流一下，相互交换一下意见，看看有什么疑问、说明、建议和问题

每个人干自己的	和别人分享工作，你的收获将远甚于各部分之和
如果需要帮助请向老师提出来	如果你需要帮助，在问老师之前先问问小组同学
每个学生都争着吸引老师的注意	给每个学生在小组中发言的机会
为了获得外在激励报偿，如分数、表扬等	既有额外的奖励，也有内部激励

资料来源：

George M. Jacobs, Michael A. Power, Loh WanInn. (2001). The Teacher's Sourcebook for Cooperative Learning: Practical Techniques, Basic Principles, and Frequently Asked Questions California: Corwin Press, Inc. 4

可见，合作学习小组的建设是一个十分复杂、十分漫长的过程，教师必须付出长时间的艰苦努力才能够实现。约翰逊兄弟曾经比较形象地把小组建设比喻为"剥洋葱"。他认为，教师是一层一层地学会如何组织合作学习活动，最后才达到其核心目的的。这些层次包括：科学地将学生分成若干小组；设立合作学习的目标；监控并介入合作学习小组的活动以提高合作学习小组的技能；直接交给学生合作技能；以各种方式安排课程材料以促进积极互赖；促进合作小组组内的学术争论；最后，还要将合作学习活动、竞争性活动、个体化学习活动融为一体。[①] 因此，教学实践中的"合作学习"和真正成熟的合作学习还有很大的差距。

3. 学生缺乏冲突解决方法的学习和训练

由调查可知，学生几乎没有接受过专门的冲突解决学习和训练。由于教师对冲突的认识不科学，教师一般会将解决冲突作为自己教学过程中的负担而不是学习内容甚至是可利用的学习资源，他们往往会对发生冲突的

---

① 庞国兵，王冬凌. 合作学习的理论与实践. 开明出版社，2003：160.

学生留有不良印象，并对他们进行批评和教育，希望他们下次不要再发生冲突。老师心目中的好学生就是会"忍"、时时刻刻很"大度"的学生，面对冲突不能控制自己情绪的学生是"修养不够""素质较差"的学生。总之，教师在面对冲突时，只是充当了评价学生言行的裁判，而没有利用冲突和引导冲突，达到使合作学习中的冲突趋其利、避其害的目的。

当冲突发生后，学生都是根据以往的经验来解决。这些经验有来自父母和教师的教诲，有自己平时解决冲突后积累的经验。80%的学生认为"与同伴发生冲突，自己常常解决不好，心里很难过"。可见，学生非常渴望自己能解决好和同伴的冲突。根据约翰逊兄弟在教学实践中的研究，学生能够通过学习掌握合作学习中冲突解决的策略，同时无数的实践证明，当学生掌握了建设性的解决合作学习中的冲突的方法后，不仅提高了学生的学业成绩，还促进了学生的社会性的发展，而这些都是合作学习的目标。可见要提高合作学习的实效，促进学生的发展，对学生进行合作学习中的冲突解决训练是非常必要的。

第三节 合作学习中的冲突解决策略

一、直面冲突，形成积极冲突的学习局面

对大多数人而言，冲突都不是一件愉快的事情，为了减少冲突，人们通常会做出两种选择：第一，回避彼此的差异，只图表面的和谐；第二，减少相互合作，双方享受更多独立自治和自主的空间（图4-5）。[1] 但是在课堂教学中，合作学习以异质小组为组织环境、以促进学习者有效学习为最终目的，冲突不仅不能回避，有时甚至还是促进教学目标得以落实的推进器。因此，解决课堂合作学习中的冲突，教师首先需要面对的问题就是教

---

[1] 徐显国. 冲突管理——有效化解冲突的10大智慧. 北京大学出版社，2006：110.

会学生正确看待冲突，引导学生形成正确的冲突观，并在此基础上，协调、引导消极冲突，鼓励并激发积极冲突。

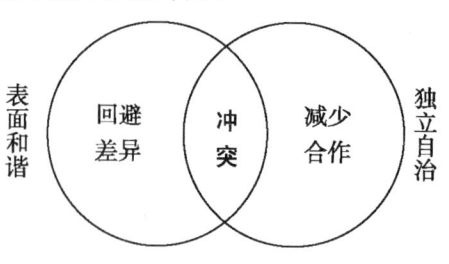

图 4-5 减少冲突的两种选择

1. 确立、形成正确的冲突观

教师应该告诉学生，冲突不是成员间的胡搅蛮缠，不是相互讽刺挖苦，更不是以"你输我赢"为最终结果的一场对抗。对合作学习而言，冲突常常是不可避免的，我们应该正确认识冲突，学会解决冲突。在承认冲突客观存在的基础上，教师应指导学生对冲突的性质持中性的价值判断——适度的冲突有助于小组目标的达成。师生双方都应该明确，在一个合作小组中，若小组成员总是处于观点一致的氛围之中，那么最可能导致的结果就是思维僵化，因为长期的认知统一有可能使学习者失去必要的批判和创新精神。当然，教师也应该帮助学生认识到，过多的冲突（尤其是消极冲突），会导致小组陷入内耗而最终走向崩溃。冲突可以显露出合作中存在的问题，使团队成员的观点一一呈现，从而提供通过交往解决问题的机会。同时，合作学习小组内成员间的认知和利益冲突，还有助于小组制订更科学、更民主、更合理的合作规则。总之，只有承认冲突存在的客观性和普遍性，了解冲突的双重性，培养学生形成正确的冲突观，有积极的冲突管理意识，才能对冲突从容以对，从而有利于冲突的解决。[1]

2. 创设条件，鼓励、激发积极冲突

如前所述，冲突有隐性冲突和显性冲突、消极冲突（有害冲突）和积极冲突（有利冲突）之分。与之相关的一个问题是，在一个合作学习的课

---

[1] David W. Johnson, Roger T. Johnson. Constructive Controversy-The Educative Power Of Intellectual Conflict. Change, 32 (1) 28~37. 2000.

堂上，许多教师常常将自己的角色定位为小组冲突中的"消防员"，他们更多关注的是学习者之间的消极冲突。其实，教师应该正确认识学生之间的冲突，不仅应该关注合作学习中的显性冲突和消极冲突，还应该关注学习小组中的隐性冲突和积极冲突，以便在显性的消极冲突尚未形成之时，引导学生形成积极的冲突解决意向，发挥积极冲突的教育功能。

资料夹 4-3

冲突发展的五个阶段

冲突的发展总是渐进的，激烈的冲突不会突然爆发。管理者应当注意到冲突发展的不同阶段，并选择适当的时机介入冲突。

第一阶段：潜在冲突阶段。这一阶段又称为冲突的潜伏期阶段。主要表现形式为，发生交往和互动的不同主体之间存在和积累了能够引发冲突的一些前提条件。虽然这些前提条件并不会必然导致冲突，但它们却聚集了冲突的根源，是冲突产生的必要条件。

第二阶段：知觉冲突阶段。这一阶段又称为冲突的认知期，客观存在的双方对立或不一致被冲突主体意识到，产生相应的知觉，体验到紧张或焦虑。

第三阶段：意向冲突阶段。这一阶段又称为冲突的行为意向阶段。冲突主体开始依据自己对冲突的认识、定义和判断，酝酿和确定自己处理冲突的可能方式和行为策略。人们的冲突意向主要有五种：竞争、合作、妥协、回避、迁就。

第四阶段：行为冲突阶段。这一阶段又称为冲突的显在阶段。进入此阶段后，不同的主体在自己冲突行为意向的影响下，正式做出一定的冲突行为，来贯彻自己的意志，试图阻止或影响对方的目标实现，努力实现自己的愿望。此时的冲突行为包括了不同冲突主体的说明、争辩、活动和态度等，往往一方有所行动，对方就会有反应行动，双方处于一种公开可见的相互作用与施加影响的动态过程中，从而形成了人们通常最容易认识、感受和强调的冲突状态。

> 第五阶段：结果冲突阶段。此阶段又称为冲突结果的影响阶段。在此阶段，冲突的最后结果一般表现为作用性质不同的两种冲突结局，一是功能正常的建设性冲突，促进了群体或组织绩效的提高；二是功能失调的破坏性冲突，降低或破坏了群体或组织绩效的提高。
>
> 总之，在五个阶段中，前三个阶段是冲突的潜伏阶段，在这段时间中，人们忽视或避免冲突。阶段四是竞争阶段，此时，人们竞争的态度大于合作，对输赢开始在意，个人的利益占上风，此时的冲突已经难以解决，应鼓励讨论，尽量心平气和地寻找冲突双方的共同点。阶段五已经到了对抗显出结果的阶段。
>
> **资料来源：**
> Tim Ang 姜旭平. 冲突处理课堂. 上海交通大学出版社，2006：37～41.

为形成积极冲突的学习条件，教师可以：

（1）将个性鲜明的学生分配在各个小组，以确保组内异质、组间同质的课堂教学条件得以形成。通过同伴间不同思想、经验和观念的交流而激发出有益的冲突。对冲突过程中产生的新思想、新观点、新建议，给予鼓励、支持，对给小组带来效益的人予以奖励。

（2）在学科教学过程中为学生提供可资争论的议题，学生通过对这些议题的讨论，潜移默化地学会沟通、学会协商，学会面对冲突。如，教师可以利用学习材料中的冲突情节、思想品德课中的冲突问题等，引导学生开展辩论。在辩论过程中，学生对自己原有的观点，又会产生一些新的信息，这些信息又会推动学生进行自我分析和对两个相对立的观点进行思考。这样，学生原先持有的一些观点就会面临一种内部冲突和不平衡性，这种状态即心理学家所称之的认知不协调状态。这种认知不协调状态推动学生进行积极的内在思考，寻找新的理念和新的结论。慢慢地，学生就学会了同时去思考两个完全不同的观点，并努力发展出他自己独特的观点。总之，这类议题的学习，能推动学生进行更高层次的认知推理和批判性思考，并让学生逐步掌握怎样从冲突的观点中寻求深入整合的可能性。[①]

（3）鼓励学生独立思考，利用冲突培养创造性思维。教师在提出问题后，要给学生一个缓冲的时间，让学生进行深入的独立思考，一旦学生经过了自己的酝酿和思考，有了自己的想法，才可能有话可说、有观点可讲，这时的冲突才是有益的冲突，才是思维的碰撞。教师应该让学生知道，合作学习是建立在独立学习的基础之上的，讨论、探究、交流并不意味着可以随大流、不思考，恰恰相反，它对学习者的独立思维品质有更高的要求，因为只有具有独立见解的人才会思考他人观点和自己观点的差异，才会在与他人交往的过程中从思维方式和学科知识两个方面不断完善和提升自己。在一个合作学习小组中，每一个学习者都必须明确，我们无法让别人或小组来代替自己思考。合作的最终目的是，共同解疑，共享成果，促进思维。教学中缺少必要的独立思考，合作学习将成为"无源之水，无本之木"。

3. 引导学生正视冲突

正视冲突是利用冲突达成学习目标的前提，因此，教师应该鼓励学生直面冲突。

在一个合作团队中，当冲突发生时，有些学生往往会采取回避的方式。例如：有些学生表面上说"没关系，都可以"，实际上内心却有其他想法。教师要引导学生坦诚面对自己的感受，对同伴开诚布公，清晰地表达自己的观点。当和同伴产生意见分歧时，要勇敢地去面对。尽管说出自己的真实感受，有时会遇到一些麻烦，但是回避冲突并不是有效解决问题的方法。

以小组目标达成度为奖励依据是利用冲突格局达成教学目标的有效策略。在一个学习团队中，教师要让学生了解小组成员之间必须互相依赖，"荣辱与共"。当团体成员意识到，若有一个同伴达不到目标，那么小组中的任何人也不可能达到自己的目标时，他们就势必以一种既有利于自己成功同时又帮助同伴成功的方式活动。在合作学习小组中，共同协作以求双赢是全体小组成员的共同目标，其本质就是要形成一种利益相关、彼此共赢的格局。

[①] 王琴. 学校教育中师生冲突研究. 华东师范大学，2007：145.

敞开、接纳和谦虚的态度有助于冲突问题的积极解决。在解决冲突时，要寻找自己的"道理"与别人的"道理"在何处存在差异。教师要教会学生意识到，每个人都可能会犯错误，我们每一个人对事情发展的理解都不可能完全正确。要有谦虚的态度，勇于发现和面对事实并且承认错误。在合作小组中，每一个成员对小组的事务都有同等的决定权利，所以，当要求同伴遵照自己的意思去做事情时，应该用商量的口气，这能让同伴觉得，这个决定是大家共同商量的结果，而不是某人意志的强加。

二、利用学术辩论进行创造性学习

合作学习的目的是把小组中的不同思想进行优化整合，把个人独立思考的成果转化为全组共有的成果，以群体智慧来探究问题、解决问题。

学习是一种个体的认知活动，每一个学习者领悟和探究问题的视角会各不相同，因此，在一个合作团队中，若形成了积极的思想碰撞，就会拓宽学习者问题解决的思路，提升学习的效果。合作学习就是经历小组内成员的相互影响、相互合作的过程。

"学术争论"是约翰逊兄弟提出的促进学习者思维碰撞、形成认知冲突格局的合作学习策略，它包括了明确自己的立场，为自己的观点辩护，反驳不同的观点，从多角度看待问题以及尝试融入对方观点等具体步骤。

1. 提出不同的观点

如果学生对一个问题具有不同的观点，可以组织学生进行学术争论。首先可以就该题目准备两种立场的资料——正方和反方。然后组织相关的指导性资料，并将其分别分配到正方和反方。学生需要知道他们所处的立场，以及到哪里才能收集到相关的信息。这样他们就可以在此问题上依据正方或反方的立场进行推理。学生可以分成4人一组的小组，并把每个小组分成两对。每一对同学分别持正方或反方的立场。一定要确保每对同学中都有一位比较擅长阅读的同学或一位研究能力较强的同学。每对同学的任务就是了解自己的立场以及支持性的论据和信息；研究与自己立场有关的所有信息。为此，学生应该和同伴共同规划如何有效地倡导自己的立场。

2. 陈述自己的观点

在去图书馆查阅更多的支持自己立场的参考资料后，设计一个具有说服力的陈述报告。确保自己和同伴都掌握了支持自己立场的信息，并以一种具有说服力的完整方式表述出来，以便让其他小组成员能够理解和学习这些信息。让每位同学向对方阐述自己的立场，并具有说服力地陈述自己的观点（这时不要进行辩论，学生应该仔细聆听对方的立场并做好笔记，弄清楚自己不明白的地方）。

3. 质疑对方并接受挑战

通过自由交换信息和观点而展开开放式的讨论。为了激发高水平的推理和评论性思想，对双方的结论进行质疑和接受挑战是十分必要的。持正反观点的学生双方应该要求对方提供支持论点的论据，澄清推理，并表现立场的合理性。双方学生还应该严格点评对方立场及其合理性，维护自己的立场。双方学生还应该驳斥对方的主张和反驳对方的攻击。在这一环节中，每一位学生都应该遵循"建设性争论"的特定规则，仔细做好记录，并全面学习对方的观点。有时老师还可以设定"暂时休息"的时间，这样正反双方学生就可以分别举行"秘密"会议以准备新的论据。老师应该鼓励同学们进行更为激烈的辩论，帮助遇到困难的一方，让另一个团队去观察处于激烈争论中的团队，并适时地煽动讨论的气氛。[1]

4. 多角度出发看问题

双方调换角色，尽可能真诚有力地阐述对方的观点，以利于双方学生交换思考角度。学生可以利用自己的笔记，但是不能看对方所收集的资料。也可以添加自己知道的一些新事实，可以联系以前所学的知识来详细阐述自己的立场。

5. 整合信息并形成一致意见

停止辩论，并达成一致的决定。这时应该写出一份包含双方共同立场、支持性论据和推理的小组报告。一般来说，这个结论性报告是一种第三方

---

[1] David W. Johnson & Roger T. Johnson. Critical Thinking Through Structured Controversy [J]. Educational Leadership, 45 (8). 58~64. 1998.

的观点，或者是一种综合性的观点，比双方开始分配的观点更加全面合理。所有小组成员都应该在报告上签名，以此表示他们都一致同意这份报告，能够解释其中的内容，并且已经做好了参与评估的准备。

"学术争论"能够培养学生有理有据地陈述自己的观点、反驳对方观点的能力。图4-6[①]是依据人教版小学语文第十一册第六课的内容组织的一次辩论——"小学生要不要多看电视"，通过图示我们可以更清楚地理解"学术争论"的具体实施。

选择一个主题——小学生要不要多看电视。学生分为正方和反方，每人立足于自己的立场搜集佐证材料。

分组——学生4人为一组，每组分为正方和反方两对。每队中应保证有一名阅读优秀者。

分配任务——根据自己的立场与小组成员一起搜集资料，同时准备一个有力的陈述来说服对方。组内交流搜集的材料，并让其他成员了解组内的信息。

组内辩论——每小组成员根据自己搜集的资料组内发言。这时不允许争论，同学们认真倾听别人的立场。

---

① 刘烨. 小学语文合作学习初探. 内蒙古师范大学，2007：51～52.

重新分组——全班的学生分为正方和反方两大组，每组推选4人，班级内辩论。其他学生认真倾听，也可以做笔记。

教师总结——
1. 总结此次辩论的情况，并表扬优秀辩手，鼓励进步学生。
2. 正方和反方换位思考，和以前学过的信息联系起来，详细描述。

图4-6 "学术争论"法例举

三、协商解决自己和同伴的冲突

协商是指具有共同或相反利益的双方尝试达成某种一致。协商的目的是为了解决问题。只要人们处于长期合作的状态，双方关系往往比输赢更重要。所以，多数人都不会以牺牲未来关系为代价来换取一时的成功。有利于长期关系的唯一方式便是通过协商解决问题。所以学生必须学习通过协商解决问题的方法。解决问题的协商过程有六个步骤：

1. 陈述自己的需要

协商从陈述自己的需要开始。每个人都有权拥有自己的需要、需求和目标。在陈述的过程中要用"我""我的"等词语强调自己的需要和目标，并且说明它的正当性。但是在主张自己的需求和目标时，不要奢望对方会对你言听计从。切忌不要让别人将"了解你的需要"和"要求他们按照你的意愿行事"混淆起来。同时，在描述对方的行为如何阻碍你的需要的过程中，注意就事论事，对事不对人。陈述你看到的特定行为，而不是评价、证明或暗示一个人的动机、人格或态度。①

2. 倾诉自己的感受

协商解决问题的第二步是倾诉自己的感受。表达和描述自己的感受是解决冲突过程中最困难的一环，同时也是最重要的一环。当你向另外一个人描述自己的感受时，往往会使你更加清楚自己的真实感受。很多时候，人们对于自己的感受并不是很清楚，把它们讲给另外一个人听，在告诉对方的同时，其实也是在整理自己的想法。同时，倾诉自己的感受经常会开启一个对话，这能改善同伴之间的关系。如果对方对你的感受做出适当反应，说明他（她）一定了解了你的感受。就算是很消极的感受，也往往值得倾诉，消极的感受是发生问题的预警信号：你们需要重新审视相互间的关系，明确哪些方面需要改进。②

要想清晰地表达自己的感受，口头语言和肢体语言的表达要一致，许多交流的困境都是由于表达感受的语言和其他非语言方式分别暗示了不同信息造成的。

3. 说明自身的理由

仅仅讲述自己的需要和感受是不够的，我们还必须给出产生这些需要和感受的理由。例如，只说"我想现在用电脑，你不允许，我很生气"是不够的，你必须同时说："我有一个很重要的家庭作业必须今天做完，这是我完成它的唯一机会。"说出理由的目的是告诉别人信息和说服别人同意。

4. 理解对方的真实想法

为确保协商成功，冲突双方必须站在对方的角度思考对方是如何看待这个问题的。协商要求对双方共同以及相反的利益进行客观评估，通常需要牺牲一部分相冲突的利益，从而在此基础上建立起双方的共同利益、优势和需求。为了提出能够解决问题的替代方案，必须理解对方如何看待问题以及如何考虑这些问题。如果不能理解对方的行为和立场，就很有可能

---

① Johnson，D. W. & Johnson，R. T. Teaching Students to be Peacemakers [M]. Edina，MN：Interaction Book Company. 1995.

② Johnson，D. W. & Johnson，R. T. Teaching Students to be Peacemakers [M]. Edina，MN：Interaction Book Company. 1995.

误解对方行动背后的动机。不能理解别人的世界观会阻碍协商成为解决冲突的有效方式。

5. 创造互利的选择

协商的第五步是提出几种可能的冲突解决方案，但很少有人这么做。人们通常会同意所提出的第一种合理的解决方法，而不再考虑其他更好的方法，所以，在决定前应该先想出至少三个好的且可以替代的方法。为了创造出一系列潜在的协议，必须避免阻碍创造性地思考问题。在提出了一系列解决方案之后，双方就该决定先尝试哪种方案。值得注意的是，选择一方或双方不能实施的备选方案是毫无价值的。应选择能使共同利益最大化且满足各方利益的，又有可行性的方案。[①]

6. 达成明智的协议

学生在对提出的几种解决方案进行尝试后，最终会选择一种最好的方案，即明智的协议。明智的协议要满足所有参与者的正当需求，让每个人都履行自己的责任，使他们都认为协议很公平。明智的协议可以让冲突双方共享好情绪、维护共同利益、珍惜共同经历的重要性，注重长期的合作关系以保证协议的持久性。明智的协议能增强学生之间的信任、尊敬和好感，增强学生今后相互合作的能力。更重要的是协议能经受各种现实和真理的考验。

表4-5是协商解决冲突后由学生填写的"冲突报告表"。这份表格的填写将有助于学习者理清冲突产生的缘由，并思考今后该如何有效地通过协商解决冲突。

---

① Johnson, D. W. & Johnson, R. T. Conflict Resolution. http://www.co-operation.org/pages/conflict.html

冲突报告表[①]

表 4-5

日期____ 姓名____ 男___ 女___ 年级____ 老师____ 学科____
1. 你和谁起了冲突_____
2. 你想得到什么_____
a. 别人的什么行为阻止了你想要得到的东西_____
b. 你感觉怎样_____
3. 别人想要得到什么_____
a. 你的什么行为阻止了他（她）想要得到的东西_____
b. 别人的感觉如何_____
4. 可能解决冲突使你们重建良好关系的三个潜在的协议方案是什么
a._____
b._____
c._____
5. 如果这样的冲突再次发生，你应做哪三件事
a._____
b._____
c._____
6. 你有什么话要和曾经与你起冲突的人讲
_____

四、发挥调解人作用以解决冲突

当冲突当事人无法通过协商得到一个建设性地解决冲突的方法时，必须学习如何调解同学之间的冲突。调解人的任务是帮助冲突双方达成一个

---

① Stevahn, L. Johnson D. W. & Johnson, R Schultz, Ray. Effects of conflict resolution training integrated into a high school social studies curriculum [J]. Journal of Social Psychology, 2002, Vol. 142 (Issue 30).

各方都认为公正、公平和可行的协议。调解人无需告诉冲突当事人应该做什么，也不必决定谁对谁错，更不需要向冲突双方谈论自己在这种冲突的状态下将怎么做。调解人是一位帮助者，旨在引导冲突双方协调解决问题，而不是对冲突双方行使支配权。调解是协商过程的延续，是促进有效合作策略的组合。调解成功的结果就是冲突得到解决，冲突当事人都获益，同伴之间的关系和以前一样，甚至比以前更好。调解人的一个重要目的就是传授协商步骤和技巧，以使个人能够在将来自己解决冲突。[1] 调解的程序一般包括以下步骤：

1. 结束对立行为

调解开始于学生间对抗的结束和双方足够冷静之时，也只有这样才能进行有建设意义的协商。学生调解人是帮忙者，不是警察。如果有打斗，学生调解人最好不要介入，而应该找老师或者学校的工作人员将争斗者分开。一般来说，老师的出现足以阻止大多数的争斗。教师不在时，学生也可以自己尝试结束对抗。学生调解人可以通过某种方式转移争斗者的注意力以及他们身体和情绪上的能量。

2. 确保冲突双方致力于调解

一旦对抗结束，争论的学生冷静下来，在征得双方同意后，调解就可以正式开始了。通常可以在一个专门的地点或办公室进行调解。调解人先自我介绍，并阐明作为调解人，自己不会偏袒任何一方，也不会决定谁对谁错。自己的任务只是帮助双方找到满意的冲突解决办法。

3. 促进争论者成功地协商

为了促进冲突当事人进行协商，首先，调解人要突出合作的意义，着重说明如果不合作将会带来的不良后果。要帮助冲突当事人分析他们之间的共同利益，进而让他们认识到保持长期关系的必要性。其次，要帮助学生描述发生的事情和他们的需求。很多情况下，争执的学生根本不知道问题所在。调解人应帮助冲突当事人平息激动的情绪，顺利陈述自己的想法

---

[1] Johnson, D. W. & Johnson, R. T. Teaching Students to be Peacemakers [M]. Edina, MN: Interaction Book Company. 1995.

和观点。第三，帮助冲突当事人描述他们的感受。通常来讲，冲突当事人不清楚自己的感受。调解人站在陈述者的角度，以自己的语言重复陈述者对冲突的看法和感受。通常这会使陈述者感到自己是得到理解和支持的，可以减少冲突当事人之间的交锋，使争论的双方能够冷静下来。调解人帮助冲突当事人阐明他们的目标、需要和他们对于冲突的感受，也可以使调解人弄清楚问题，知道下一步该怎么办。第四，帮助冲突当事人交流他们所持立场的理由。第五，帮助冲突当事人从对方的角度看问题。可以让冲突当事人重新表演冲突的整个事件的发展过程。然后让冲突当事人转换角色重演，这样就使冲突当事人可以站在对方角度与自己争辩。当冲突当事人体会到另一方的感受和对问题的观点时，再讨论刚才的角色扮演，看是否有新的解决冲突的方案。最后，帮助冲突当事人找到互利的解决冲突的方案。调解人可以指出冲突当事人的共同之处，让他们认识到有共同之处对解决冲突很有帮助。通过强调解决问题将获得的好处与不解决问题将招致的代价，提高双方解决冲突的动力。在达成一致协议时，如果对一方不利，可以提议给造成损失的一方给予补偿。[1]

4. 将达成的协议正式化

当协议达成后，调解人需要完成一份调解报告表（见表4-6），并让冲突双方当事人签字。这份调解报告应该准确而简练。应注明冲突当事人为解决冲突所同意做的事情，包括争执双方各自对对方的承诺。签署调解报告表使冲突当事人之间的协议正式确定下来，意味着他们将遵守协议规定。调解人成为协议执行的监督人，监督冲突双方履行他们的承诺。若协议被破坏，那么再次依照调解程序以帮助冲突当事人重新开始协议。

---

[1] Johnson, D. W. & Johnson, R. T. Teaching students to be Peacemakers. Edina, MN: Interaction Book ComPany. 1995.

调解报告表[①]

表 4-6

日期_____ 调解人_____ 学科_____ 年级_____
冲突者_____
1. 冲突内容是什么_____
2. 冲突是在哪里发生的_____
3. 有没有达成共识：有_____ 没有_____
4. 甲方赞成_____
乙方赞成_____
冲突双方签名：
签名_____　　签名_____
后续反馈_____

当学生知道了协商、调解的基本步骤后，教师在课堂教学中就可以借助学生调解者的作用解决课堂合作学习中的冲突问题。每天，教师可以选择两个班级成员作为班级的调解人，当有些发生冲突的学生自己不能解决问题时，他们就可以求助班级调解者。调解者佩戴着老师发的徽章，可以在教室里随意走动，他们调解小组内部和小组之间的冲突。调解者是轮流担任的，所以，班级中的每一个学生都享有同样的担任调解人角色的机会。一开始，两个学生一起调解，保证害羞的不善言词的学生和外向的、表达流畅的学生享有相同的机会。调解同学的冲突可能是教学生有技巧地使用协商过程的一种方法。

---

① Johnson, David W., Johnson, Roger T. Implementing the "Teaching Students to be Peacemakers Program." [J]. Theory Into Practice, Winter 2004, Vol. 43 Issue 1, 68～79.

五、面对冲突时学会控制自己的情绪

发生冲突时，人一旦让愤怒控制住，往往就会高度情绪化而不够理智，就会不顾他人的感受和观点是否合理而沉溺于自己的感受中，甚至根本就不思考如何解决冲突。这时，教师可以指导学生：

1. 停止愤怒，保持理性

愤怒的产生常常是因为自己觉得他人做得不对。隐含在愤怒后面的思维可能包含着"你应当"这样的命令句，如：你应当考虑得更周到一些、你早就应该知道等等。"你应当"思维所隐含的意思是：我的方式对你来说是最好的；我的价值观、信念和方法比你的更好。因此，当发生冲突时，我们首先应该考虑的是把"你应当"从思维中消除掉，以使自己从愤怒中脱身出来。把"你应当"转化成"我应当多给一点帮助"。同时，在感觉自己快要愤怒的时候，通过尽量降低自己的声音、放慢语速、松弛自己的脸部表情等方法来缓解自己的愤怒，尽量不要用"我对你很厌烦""你真讨厌"等攻击性的语言，因为这些语言会让自己更愤怒。选择感情色彩较弱的语言，如"我很失望"会使体验的愤怒少一点。[①]

当同伴大声咆哮或尖声嘶叫的时候，应该认识到，有些人需要把心中的怨气都发泄掉，然后才能够继续前进。这时不应该本能地实施反击或撤退，而是应该倾听并鼓励他发泄出来。只有通过这样的方式，才可能卸掉敌意的导火索，获得平静和理性。当自己在倾听、解释，而对方仍然喋喋不休地指责和辱骂时，可以考虑用这样的话语来安慰对方："我知道你对这件事情非常恼火，我想我们对这件事情仔细考虑一下，然后再坐下来谈一谈，也许会更好一些。"在面对争论的时候，切忌提出建议或者告诉对方应该怎样做。尽管这样做也许是出于良好的动机，类似"你根本没必要发火"，或者"你的声音小一点"等说法，都可能导致更大的怨恨和愤怒。因为这样一类说词的潜在含义是：你如果愤怒就错了。这种无效的告诫会打

[①] 薛伊，麦肯农著.化解冲突高手——在工作中建立充满信任和富有成效的人际关系.徐海鸥，译.经济管理出版社，2003：65.

破和谐的气氛。这时应该问"你需要我做什么""你希望发生什么",只有让对方觉得他的感受被理解了,才能化解他的愤怒。①

2. 尝试宽恕和容忍

在小组合作学习中,教师应该教会学生对一些非原则性问题不必较真,所谓"难得糊涂"说的就是这个意思。从心理学角度看,对那些无关原则、不中听的话或看不惯的事情,可以取一种包容的态度,如假装没听见、没看见或随听、随看、随忘。从某种程度上我们甚至可以说,糊涂处世的做法,不仅是一种处世的态度,亦是合作愉快的秘诀。教师可以告诉学生宽容大度表明一个人的自我修养,表明这个人明白事理。在同伴心情不好、发脾气时,应该控制自己的怒气。面对争吵,要表现出自己的大度来,想办法缓解矛盾,而不是针锋相对地激化矛盾。适当的迁就、合理的谦让绝对与"牺牲自己的面子和尊严"沾不上边。如果每个学生都能在发生矛盾的时候相互宽容忍让,多从对方的角度考虑问题,相互关照,在合作时他们就能和睦相处。

3. 学会赞赏他人

借用多元智力理论的观点:每一个学生都是聪明的,只不过每一个人聪明的地方不同而已。在一个班级中,天才和弱智都很罕见,我们面对的大多数人都是相似而平凡的。尽管如此,若在学习团队中,我们能用不平凡的眼光来欣赏同伴、悦纳同伴,就会给他自信的力量,他就会不由自主地昂首挺胸,想着"原来我也是非常优秀的",从而以更高的标准来要求自己,审视自己。同伴的赞赏不仅可以使学生获得信心和力量,同时还能使他感受到成功的喜悦,得到心理的满足和精神上的享受。当然,赞赏要有依据,言不由衷或言过其实,会使被称赞者怀疑赞美者的真实目的。在一个合作学习小组中,最需要赞美的是那些自卑感很强的学生,尤其是那些长期受压抑、自信心不足或总受批评的人。他们一旦被老师、同伴真诚地赞美,就有可能尊严复苏,自尊心、自信心倍增,精神面貌从此焕然一新。

---

① 薛伊,麦肯农. 化解冲突高手——在工作中建立充满信任和富有成效的人际关系. 徐海鸥,译. 经济管理出版社,2003:65.

赞美还要具体，不能含糊其辞，含糊其辞的赞美可能会使对方混乱、窘迫，甚至紧张。赞美越具体，说明你对他越了解，从而拉近人际关系。赞美不一定非是一件大事，即使是别人一个很小的优点或长处，只要具体、确切，同样能收到好的效果。

4. 掌握道歉的艺术

在合作的过程中，有的学生明明已经知道了自己的过失，却由于道歉的心态和做法不妥而导致冲突不能有效解决。有的学生自知自己的言语或行为伤害了别人，为了图个心安理得，道歉的语句往往不假思索，脱口而出。但其道歉的口气和神态却没有缓解矛盾，有时甚至会激化矛盾。道歉的人往往认为自己一旦道了歉，对方就必须予以原谅，既往不咎，甚至把道歉看成是别人必须原谅自己的权利，丝毫未真正觉悟自己态度的蛮横，以及造成的伤害；悔意多半也只是挂在嘴上，并无坚定的决心和实际的行动来改正。而对方因未能感受到道歉的诚意和改过的决心，也无法真心原谅。

学生要学会高效的道歉。高效的道歉首先应真心地知错，明白无论原因为何，自己冲着别人发怒是绝不应该的。其次，应认识到别人因自己的过错而受到的伤害，下定决心避免再犯同样的错误。最重要的是，理解和接受对方有权决定如何面对自己的过错和道歉。对方可以选择马上原谅，或是观察自己的行为表现后再做决定，甚至也可以选择不予原谅。无论对方作何选择，都要表达出自己真心知错，以及对对方的尊重，谦虚地接受对方的决定。高效的道歉说明真心道歉最重要的是必须清楚地表达知过、恳求谅解和弥补对方损失的诚意。[①]

---

① 徐显国. 冲突管理——有效化解冲突的10大智慧. 北京大学出版社，2006：61～62.

六、掌握有效沟通的策略和技巧

1. 倾听对方的想法

"好为人师"是许多人的通病。在合作学习过程中,有的学生喜欢掌控小组,自己一味地讲,却很少静下心来理解对方心中的需求或看法。缺少倾听常常是导致冲突的一个原因。因此,学生要学会积极倾听,听得出对方的"言外之意",避免过早判断对方的对错或动机。小组合作中,首先需要专注倾听对方的语意和感受;其次还要在语气、表情和肢体语言上显示自己的专注、兴趣和理解,力求让对方清楚地"看出"自己正兴趣盎然、全神贯注地听他(她)发言。有时还可以轻声地复述对方的话,或者轻轻地说:"那么,你说的意思是……""我听起来好像是……",即使对方的话的确是扭曲的、失真的,或夸大其词的,也要静静地倾听,因为只有倾听才能理解对方(见表4-7)。

积极倾听的技巧[①]

表 4-7

技　巧	言行描述	例　子
专　心	密切注意发言者	直视发言人
复　述	复述发言者的讲话,给他(她)机会纠正你误解的内容。	"你说我应该检查自己的论据,对吗?"
归　纳	及时归纳主要观点	"你说我应该考虑三件事……"
核查理解	表明你对发言者的讲话的理解,向其征询你对其观点与感受的理解是否正确。	"我觉得你是说我犯了一个严重的错误,你对此非常失望,对吗?"
明确提问	提出疑问,进一步明确观点。	"我不清楚你说的'论据'指的是什么?"

---

① Douglas Gordon. 处理冲突. 李立蓓,译. 西安交通大学出版社,1995.

| 深入提问 | 提出疑问，带动他人展开或深入话题。 | "啊，我大致明白了。请您再深入地谈一谈好吗？" |

2. 排除沟通障碍

在小组合作中有一些常见的言行有碍交往与合作，我们姑且称之为沟通"杀手"（见表 4-8）。这些沟通"杀手"容易造成小组成员间的误会，引发无谓的冲突。如用词不当、语气不妥等都会导致冲突。在一个合作学习小组中，如果同伴觉得不受尊重，那么无论你原来是多么好意，所有的沟通都会徒劳无功。有效的沟通应该互相尊重，不操纵同伴，尊重每个人的意见，不要勉强别人接受自己的看法，要尊重同伴的观点及经验。①

常见的沟通"杀手"

表 4-8

沟通"杀手"	实　　例
恐吓	如果你不准时完成，就要接受惩罚；做不做随便你。
命令	照着我的话去做，不要问为什么。
批评	你不够努力；你老是喜欢抱怨。
对别人贴标签	只有白痴才会说那种话。
苛求	你不应该发脾气；你应该更有责任感。
质问	你在搞什么？你做这件事花了多长时间？
拒绝讨论问题	没有什么好说的；我不觉得有什么不对。

3. 开诚布公，换位思考

在合作交流时，有些学生会因种种原因导致自己内在的想法与表达出来的信息不一致，这不仅使他们自己产生了委屈、压抑的情绪，还导致小组同伴不了解他（她）的真实观点。例如，有的人表面上说"没关系，都

---

① 柯尼利斯，费尔. 皆大欢喜——如何解决冲突. 王明华，译. 世贸出版社，1992：62~63.

可以"，实际上内心有其他想法。还有的学生用"不喜欢吵架"作为逃避交流的借口，逃避的结果反而扩大了冲突。所以，遇到问题时，我们每一个人都应该真诚面对，说出自己的真实感受。

换位思考意味着当我们与别人有认知、情感和利益的分歧时，除了继续从自己的角度和立场尝试解决外，还能善意地从对方的角度去认识和理解问题，思考对方为何会产生如此看法，进而体会他的感受，察觉他的需要。懂得换位思考的人，能够站到对方的角度来面对、分析和思考双方的差异和矛盾，虽然不一定会赞成对方的想法，但至少能避免或减少心中随即产生的不满、鄙视、排斥、厌恶等情绪。对方也因此清楚地感受到尊重和理解，使气氛趋于和谐，双方的合作也会更有创意和效率。

4. 正面提出要求，给予足够的信任

学生都有自觉能动性、自尊心和荣誉感，只有受到尊重与信赖，他们才能充分发挥自己的主动性和创造性。在合作小组中，如果同伴能友善地提出"你应该这样做，因为……""你下次不能这样做，而是应该……"，学生一般都会接受。因为同伴正面提出的要求，会使他感受到尊重、信赖与鼓励。相反，如果在合作小组中经常受到同伴的指责、讽刺，那么，一旦对方有错，他就会毫不留情地反击，甚至对方没有错误时，他也会故意找麻烦，从而导致小组合作中断，有害冲突产生。所以，在面对同伴过失的时候，应该实事求是，对同伴提出正面要求。这样做，不仅可以避免冲突，还可以形成一种亲密的合作伙伴关系。

对同伴的不信任，常常表现为对其言行的猜疑，甚至对他的一种否定性评价。尊重对方就要给对方以足够的信任，为此，必须做到以下三点：首先，诚实是形成信任的一大要素。现实生活中，我们对诚实的人所做的事情，总是放心的，确信不疑的；相反，对一个虚伪的人，人们就不会轻易地相信他的话和他所做的事情。在合作学习小组中，情况也是如此。其次，同伴间的信任应该建立在彼此了解的基础上，经常和同伴倾诉自己的内心感受，谈论学习上的成功和失败。只有这样，同伴之间才能彼此完全了解，才能彼此相互容忍、谅解和信任。此外，平时还应注意言行一致，相互信任的关系不是一朝一夕得以建立的，它需要人们长期的努力。只有在每一次的交往中都做到言行一致，相互信任的关系才能形成。不要轻易地做出承诺，一旦做出承诺，就要言出必行，没有任何迟疑或犹豫。别因为自己没把事情做好而使团队成员失望，无法实践承诺绝对会破坏信任关系。

附录

小组合作情况调查表

同学，你好。请阅读下列有关小组合作学习现状的描述，结合自己的表现，在你最认可的选项上打"√"。没有标准答案。谢谢你的协助。

序号	内容	总是	经常	有时	偶尔	从不
1	小组学习中，我生气了就会大声嚷嚷，表达不满。	1	2	3	4	5
2	当意见不合时，我会和同伴大声争吵。	1	2	3	4	5
3	小组讨论中，当我不能说服同伴时就会忍不住嘲笑或数落他（她）。	1	2	3	4	5
4	小组活动中，有时大家都想要同一个物品就会互相争夺起来。	1	2	3	4	5
5	在小组学习中，如果生气了，我就会不理睬对方。	1	2	3	4	5
6	和同伴一起开展小组活动时受了委屈，我会默默哭泣。	1	2	3	4	5
7	小组合作中，我觉得同伴做得很过分时就会报告老师。	1	2	3	4	5

8	小组合作中,我和同伴的争执常常是因为观点不同而引发的。	1	2	3	4	5
9	小组活动中,有时我和同伴发生冲突是因为我觉得分工不合理。	1	2	3	4	5
10	小组合作中,有时我和同伴发生冲突是因为他不遵守合作规范。	1	2	3	4	5
11	小组活动中,有时因为大家都想得到某件物品而发生冲突。	1	2	3	4	5
12	小组合作时,和同伴发生争执是因为我发表意见时,他(她)没有认真听。	1	2	3	4	5
13	小组讨论中,老是受到同伴的批评时,我就会和他们发生争执。	1	2	3	4	5
14	小组合作时,同伴脾气不好、讲话没礼貌,我们就会发生冲突。	1	2	3	4	5
15	小组合作时,有时双方因误会而发生冲突。	1	2	3	4	5
16	我认为同伴在合作时没有做事,却享受我的劳动成果。	1	2	3	4	5
17	我觉得自己能解决所有的问题,不需要和别人合作。	1	2	3	4	5
18	我觉得小组成绩和自己的成绩无关,小组合作是浪费时间。	1	2	3	4	5
19	发生冲突后,我就不理睬同伴,当作没听(看)到。	1	2	3	4	5
20	发生冲突后,我总是服从同伴的意见。	1	2	3	4	5
21	发生冲突后,我会自己生闷气,不愿与任何人讲话。	1	2	3	4	5
22	发生冲突后,我会向同伴发脾气,和他对着干。	1	2	3	4	5

23	发生冲突后,我会自我安慰,不和同伴争论。	1	2	3	4	5
24	发生冲突后,我会把事情告诉老师或者父母,请他们帮助解决。	1	2	3	4	5
25	发生冲突后,我尽力先让自己冷静,然后想办法来解决它。	1	2	3	4	5
26	发生冲突后,我会和同伴协商,耐心表达自己的看法。	1	2	3	4	5
27	发生冲突后,我会请其他同学进行调解。	1	2	3	4	5
28	发生冲突后,我会自己找原因,尽力想出一个令大家都满意的解决方案。	1	2	3	4	5

第五章 班级管理与小组自治

　　合作学习关注学习者的内在心理需求，强调在学习团队中每一个人都可以发挥自己的独特作用，通过积极互赖、人人尽责、自主自治学习氛围的建立，为小组成果做出每一个人的独特贡献。有研究表明，这种积极的、共进共赢的学习伙伴关系不仅满足了学习者自尊和友谊的需要，同时也不同程度地提高了学习者的学业成绩。若我们将研究的视线从课堂教学的角度稍稍拓展就不难发现，合作学习不仅为课堂学习提供了民主的氛围，同时还使学生有了建立同伴间相互尊重、信任和民主的人际关系的真实体验，这种体验不仅可以改善学习者与同伴的相互关系及其对学校的态度，同时还使他们通过与同伴的互动学到以往他们从成人处难以学到的东西。更确切地说，不仅课堂教学需要合作，在整个学校系统的运行中，在班级管理中，合作学习理论的运用也是一个值得我们深思、探究的问题。可以认为，将合作学习所倡导的教育理念及其方法运用于班级管理中，可以使学校教育更为人性化，学校也将由此成为一个对学习者更具吸引力的、愉快的学习场所。通过组建合作小组，形成新型的班级管理模式将是我们开展合作学习运用研究的一个新视角。

第一节 合作小组与班级管理

一、通过合作小组班级管理培养学生的自治、自主品质

从 20 世纪 90 年代末起，合作学习在课堂教学中的运用研究就开始悄然盛行，尤其当新课程改革提出了"主动、探究、合作"的教学理念之后，"合作"一词更是影响深远。在基础教育领域，无论在哪一学科、哪一年级的课堂上，我们都可以看到学生以小组交流的方式在进行学习。然而遗憾的是，人们只是将合作学习局限于课堂教学之中，对合作学习进行了"工具化"的理解，许多人甚至简单化地将合作学习视为具体的课堂教学方式，将"合作"和"应试"密切挂钩，奢望通过变传统的"教师讲授"为"小组讨论"来提高学生的学业成绩。其实，合作学习理论蕴涵着丰富的民主、自治、自尊、友谊等教育价值，它为我们开启了一扇实施班级民主化管理的思想之门。

长期以来，在班级管理问题上，人们习惯从德育角度对其进行审视和理解，并形成以教师为中心、以学习为中心、以管理制度为中心或是以组织结构为中心的管理模式。其中，在以教师为中心的班级管理中，教育者凭借着体制赋予的天然"权利"，要求学生绝对服从，班级管理有着鲜明的强制性色彩，师生冲突或对立时常可见。以学习为中心的管理模式，以学习知识和学习成绩作为班级管理的核心内容，将学习成绩作为评价学生优劣的唯一标准。以制度或组织结构为中心的管理模式，则通过订立严格的规章制度和量化管理目标，使管理工作规范化、程序化，在班级中形成鲜明的层级结构，这种管理模式极易造成学生的人格障碍和师生关系不和谐。[1] 应该承认，这些人们习以为常的班级管理模式，在完成学业目标、实现班级管理基本功能等方面有着一定的作用，但它也阻滞了学生主体意识

---

[1] 张艳薇. 魏书生班级管理模式研究. 辽宁师范大学，2007.

的发展，不利于形成学生的主体意识和创新能力，学生很容易成为只会死读书或读死书的"书呆子"，除了知识储备，其他综合能力几乎很难得到发展。

值得高兴的是，今天已经有越来越多的教育者认识到了学校班级管理中存在的这一问题。从相关文献的统计来看，从1997起，国内对有关"班级管理"问题的研究始终有着较高的关注度，并涌现出了许多新型的班级管理模式，如：研究班级管理主体的自我管理模式、以人为本模式、学生中心模式，研究班级具体管理机制的顾问模式、学生值周模式、一人一岗模式、导师制度模式，[①] 研究班级管理目标的民主科学的管理模式、促进知情行协调发展的管理模式、自主化班级管理模式，还有研究班级内部结构的塔形网络化模式和从信息流通角度开展研究的树状模式、网状模式、轴状模式等等。很显然，人们对班级管理问题的研究已开始向具体化、细致化的方向发展，逐渐开始注重发挥学生在班级管理中的个体意识与主体性的作用，以全面提高学生的综合素质。但总体的特点是，有关班级管理方法与班主任管理技巧方面的研究比较丰富，但对班级综合管理的研究尚不够具体深入。

合作学习作为一种倡导学生自主、自治学习的教育理论，无论从理论的阐释和具体方法的应用上，都为我们提供了发挥学习者自我管理、自主学习的教育想象的空间，同时还促使我们思考，在一个倡导合作、民主的时代，教育者该怎样为学生创设一个主动参与、自我管理的教育情境，学生的民主、自治的意识该怎样培养和形成。应该承认，受教育者只有在一个自我管理、自主参与的环境下才能真正形成自我管理、自主参与的品质。同时，只有在一个实施了合作化管理的班级中，合作学习理论所竭力倡导和践行的团队评价、资源分享、小组竞赛、目标角色及奖励互赖等方法以及合作学习所特别强调的组内成员合作、组间成员竞争、借助同伴的力量可以完成个体无法胜任的任务等理念，才可以促使班级成员形成平等、互助、合作、参与的意识，并进而培养学生的互助精神、合作意识、集体观

---

① 刘展云．科学的新型班级管理浅探．教育导刊，2005（7）：52～53．

念、竞争意识和竞争能力。所以，我们有必要在班级管理中，突出学生的主体地位，通过集体制订班级规章制度和活动准则，讨论形成小组目标和个体目标，促使学生进行自我监控、自我反馈和自我调节，逐步形成班级整体的自主管理，并借此形成和发展学生民主、自治的品质。

二、班级管理与基于合作小组的班级管理模式

班级是课堂教学的基本单位，也是学校落实教育目标的基本组织。采用何种班级管理方式是教育者教育观念和管理水平的基本反映。

一般而言，人们对班级管理的认识常常基于两个不同的视角，一种是教育学的视角，另一种是社会学的视角。社会学视角的认识常常基于K.勒温的"群体动力学"、巴纳德的社会系统学以及目标激励定理或人本主义管理学理论。这些认识聚焦的是班级组织现象的本质，研究成果多倾向于理论层面，对于班级管理模式的形态或运行方式等内容涉及较少。如，美国学者帕森斯将班级作为一种社会体系进行分析；前苏联的克鲁普斯卡娅、马卡连柯等，将班级作为一种集体，关注通过形成集体，再由集体进行教育；日本教育社会学家宁岗德雄将班级作为一种特殊的参照群体，从微观社会学的角度审视班级社会，等等。不管是将班级看作社会体系、社会组织，还是将班级当成特殊的参照群体进行研究，这类社会学视角的班级管理研究注重的都是班级的整体建设，强调的也是学生的集体意识。

从教育学角度看班级管理，虽然目前还没有对"班级管理"给出一个明确统一的定义，但基本的解说有：

班级管理是指处于一定班级中的管理主体对管理客体进行协调和组织，以优化地运用有关资源，达到共同目的的过程。[①]

班级管理是指教师根据一定的准则，有效地处理班内的人、事、物，从而提高学生的学习效果，实现教育目标的综合性活动。[②]

班级管理指为实现教育目标，保证整个班集体教育、教学活动的协调

[①] 谭萍. 班级管理系统论. http://www.czsxz.com/lw/bsl/201008/3615.html
[②] 鞠延宝. 论班级管理. 上海师范大学学报（教育版），1999（5）.

统一所进行的计划、组织、指挥、协调和控制等一系列活动的总称。①

　　班级管理是学校教育过程中在班级这一社会组织中教育者按照教育规律的要求，通过教育者和受教育者双边互动的关系，运用有效的手段，利用教育资源和其他社会资源，实现教育目标和班级预定目标的活动过程，是以班级为单位的一切教育活动。②

　　很显然，上述关于"班级管理"的定义表述尽管不尽相同，但我们也可以从中发现它们都包含了管理目标、管理对象、管理方式和管理内容等基本要素。在这些解说中，学生是毋庸置疑的班级管理的客体。但在班级管理过程中，学生不是单纯的被动的接受者，而是拥有主体意识和自主需求的组织者和参与者，他们在教师这个管理主体的引导下发挥着对班级的管理作用。综上所述，我们可以说，班级管理就是管理主体（师生）和管理客体（生）按照一定的原则，运用科学的方法，为建立良好的班级、实现共同的教育目标而不断进行协调的综合性活动总称及达成管理目标的过程。

　　一般而言，班级管理应该包括班级管理的目标、班级管理的过程、班级管理的途径和方式、班级管理评价四个要素，只有具备这些要素的班级管理体系才是完整的。目前多数班级管理者把班级管理目标的建构与实现、开放有序的组织机构建设、积极人际关系的培养、班级规则与秩序的建立等作为班级管理过程。从班级管理功能的角度分析，班级管理包括了维持良好的班级秩序、为学生提供良好的学习环境、提高学生的学习效果、培养学生的自制能力和自我管理能力、增进师生情感交流、有利于学生健康人格的形成等几大内容。从具体实践操作看，班级管理包括了建立班级组织机构、选任班干部、落实管理分工、明确相应职责、制订各种制度、协调人际关系、建设班级文化、形成良好班风等一系列育人的工作环节及各种团体活动。

　　小组是合作学习中学生学习、活动的基本单位。它以组内异质、组间

---

① 闭锦华. 心理学原则在班级管理中的运用浅探. 南宁师范高等专科学校学报，2001（1）.

② 张艳薇. 魏书生班级管理模式研究. 辽宁师范大学，2007.

同质为分组原则,将学生分成4~6人不等的学校组织。合作学习强调在小组内形成良好的人际关系,为学生提供和谐的教育环境,但其研究重点在于通过良好人际关系的建立促进学生的学业发展,鲜有基于合作学习理论、借助组建小组来促进班级管理。与之相关,现今教学设计研究中人们提出了建立课堂学习共同体的思想,认为在课堂教学中,应该从学习需求、学习目标、自我调节、心理安全、积极互赖、多样专长、多方参与、彼此分享等多角度出发,创建一个既充满合作精神,又体现竞争意识的学习氛围。这些研究都为我们开展合作小组的班级管理提供了理论依据。为此,我们设想以合作学习的五要素理论为基础,将班级管理建立在合作小组的基础之上,以合作小组作为基本的管理单位,以小组的合作互助活动为班级管理的主要形式。

资料夹5-1

创建课堂学习共同体的原理

教学设计的新研究中有学者探讨了创建课堂学习共同体的原理。Bielaczyc K. & Collins Allan 在《课堂中的学习共同体:教育实践的提炼》一文中提出了14条关于创建课堂学习共同体(合作学习团队)的原理。这些原理的基本含义如下:

共同成长——在学习共同体成员之间充分合作,彼此取长补短与合理分享,增强共同体知识与才能的总量。

关注需求——共同体的学习目标应该由学生共同提出,并且来自于学生开展探究的话题或者问题。目标是学生自己感觉到需要的,是符合他们自己的愿望的,能帮助他们扬长避短。

明确目标——应该了解自己究竟想追求什么以及成功的标准是什么,让所有的共同体成员对目标本身以及是否达标有一个清晰的认识,有能力做出判断。

自我调节——学习者能够监控自己的思维过程,知道自己已知什么、未知什么,对自己所学的东西能够做出反思。

接受挑战——学习者应该努力超越自己，以接受更大的挑战，学会从不同的视角看问题，不仅仅局限于当下的观点。

互相尊重——学习者要欣赏同伴的贡献与成功，对彼此之间的差异抱有建设性的态度，越是开放与虚怀若谷，就越能拔得头筹。

心理安全——要坦然面对失败。失败是成功之母，敢于试验，善于总结与反思，不求全责备，能够保证最大的获益。

积极互赖——要形成一个人人为我、我为人人的利益共同体格局。尊重多样性，欣赏独特性，这是形成自我尊重和尊重他人的前提。

深入探究——深度学习优于广度了解。不要满足于一知半解、浅尝辄止，应该努力创造机会让学生深入开展讨论，以至于超越自己。

多样专长——每一个人都能够发挥出自己擅长的方面，如此集体才是五彩缤纷的。形成多样专长能保证共同体成员妥善处理复杂综合乃至棘手的问题。"做中学"不仅是自己做，同样是从别人的做中学到很多东西。

多方参与——学习者在活动中承担了不同的角色以便于完成不同的任务。这些角色需要不断轮换。在这样一个多方参与的情境中，每个人的角色与贡献都将得到一视同仁的对待。

彼此分享——有一个机制使得每一个人获得的知识与技能都能够在共同体中得到分享，即学即传，即学即教。同时大家彼此知道谁有什么特长，遇见困难时可以向谁求助。

协商对话——在学习中反对以势压人、强词夺理，所有的观点和程序等都应该是通过协商而确立的，需要有一定的争论和证据呈现。

重在优质——在学习中得到的结果应该依据内部和外部双重标准来予以评判，有质量意识和监控意识，追求卓越。

以上14条原理在创建课堂学习共同体中将协同发挥作用。

资料来源：

Bielaczyc K. & Collins Allan, Learning communities in Classroom: A Reconceptualization of Educational Practice, in Reigeluth C. M. (1999) Instructional Design Theories and Models (Vol. 2), New Jersey: LEA Publishers Mahwah, 286~290.

合作小组具有长期的组织形式、异质的结构、应用领域广泛、能实现发展性的目标等符合学生基本需要的特质。合作小组班级管理模式研究致力于探究发挥合作小组的优势，改善班级管理的条件和效能，培养学生的自主管理能力和合作意识。

三、合作小组班级管理模式的基本架构与研究方法

根据合作学习的基本理论，人人尽责和积极互赖可以促使学生形成积极的人际关系，促成互动合作的发生，人际和小组技能为学生提供顺利开展小组活动的保障，小组自治可以通过评价保持活动的有效性，同时也为后续活动提供参考。运用合作小组开展班级管理，合作学习的这五个方面缺一不可。此外，如前所述，班级管理的具体实践操作主要包括了建立班级组织机构、选任班干部、落实管理分工、明确相应职责、制订各种制度、协调人际关系、建设班级文化、形成良好班风等一系列育人的工作环节及各种团体活动，因此，在合作小组班级管理的实践中，我们设想基于五要素论，从下述几方面实施班级管理：依照"组间同质、组内异质"的分组原则组建合作小组，以形成班级的组织管理结构；以目标的积极互赖和个体责任为指导制订班级制度、选任班干部并明确分工和职责；根据约定的合作要求和程序进行互动，协调班级中的人际关系；通过定期的捆绑式团队评价，促成学生反思，达成自主管理的目标。上述班级管理的方式我们将其称之为"合作小组班级管理模式"，运行程序可以概括为：组建—目标—评价—反思—自主（图5-1）。

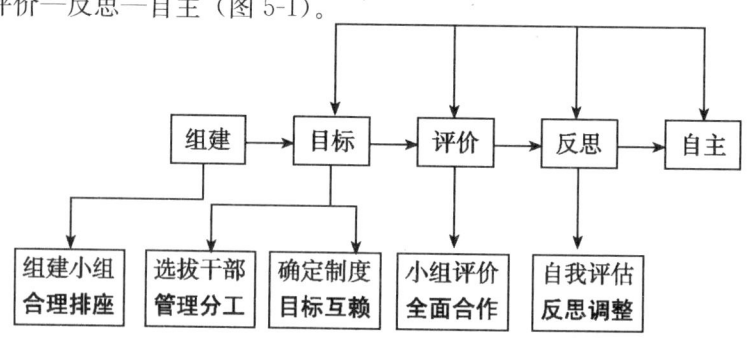

图 5-1　合作小组班级管理模式图

组建小组为合作小组班级管理提供了组织保证，合理排座则为合作小组班级管理提供了有效的外部环境。合作小组班级管理是以"合作化自主管理"的思想为核心，以"目标"为导向，将班级管理中的各项任务落实到位，再通过"评价"反馈，促成小组和个人的"反思"及行为调整，达到第一轮的学生"自主"管理能力提升；再以一周或一月左右的阶段性总结为节点，重新进行第二轮的目标定位、合作互动、小组评价、自我反思。这样，合作小组不断通过"定目标—评价—反思—再定目标—再评价—再反思"的循环往复，实现班级管理工作的正常运行以及学生协调合作、自主自治能力的提升。

从模式可知，合作小组班级管理模式用彼此联系的运行程序取代了常见的层级制班级组织结构（班主任→班长→组长→一般学生），组织结构上不见了"班主任集权"，突出了学生在班级管理中的自主自治地位。层级制班级管理模式以维持良好的班级秩序、为学生提供良好的学习环境、提高学生的学习成绩为最终管理目标，合作小组管理模式则基于合作学习理论，将开放有序的小组建设、班级合作规则与秩序的建立、班级自主管理目标的确立与落实作为班级管理过程，通过搭建合作平台，提高学生的人际交往水平，创设和谐、自主的班级环境和班级氛围，全面有效实施班级管理。合作小组班级管理既使班级管理做到了"面向全体学生"，又为班级管理实现"使学生全面发展"得以落实，为班级管理注入了足够的活力和生机。

合作小组班级管理研究从 2009 年 3 月开始，至 2011 年 3 月结束。以一学期为一个研究阶段，两年实践时间共四个阶段。

第一阶段从 2009 年 3 月开始到 7 月，以构建基本小组合作情境为主，具体的操作内容包括：教师指定异质分组、学生异质交叉编排位置、制订基于合作的班级常规和评价制度、基本合作技能培训。因为学生和任课老师都是首次接触合作小组模式管理，所以该阶段是师生初步感知新模式的阶段，也是一个磨合阶段。

第二阶段从 2009 年 9 月到 2010 年 1 月。这一时期学生已经进入小学四年级的学习，在合作小组构建完成的情况下，着手尝试改变分组形式，以学生自由组合为主，并结合家长意见，在"优秀小组"评比的基础上增设

"进步小组""每周之星"的评比,帮助各小组树立自信心。这一时期还发挥家长会的作用,鼓励家长积极参与班级管理。

第三阶段从 2010 年 2 月到 7 月。主要围绕常规管理,增设更多的管理岗位,细化管理条例,出台"图书管理细则"等针对班级具体事务的管理细则,同时还运用合作小组开展班级的始业教育、春游、秋游、亲情活动、第二课堂等,这些我们将其统称为"活动管理"。活动管理与常规管理、学科管理共同构成合作小组班级管理的三大内容。

第四阶段从 2010 年 9 月到 2011 年 1 月。此时学生已经进入五年级,我们在班级开展学生"个人爬格子"竞赛,实现小组合作机制与个人竞争机制双管齐下的评价机制,强调小组合作的同时,鼓励学生个体的突出表现。同时,每月为获胜小组设计个性礼物,鼓励小组内更好地合作,激发小组间更强的竞争意识,以保障小组合作管理的自主性和有效性。

出于实践操作的便利性和研究的完整性,我们选取了当时刚接班任班主任的三年级 4 班作为实验班;选择同年级的常规班级——三年级 3 班为对照班。实验班通过合作小组实施班级管理,全班 36 名学生,男女生各 18 人;对照班人数、性别构成与实验班相同,采用传统的分层管理模式(班主任 → 班长 → 组长 → 一般学生),由班主任和班委小干部承担班级管理工作。尽管难以保证实验班与对照班各方面条件完全相等,但由于这两个班级是学生入学时随机编班形成的班级,所以,我们从理论上将其视为两个条件相当的教学班。之所以选择以三年级为研究对象,除因为研究者承担着三年级班主任工作的有利条件之外,更重要的是我们考虑到,实验班学生从三年级到小学毕业尚有 4 年的在校学习时间,这为研究的顺利进行提供了时间保证。值得一提的是,为了更好地开展合作小组班级管理模式的研究,我们在刚接班的第一个学期里并没有直接开展研究,而是将熟悉学生、教给学生基本的合作技巧、形成学生的合作意愿作为铺垫,在进行了为期半学年的师生关系磨合后,在第二学期才开始全面展开合作小组班级管理模式的实践研究。

合作小组班级管理研究采用的研究方法主要有访谈法和实验法。

访谈法:家长、任课教师和学生对合作小组班级管理过程中出现的不同分组形式、学生座位安排、评比制度、评价周期、奖励方式的优劣，提出意见或调整方案；围绕着实验班和对照班的不同，了解老师对合作小组模式的真实感受；就"是否继续开展合作小组班级管理模式"等征询家长、任课教师和学生的意见，为后续研究提供依据。

实验法：自变量为班级管理模式，应变量为学生学业成绩、合作体验、家长和任课教师感受、班级管理水平。对照班实施传统的班级管理模式，实验班实施小组合作班级管理模式，其中班级管理水平通过校级班级评优、常规"三项（纪律、文明、卫生）评比"两个指标来衡量，学生综合能力则通过各类学科竞赛指标来衡量。最后，根据实验结果，结合家长及教师访谈、学生体验、案例分析，对合作小组班级管理模式的各项机制进行讨论总结。

第二节 合作小组班级管理的具体实施

一、组建异质小组，多角度出发安排座位

从管理学角度说，班级中的团队组织结构将决定班级管理的成效进而影响学习活动的效能与业绩。因此，如何组建合作小组是班级管理中的一个重要问题。

在合作小组班级管理研究的第一阶段，我们采取的是异质分组的形式，即参考学生的知识水平、能力、性别、个性、家庭社会背景等因素，将学生分成4人小组，各小组以组长名字命名，以体现合作小组内组长职责，全班共9组，同时也以第一到第九组来称呼。

小组成员排座时，分别以ABCD来指代（教师在以ABCD指代学生时，考虑了学生的能力水平，但学生自己并不知情，这样做的目的在于避免打击C、D学生的自尊心和学习积极性）。座位安排如图5-2、5-3所示。

讲台					
C	B	C	B	C	B
A	D	A	D	A	D
D	A	D	A	D	A
B	C	B	C	B	C
C	A	C	A	C	A
B	D	B	D	B	D

（过道位于第2-3列与第4-5列之间）

讲台		
第三小组	第二小组	第一小组
第六小组	第五小组	第四小组
第九小组	第八小组	第七小组

图 5-2　36人座位示意图　　　图 5-3　合作小组座位示意图

A和B分别为各组的组长、副组长，在同一小组内位置前后交叉，与相邻小组同能力层次的组员交叉。如此编排座位的好处是：在班级中有意识地创设一种利于合作的外部条件，形成能力强弱相互影响的位置效果，方便学生之间的交流互助；对能力较弱的组员，这样的座位安排既可以方便他们在组内和邻座交谈，向他们寻求帮助，同时也便于他们从前后左右相邻小组的A、B组员处借力；对能力相对较强的组员，这种座位安排，不仅可以使他们随时为同伴提供支持，以保证小组活动的顺利进行，另一方面也方便他们在其他小组的A、B组员处得到相同层次的信息交流。异质交叉安排座位兼顾了学生的能力水平及其可能的交际圈，关注了学习伙伴的良性影响和自我教育因素。我们认为，小组活动中同伴间积极的相互影响远甚于班主任的三令五申，往往可以达到事半功倍的效果。

4人小组确定后，班级中的常规活动都以此为单位开展。出操排队，每个小组排在一起；值日搞卫生，以4人小组为单位；午餐服务，每个小组的4位成员共同为班级拿饭菜；我们甚至把合作小组中4个组员的书包柜也安排在相邻的位置。通过这些看似简单的常规活动，在班级机制上形成一种"我是××小组一分子"的认同感。

小组作为班级中的基本组织，是除了学生个体之外的最小管理对象。在我国，普遍采用的班级管理组织结构是："班主任→班干部→小组→学生个体"，在这种班级管理组织结构中，小组的最大功能似乎就是轮流值日、交收作业本班等。在这种传统的班级管理组织中，粗看似乎也有小组，也有合作，但这一层面的合作并非合作学习所倡导的合作（表5-1）。在合作学习理论中，合作应该具备以下几个特点：[1] 共同的小组目标——小组成员为了共同完成某个目标或实现共同利益而合作；合作个体间的相互配合和协调——只有依靠个体间的配合和协调才能实现共同目标；个体目标和群体目标的同一性——在合作中，在实现共同目标的基础上使个体目标也得以实现，共同利益获得的同时也意味着个人利益的满足。

三种小组的对比

表5-1

三种小组	小组设置及人数	班级结构中的地位	主要功能和职责
常规班级管理模式中的小组	根据班级座位，一列为一组，前后几桌为一组，通常是4～6人。	属于功能性小组，可有也可替代，不是必须的结构。	完成几项常规工作：值日、交作业等。
合作教学中的小组	根据学习能力等分组，一般为2～4人，座位安排在一起，目前4人小组居多。	和班级管理没有直接联系，只为课堂教学服务。	在课堂上，在老师引导下完成特定的学习任务。
合作小组班级管理模式下的小组	综合学业成绩、能力、性别、性格因素、家庭社会背景等分组，组员座位相邻，前后位置编排在一起的4人为一组。	合作小组是班级管理的基础。小组内自治，组间才和谐。	根据合作学习的基本原理，不分地点和场合，按照班级约定开展活动，班级常规事务、学科教学、班级活动等均以合作小组为单位进行。

---

[1] 庞国斌，王冬凌. 合作学习的理论与实践. 开明出版社，2003：8.

二、制订班级管理制度，为合作管理提供制度保障

合作小组的组织结构只是"形"，班级管理制度和目标才是它的"魂"。合作小组班级管理模式要实现学生自我管理的目标，就必须在全体学生共同参与的条件下，制订合理的班级制度，明确班级管理目标，其中班级制度包括了形成组织机构和确立评比制度，管理目标则包括了班级目标和小组目标。

管理制度形成的前提是组建班干部队伍，这也是实现学生自主管理的第一步。根据调查，在班级管理过程中，超过60%的班主任会在班级中使用传统的班委制（班长、副班长以及一些职能委员）作为学生管理的核心组织。我们在实验班中也成立了班委会，班委会的职责主要是解决常规的班级事务，如班长（中队长）主持班队会，宣传委员出黑板报，体育委员负责运动会组织事宜等等。合作小组班级管理机制下的班委会不同于传统班级管理模式下的班委制管理，班委会成员不再是班主任实施班级管理的中介，而是班级管理机制中某一职责的执行人。与之相关，在实验班中，我们根据实际需要，参考班级管理中的"四人小组'争标签'评比细则"（见表5-2）建立了合作小组班级管理的"岗位负责制"，由各个学生承担不同工作，以实现学生在班级管理中的自治、自理。

四人小组"争标签"评比细则

表 5-2

学科评比（在语文、数学、科学、英语、音乐、体育、美术、书法、信息、品德等学科学习中，有如下表现者为所在小组赢得一个标签。科代表主动向任课教师询问各小组获标签情况，及时在全班公布，并贴上相应标签）

1. 小组作业有3人或4人全对。
2. 课后，小组能及时清完作业。
3. 课上，认真听讲，课堂纪律良好。
4. 课上，小组交流讨论或合作活动主动、有序。

> 5. 课上，小组中全体成员积极举手发言。
> 6. 小组中有组员课上或课下有某些特别突出或明显进步表现，被老师特别表扬。
>
> 班级常规评比
> 1. 早读：8点40分之前到校，自觉早读的小组。
> 2. 广播操：出操做到静、齐、快；没有组员被老师提醒过的小组。
> 3. 眼操：没有组员被老师、检查同学或值周生提醒过的小组。
> 4. 用餐和点心：拿饭（点心）、吃饭，动作快、安静不说话的小组。
> 5. 书包：保持4个书包摆放整齐的小组。
> 6. 好事：力所能及地为同学、班级、学校做好事。
> 7. 文明：集体活动或体育大课间中听从指挥、排队有序、安静的小组。
> 8. 卫生：每天保持小组卫生，当天不被扣分的小组。
> 9. 图书：每天按规章借阅图书，当天无不良记录的小组。
> 10. 礼仪：每天按要求穿校服、佩戴红领巾的小组。

"岗位负责制"是对班委制的补充。在合作小组班级管理模式中，班委的岗位一般在10个左右，无法满足大多数学生想为班级服务的愿望，同时班级管理中的部分岗位也是班委会成员职责管理所无法达成的，比如班级中的电器管理、植物角管理、图书管理等等。为此，我们在班级管理岗位中设立了"点心管理、午饭管理、电器管理、图书管理、书包管理、红领巾管理、好人好事记录、采购"等八大岗位，由专人负责班级中的硬件维护和后勤保障。相比而言，在选择班委会成员时，综合能力的考量标准更高一些，而"岗位负责制"则更多考虑的"唯才是用"。班委会和岗位负责制的确立为班级中的大部分学生搭建了展现自我、服务班级的平台，每一个学生既是被管理者，同时也成了管理者。尤其是那些在"岗位负责制"中承担了职责的学生，他们和班长、学习委员等班委成员一样手中也握有管理标签，"名正言顺"地行使着管理班级的权利。

"岗位责任制"的实施，体现了合作学习理论所倡导的尊重每一个学生、满足学生自尊和友谊需要的思想，改变了学生对班级管理工作的认识。

尤其值得一提的是，它使学生形成了"只要有岗位，就是管理者"的主人意识，矫正了以往"只有班委才是班干部"的认知。

在实验班中，尽管我们仍然采用了传统的班委会管理体制，但由于"岗位责任制"同步实施，加上9个合作学习小组中的正、副组长，全班36人几乎都拥有了自己的管理岗位（有部分岗位是一岗两人），每个班干部根据《"以身作则"班干部职责公约》履行一定的责任和义务，每个同学根据《班级常规公约》进行日常学习和管理。

在合作小组班级管理模式中，无论班委还是岗位责任人，都由学生自荐并通过全体学生民主选举产生，其中和"争标签评比"相关的15个学生干部就是"标签负责人"。比如，班长要负责班级活动的学生文明行为管理，班长就有"文明"标签；用餐管理员看到哪个小组吃点心符合"静、快、整洁"的标准，就可以给该小组贴"点心"标签；科代表负责学科标签等等。角色明确的标签评比负责制，使班集体的每一位成员都成了管理者，同时又都是检查监督者，每位学生在管理、监督别人的同时，也受到别人的管理、监督，确保每位同学在有机会充分展示自己的同时，也注意矫正自身的不足。这种人人都是管理者的管理制度，会促使学生更严格地要求自己、完善自己，从而让学生发自内心地以主体的身份改善自我，改良班级氛围。

鉴于分数量化形式过于死板，在实践中我们采用实物标签展示评价的结果。实物标签是 $1\,cm \times 2\,cm$ 大小的纸质标签，上面打印了评比的内容。只要某个小组符合了16条评比细则中的一条，该小组就可以得到相应的标签奖励。比如体育课上，某同学受到老师表扬，该同学所在小组就能得到一个"体育"标签。评比细则主要遵循"组内合作，组间竞争"、"班级评比和学校评比结合"的原则制订。

在班级管理制度形成的基础上，学生们还要做的是集体确定班级目标和小组内商讨制定小组目标。结合学校的各项评比，班级目标是全班学生努力的方向，小组目标则是整个小组阶段性的奋斗方法。在组长带领下，小组成员群策群力，根据各成员实际情况和追求目标，制订"小组目标"，并公布于教室显眼位置。除了核心内容目标之外，组名、成员、口号、座右铭、组员的优缺点分析、实现目标的措施等，都包含在商讨之中。表 5-3 就是第一小组（向日葵小组）的一次商讨确立小组目标时的内容记录。

确立小组目标

表 5-3

小组名称	向日葵小组
小组口号	没有最好，只有更好
组员	张雪祺、陈茜睿、许可、周可凡
小组目标	一学期力争 3 次获得班级优胜小组 期末各科平均 85 分以上
小组优势	张雪祺：主动好学，乐于助人，善解人意责任心强，音乐有特长 陈茜睿：热情、学习比较轻松，会跳舞 许　可：有很强的班级荣誉感，特别爱帮忙，爱好模型 周可凡：乖巧、善良，热爱班集体
小组不足	张雪祺：作业粗心 陈茜睿：做事不细致、过于大大咧咧 许　可：学习上不够主动、作业比较拖拉、贪玩 周可凡：学习比较困难
实现目标的措施	学习上，许可要做到按时完成各项学习任务；组员辅导周可凡弄懂题目；纪律上，4 人相互监督，开展小组内竞赛；通力合作完成班级任务

三、多形式评价，促进小组与个体共同成功

传统的班级管理关注学生个体，小组在班级管理中的促进功能没有得到充分发挥，小组成员的团队意识也较为缺乏。在合作小组班级管理模式中，我们在肯定学生个体成绩的同时，把个体业绩和小组整体评价结合起来，实行所谓的"捆绑式评价"，以增强学生"我以小组为荣，小组因我而傲"的积极互赖感。同时，通过实行定期的组内自我评估促进学生反思，

保障个体行为与小组表现的统一，以实现小组和个人共荣。

1. 捆绑式评价，促进小组争优取胜

所谓"捆绑式评价"是指以合作小组为评价对象，把团队中个体的业绩表现纳入到团队的考评之中，最终以团队的考评结果来反映个体考评成绩的评价方法。[①] 也就是说，每个人都必须时时心中有小组意识，将自己的个人业绩和小组的成功紧密联系——个人表现好了，小组就会加分，所谓"一荣俱荣，一损俱损"，以此来提高学生的自我控制能力和团队认同感。举个简单的例子，××小组想赢得"文明"标签，小组中的4个人就必须在集体活动或体育大课间中听从指挥、排队有序、安静，任何一个组员的不妥行为都会被记录在小组整体表现之中，并进而影响到该组的"文明"评价。与此相关，个体的良好表现则会帮助小组在最终评价中增添分数。

每到周五，班级都要利用午间谈话时间对全班9个小组进行标签汇总、评价及小组自评。标签数最多的小组为"本周优秀小组"，较之上周标签进步最多的小组为"本周进步小组"，"每周之星"就在这两个小组中产生；一个学期下来，获得标签总数最多的小组就被评为"最佳合作小组"，多次进步的小组被评为"最具合作潜力小组"。获得这些荣誉的小组和个人名字将会在班级荣誉墙上予以公布。图5-4呈现的就是小组评价的机制。

2. 个体评价，促进个体与小组共同成长

"组内合作，组间竞争"是合作学习的显著特征，我们将这一思想运用到了班级管理之中。

"小组合作情况汇总表"记录着各小组的争标签情况，师生双方通过这份汇总表可以清楚地看到各自的表现。但我们非常清楚，对班级管理而言，我们不能也不可能完全摒弃对学生个体的评价，这不仅因为单纯的小组评价易于形成"搭便车"的土壤，使一些缺乏学习和活动热情的学生成为名副其实的"南郭先生"，同时还因为合理的、必要的竞赛可以更好地激发和鼓励学生个体的发展，把小组成功和个人进步有机地联系起来，为此，我

---

① 应明炉. "捆绑式"评价——推进"板块教育"的一剂良药. 上海教育科研，2010（6）.

们制订了个人"爬格子"评比,把小组成就建立在计算个体业绩的基础上。个人"爬格子"评比细则见表5-4。

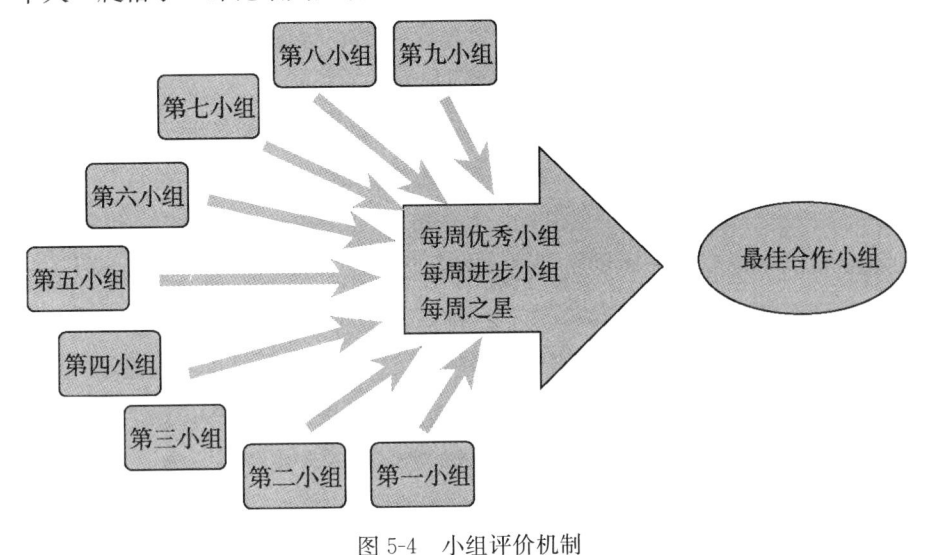

图 5-4　小组评价机制

看谁爬得高——个人"爬格子"评比细则

表 5-4

有如下表现者均可以爬高 1~5 格,分别以"+( )格"表示。
1. 作业全对一次,+1格。
2. 学科成绩在全班进入前三名,分别+3格、+2格、+1格。
3. 获得校级荣誉,+2格;获得区级荣誉,+5格。
4. 其他个人突出优秀的表现,根据具体情况,分别可以+1~5格。
5. 为班级提供支持或帮助(提供物质或义务劳动)每次+2格,最多+5格。

学期结束,在全班开展"爬格子前十名"和"最会爬格子小组"评比活动,将各合作小组中4名成员本学期所获得的格子总数除以4,所得商数折算成该组相应的"标签"数,成绩计入"最佳合作小组"评比。学科教师可以根据学科特点对上述评比内容和细则做出增添。

在一个合作团队中，小组发展和个体发展的关系不是一对矛盾，也不是单纯的平行关系，相反，两者是一种你中有我、我中有你的相互促进的关系。合作小组班级管理模式关注个人进步和小组成功的关系，将个体评价和小组评价有机结合在一起，正像有人所说的那样，"在合作情境中，学生被他们共同的命运、共同的身份和共同的因果作用紧紧联系在一起，因此，他们会分享彼此的成功。"[1] 在"爬格子评比细则"中，学生个体会对"我个人做得好，小组也会跟着好起来"有更加深刻的体验。在小组评比中设立"每周之星"的评比，也是出于这个想法，让学生体验"小组成功了，个人才有可能成功"。当然了，我们所实施的捆绑式评价机制尽管是建立在个人成绩记录的基础之上的，但它体现的仍然是基于个体的小组总体评价。个人业绩记录既体现了学生的个体发展，同时也体现了个人成就和小组成功的关系，强调了小组成功离不开每一个个体的积极努力。为防止重新走向突出个人竞争的老路，我们将个体评价周期定为一学期一次，评比的频率远比"小组评价"要低很多。

3. 短期评价和长期评价结合，有效反馈小组与个体行为表现

合作小组班级管理模式和课堂教学中的小组合作学习的一大区别在于，它不仅关注学生在课堂上的学习行为和业绩表现，同时也关注小组成员在整个班级各类活动中的合作意识和行为表现，正因为如此，我们才有前述涉及学生德智体等多方面行为表现的"争标签文明评比"活动。为形成学生良好的行为习惯，我们将对学生的这类评比分成了短期评价和长期评价两种，其中，短期评比采用《合作小组一周表现情况汇总表》（表5-5），该表的作用在于，将各合作小组与"争标签"内容有关的结果直接体现出来，小组赢得的标签直接贴在相应的位置，每天为各小组成员提供及时反馈。每周五全班根据这份表格评选出每周之星、每周优秀小组和最佳合作小组之后，（参见图5-4）撤下所有标签，下周重新开始新一轮的"争标签"评比活动。

---

[1] ［美］David W. Johnson，Roger T. Johnson. 合作学习. 伍新春、郑秋、张洁，译. 北京师范大学出版社，2004：220.

合作小组一周表现情况汇总表

表 5-5

组员\时间	第一组 张雪祺 陈茜睿 许　可 周可凡	第二组 吕　晟 何谷金 刘晓文 祝睿鸿	第三组 孙瑞婕 袁　予 吴方正 金子诚	第四组 马亦可 洪苏扬 徐子晗 汪小雅	第五组 夏知翔 黄艺灵 高宋淇 夏宇宁	第六组 蒋欣予 孙恬羽 黄正之 汤思昊	第七组 吴桐青 王　韬 黄云昊 黄问俊	第八组 蒋辰星 俞郑欣 卫泽雨 吴蔚钰	第九组 姚一茗 王诗蓝 陈伟聪 金宇昊
周一									
周二									
周三									
周四									
周五									

表 5-6 则是《合作小组学期合作情况汇总表》，该表以数字记录合作小组每周在各类活动中的表现（如赢得了多少标签）以及每周被评为希望之星的学生姓名。如，第一小组在第三周赢得了 96 个标签，是 9 个小组中赢得标签最多的小组，那么该组就是本周的"优秀小组"；同时通过集体评议，这个组中的 4 位同学均有希望被评为"每周之星"。假设许可同学本周对小组贡献最大，进步比较明显，那么由小组提名，再经过全班评议，许可同学就被评为本周的"每周之星"（如表 5-6）。短期评价有助于组员及时了解自己及其小组成员的合作表现，并在周五的自评过程中总结和反思自己一周的表现，同时，借助该统计表，每个学生也可以了解其他小组的表现以及自己所在小组在班级活动中所处的位置。表 5-6 是对各小组长期表现（一个学期）的评价记录，它既汇聚了各组每周的表现，也为班级开展长期评价提供了数据。《合作小组一周表现情况汇总表》和《合作小组学期表现情况汇总表》张贴在班级墙报栏内供全班学生随时观看和评议。

合作小组学期表现情况汇总表

表 5-6

组员标签数周数	第一组 张雪祺 陈茜睿 许可 周可凡	第二组 吕晟 何谷金 刘晓文 祝睿鸿	第三组 孙瑞婕 袁予 吴方正 金子诚	第四组 马亦可 洪苏扬 徐子晗 汪小雅	第五组 夏知翔 黄艺灵 高宋淇 夏宇宁	第六组 蒋欣予 孙恬羽 黄正之 汤思昊	第七组 吴桐青 王韬 黄云昊 黄问俊	第八组 蒋辰星 俞郑欣 卫泽雨 吴蔚钰	第九组 姚一茗 王诗蓝 陈伟聪 金宇昊
第一周	65	71	80	59	66	★87 汤思昊	69	75	80
第二周	73	54	56	★☆78 洪苏扬	45	66	75	72	68
第三周	★96 许可	78	66	88	☆92	56	43	55	72
……									
第十八周									

备注：★本周优胜小组，☆本周进步小组，姓名是被评为每周之星的学生名字

四、自我反思，改善合作行为

合作小组班级管理模式中的"评价"更多倾向的是"他评"和"互评"，这种源自管理规则和竞争伙伴的评价在一定程度能够促进学生对小组活动的认知，但自我评估更容易促进合作小组对自己所在小组行为的反思，也更容易将班级管理的外部要求内化为学习者个体的积极行为。

在合作小组班级管理模式中，反思主要通过个体的自我检查和小组评估表来实现。自我检查主要包括要求学生反省：我为小组做了什么？同属一个小组，我的小组同伴做了哪些有助于小组目标达成的事情？我们整个

小组做了什么？借助这类问题鼓励学生个体对自身言行进行监控和评价，并将自我反思的结果在小组内进行交流分析，以实现更有效地开展小组合作的目的。与此同时，我们还设计了小组自我评估表（表5-7）。无论是个人反思还是小组自我评估都具有三方面的作用：首先，班主任可以借此收集学生个人在合作交往技能和其他教师希望学生具备的活动行为方面的具体表现；其次，这样的反思和评估可以给小组同伴提供信息，明确什么样的合作行为和合作技能才是小组所需要的；第三，可以在小组交流时形成正确的舆论导向，明确哪些行为有利于小组达成目标，反之有哪些行为不利于小组达成目标。自我评估活动定期开展，最初每周一次，从五年级开始每月一次。

小组自我评估表

表 5-7

姓名：_____ 日期：_____
我们小组在活动时先分工再行动。
_____总是如此 _____有时 _____从不
我们小组在活动时交流、讨论的声音仅限于4人听到。
_____总是如此 _____有时 _____从不
我们小组随时关注小组的成绩或荣誉，会不定期交流和思考如何让小组更好。
_____总是如此 _____有时 _____从不
我们小组在活动中很团结。
_____总是如此 _____有时 _____从不
我们小组通过自己的努力，争取实现小组目标。
_____总是如此 _____有时 _____从不

第三节　合作小组班级管理成效分析

合作小组班级管理模式的研究开展三个学期后，我们从学业成绩、校内活动评比、获奖情况等三方面对实验班和对照班的学生进行了对比，得出了如下结果：

一、学业成绩比较

为探讨小组合作班级管理模式对小学生学业成绩的影响，我们在实验研究进入第四阶段（即实验开展近两年时）对实验班和对照班的五年级第一学期期末成绩进行了比较。鉴于这次考试的试卷是区内的统测试卷，相对来说信度较高。结果详见表5-8。

方差分析结果显示，在语文、数学、英语、科学的五年级第一学期期末成绩上，实验班均明显高于对照班，即合作小组班级管理模式在提升班级管理成效的同时，还能提高学生的学业成绩，效果优于传统班级管理模式。同时，通过合作小组内两个组员的互评内容也可以看出合作小组班级管理模式对学生学业的促进效果。例如，同在一个小组内的C同学在评价B同学时这样说："××同学成绩很好，作为组员之一，她为我们小组争得了许多荣誉，有时她会仔细地教我题目，很少对我说不满意的话。我要努力向她看齐。"B同学则评价C同学说："××同学平时比较安静，遵守纪律，为我们小组做出了很多贡献。上课她能积极发言，声音很响亮，活动的时候总给我们提供很多东西，可惜字写得还不够好，要加油哦！"有家长这样说："以前孩子回家后不太愿意说学校里的事情，要我们问一句他才说一句，自从在小组里当了组长后，就很喜欢说一些小组里的事情了，有时也会提起班级里最优秀的小组，表示有信心帮助学习还不够好的同学提高成绩，最后带领小组拿到优秀称号。"

实验班与对照班的学业成绩比较

表 5-8

学科	班级	人数	平均分	标准差	F 值
语文	实验班	36	88.51	3.109	7.05*
	对照班	36	84.04	3.559	
数学	实验班	36	98.23	4.349	7.03*
	对照班	36	94.22	2.217	
英语	实验班	36	96.75	1.708	6.44*
	对照班	36	93.10	3.162	
科学	实验班	36	89.14	4.163	5.56*
	对照班	36	85.77	4.349	

注：* $p < 0.5$

通过与相关学科教师的访谈，我们了解到，运用合作小组班级管理的班级，学生在课堂学习中的合作意识相对其他班级有显著提高。相比对照班，实验班的学生更愿意分享，在学习上遇到困难更倾向于寻求同伴的帮助，也更容易获得同伴的帮助。与此相关，在对"通过合作小组开展班级各项活动后，你认为自己学习是否有进步"的问题进行调查时，97.2%的学生认为自己"有进步"，41.7%的学生人认为自己"有很大进步"。学生和家长自然流露的这些观点和态度从一个侧面表明：合作小组班级管理模式的实施对实验班学生的学习心境、交往情绪等方面产生了积极的影响，这些影响有助于提高学生的学业成绩。

二、"每周三项评比"得分比较

我们所在的学校每个星期都会进行常规"三项（纪律、卫生、文明）评比"评分（每项满分为 10 分），以综合考查每个班级的学生表现和师生双方的管理与自我管理水平。五年级第一学期，我们在对实验班与对照班进行学业成绩比较的同时，还对两个班级在全校纪律、卫生和文明评比中的得分情况进行了比较，具体得分情况见图5-5。

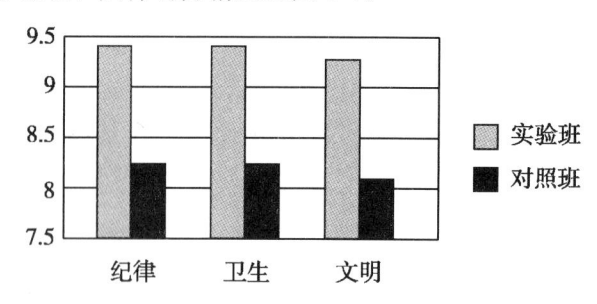

图5-5 实验班与对照班"每周三项评比"得分比较

借助条形统计图，可以明显看出实验班在纪律、卫生、文明三方面的平均分都比对照班高出许多。可以认为，合作小组班级管理模式能有效提高小学班级的运作与管理水平，且效果显著优于传统的班级管理模式。

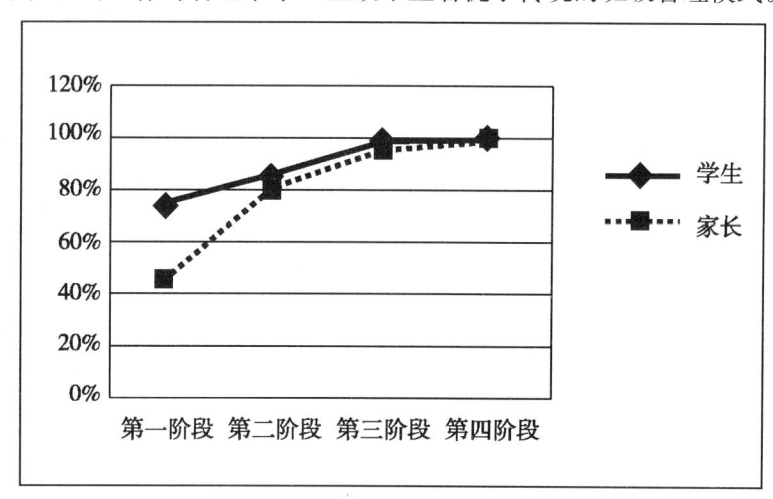

图5-6 学生及家长支持率

科学课阮老师曾说："三年级4个班，4班（实验班）的纪律是最好的，课堂上分组实验的时候，不用我说，每个小组成员都会很快地知道自己要做什么、自己可以做什么。原先喜欢游离于课堂的，甚至经常大吵大闹影响上课秩序的孩子现在变得乖多了。偶尔控制不住的时候，只要提醒他如果不改正会影响小组评优，就立刻会变得很守纪律。每周在4班午间管理，我也感觉很轻松。饭后小组长会监督组员完成个人卫生，还会自己安排先完成什么作业再进行阅读等等，比老师喊破喉咙效果要好得多。"

三年级下学期，是我们实施合作小组班级管理的第一阶段，但通过任课老师的评价可以看出，个人表现体现在小组荣誉里、借助小组的力量扩大管理的层面和影响力的管理方式对学生的影响很大。在合作小组班级管理模式中，岗位负责人按章办事，组内自主管理，小组成员自觉完成各项任务，无形中增强了管理制度的约束力和学生自主管理的意识，班级的运作自然而然变得有序和顺畅。同时，有序、和谐的班级氛围反过来又激发学生更加热爱自己的小组和班集体，如此一来形成良性循环，班级管理的有效性大大提升。在实验开展第二阶段所进行的问卷调查中，家长们面对"班级是否有必要继续通过小组实施管理"的问题，选择"有必要"的家长从实验开始之初的44.5%上升到了100%，实验班的学生也是100%的希望继续开展合作小组的班级管理模式。图5-6呈现的是家长、学生对合作小组班级管理模式支持率的发展变化，它告诉我们，学生和家长并不是一开始就接受这一模式的，但随着班级学习和管理面貌的改变，这种管理模式赢得了学生和家长双方的欢迎和喜爱。历时两年的实践证明：将合作学习的理论运用于班级管理是可行的，合作小组班级管理是一种能获得老师、家长和学生认可的模式。

三、获奖得分比较

每学期期末，我们都会对全校每个班级的学生在学校组织参加的校级以上级别（主要是区级、市级）比赛中（科技、艺术和体育三大类）的获奖情况折合为分数进行统计，作为先进班级评选的参考条件，这类分数统计一方面反映了班级的整体综合水平，另一方面也代表了学生的综合素质。依据该数据我们对实验班和对照班也进行了一番对比，以此考察学生的综合素质。

实验班与对照班学生获奖得分比较

表 5-9

评比类别	班级	人数	平均分	标准差	F 值
科技类	实验班	36	6.3	0.744	7.61*
	对照班	36	5.5	0.707	
艺术类	实验班	36	7.5	0.886	6.70*
	对照班	36	5.8	0.916	
体育类	实验班	36	2.0	0.756	5.68*
	对照班	36	1.4	0.518	

注：* $p<0.05$

方差分析结果显示，五年级第一学期，实验班学生在科技类、艺术类、体育类竞赛中的得分均显著高于对照班（$F=7.61$，$p<0.05$；$F=6.70$，$p<0.05$；$F=5.68$，$p<0.05$）。因此，合作小组班级管理模式能有效提高学生的综合素质，且效果显著优于传统班级管理模式。美术老师徐老师这样说："早就耳闻4班开展合作小组班级管理，这学期美术课上发现确实有些不一样。如果表扬1个小组，其他8个小组立刻会有反应，组员间会很自觉地相互监督和提醒。以前有什么美术比赛，自觉主动报名参加的人几乎没有。现在，不愁没人报名啦！"在运用合作小组开展管理的班级中，习惯了小组整体评价的学生目标互赖、资源互赖也包括了荣誉互赖，学生有着很强的团队认同感，他们期望自己所在的小组能在竞争中脱颖而出，他们会抓住每一次机会表现自我，并借此为小组的成功添砖加瓦。这种积极互赖观念的形成在无形中激发了学生发挥自己特长参与各项比赛的兴趣。和谐、民主的班级氛围，同伴的激励和支持，也大大增强了学生的自信心，学生们也更愿意争取机会展现自我，班级学生的综合素质水平自然就相对对照班要高许多。

第四节　合作小组班级管理模式有效运用条件分析

一、发挥合作小组与学生自主管理的优势

合作小组班级管理模式要显现成效必须充分调动每个学生的积极性，体现每个学生的主体性，激发学生投身小组活动与班级管理的热情，发挥学生自主管理的优势。

小学生的心理会随着年龄的增长而显现出越来越强的独立性和自主性，表现在班级管理上，就是自我管理、民主管理的需要不断增强。合作小组班级管理模式从学生心理发展的水平出发，在班级管理中为学生创设自我管理、民主管理的条件，班级制度从制订、决策到执行，都注意体现民主意识、满足学生的主体性需求。

有研究表明，在班级关系中，学生的地位与他们的职位呈高相关，而成绩又对学生的实际地位起极大的影响作用。在传统的班级管理模式中，学生常常会形成"唯学习成绩论英雄"的交友观。在合作小组班级管理模式中，尽管学生由于"学习者"的身份仍然很关注个体的学业成就，但由于每个学生都能在合作小组及班级管理中占据自己的一席之地——岗位制保证了每个学生都能在班级管理中发挥自己的特长，同时在合作小组中每个成员都可以发表自己的观点，享有体现自己意志的权利。因此，无论学生的学业成绩如何，每个学生都在班级管理中具有双重身份：既是被管理者，同时也是管理者。每一个学生都无法在班级管理中处于一人独大的特殊地位，每一个学生都是班级管理的主体，即使是一些性格内向的学生也可以在4人合作小组中担任组长或副组长的工作。合作小组班级管理模式的实施，使学生自尊的需要、发挥影响力的需要都得到了满足，学生自然就能在课堂学习及班级活动中做到有序、遵守纪律、积极向上了。

在传统的班级管理模式中，学生干部往往一职多能，容易形成特权意识、官本位意识，但在合作小组班级管理模式中，组织的设置具有较强的民主性，学生在班级中的角色定位与未来的社会角色定位较为相似。在这样的体制中，相互合作（管理者与被管理者的配合、管理机构之间的配合等）成为班级生活中不可缺少的要素，每个同学都在班级活动和课堂学习中体会到合作的重要性，培养了合作精神，形成了合作技能，增强了合作意识。可以认为，合作小组班级管理模式满足了社会对学生的能力要求，为学生的未来发展奠定了良好的基础。

最好的班级管理是学生自主管理，最有利于学生成长发展的环境是充满尊重、友谊与民主的环境。从合作小组班级管理模式图中可见，班主任不再是班级的唯一管理者，他（她）将管理权限逐级下放，自己隐身幕后，成为班级活动的引导者和组织者：组建4人合作小组实行组内自治，形成班委和岗位负责人制，以学生分岗自主管理的方式统筹处理班级事宜，形成一个系统、有序的学生自主管理圈，让学生在民主管理中学会人际技能，在民主管理的实践中形成民主意识。

合作小组班级管理模式体现了学生在班级管理中的自主权和学生在教育活动中的主体地位。由于班级中基础的管理组织是4人合作小组，相对以往将学生个体作为最基础的管理对象，这种管理方式使班主任统揽全局更容易做到，尤其当一些学生个体无法胜任活动任务时，合作小组"协作、高效、自主"的优势尤其明显。

总之，合作小组班级管理模式中的学生有了与传统班级管理模式中不同的角色身份，也形成和发展了不同的才能。一方面，他们可以在合作小组中学习人际交往的基本技能，如与人合作、适度竞争；另一方面，他们又可以在各自的不同岗位上发挥不同的才能，展示自我管理能力，齐心协力创设班级民主。可以认为，充分发挥每个学生的才能和自主管理意识，是合作小组班级管理模式实施的基本条件。

二、强化个人与小组目标

目标的确立是合作小组班级管理模式十分注重的部分，没有目标的管理，如同没有目的地的旅行者，很可能踏上危险的旅途。

班级管理目标的制订、实施和落实，必须兼顾学生的真实能力水准，最大限度地利用学生的自我管理能力和合作能力。

合作小组班级管理模式中的目标，包含了学生的个人目标以及合作小组的目标。因此，合作小组班级管理模式非常重视学生个人目标和小组目标的确立。首先，每个学生对自己进行正确的定位，正确判断自己的学业水准和能力水平，为自己制定阶段目标。学生在制定了个人目标后，可根据实际情况适当进行调整。在每一个阶段（每周或每月）之后，学生再重新制定下阶段的目标。目标制定之后，不只是挂在墙上，还应该让学生牢记在心。其次，在合作小组中，每个小组根据自己组的实际情况，制定小组的总奋斗目标，作为小组中每个成员的共同奋斗目标，这样以一个小组为单位，共同进步。而且组内的成员也可以相互监督，相互勉励，实现共同成长。最后，学生可以融合自己的目标与合作小组的目标，以实现自我管理和合作小组目标的融合，使自己朝着个人目标努力的同时，也为小组目标的达成而努力。同理，对于小组来说，不仅应完成小组的目标，还要兼顾每位合作小组成员的个人特质。在这种目标体系中，学生个体不仅会产生很强的自主感和目标意识，同时也会在小组目标的推动下，和同伴彼此提醒、相互激励、相互帮扶，最终实现个体目标和小组目标。

三、运用合作性奖励，优化成就动机

在合作学习理论中，动机系统包括内部动机、对成功的高期望、在互利基础上形成的高诱因。动机是影响学生活动的重要因素，它贯穿于活动的始终。如学习动机就是决定学生学习活动的内在动力。人们通常会认为，成功可能性越大，成功的诱因就越大，成就动机也就越高。合作小组班级管理模式为学生感知更大的成功、形成更积极的成就动机提供了积极的外部环境。

在合作小组班级管理模式中，我们建立和形成了一种"利益共同体"机制。所谓"利益共同体机制"就是以合作性的目标结构、任务分工和集体奖励等激发学生的成就动机，把个人的成功和团队的成功捆绑在一起予以评价。例如，每个合作小组都必须为自己所在的团队制定目标，评价的标准不再是个人成就的高低，而是小组目标的达成度如何，而小组目标的

达成又以个人的成功与否密切相关，这就需要小组成员在提升自己、达成个人目标的过程中更好地为小组做出贡献，同时也通过帮助小组成员更进一步提升自己。如第五小组提出的阶段性目标是，争取"期末考试时全组成员的平均分高于班级平均分"，这一目标既体现了小组的团队意识，同时也意味着每个小组成员必须在个人学习上有所改进才可能达成目标。当然小组目标能否实现的关键在于团队成员是否具有小组认同感。建组之初，可以通过几个措施来发展和形成学生的小组认同感：每个小组拍一张"全家福"照片，统一黏贴在班级宣传栏，照片旁写上组名、组训和口号；在班级中开展跳绳、游戏、打球、拔河等组间比赛，赛后立刻对获胜小组进行表扬。这些做法都可以强化小组的凝聚力，并进而强化小组成员的成就动机。

在合作小组班级管理中，每个小组成员都能意识到自己的不可替代性。在传统的班级管理和课堂教学中，教师通常采用的是竞争性奖励结构，这种奖励方式被学者称之为"负性的奖励结构"，其特征是，别人的成功就是自己的失败，自己成功也意味着别人的失败。合作小组班级管理采用的是合作性奖励结构，即"正性的奖励结构"。"在这种结构下，一个人的成功，并不以他人的失败为前提，一个人的成功能够帮助别人也取得成功，各人之间存在一种相互依赖的关系。"[①] 换句话说，合作小组班级管理中的奖励，教师把以往表面上面向全体学生实际上却鼓励个人竞争的奖励形式，真正地改造成了面向全体小组成员的合作性奖励，这是合作小组班级管理发挥其独特功能的关键之处。例如，期中和期末每个小组必须根据评价标准和记录（见本章表5-2《四人小组"争标签"评比细则》、5-4《个人爬格子评比细则》、5-5《合作小组每周合作情况汇总表》、5-6《合作小组学期合作情况汇总表》和5-7《小组自我评估表》等）形成小组自评小结，并向全班公示本组的小结；各岗位负责人分学科类与常规类组成专职评审组对各小组的表现做出评估，评估报告需包含对小组的学习、常规和活动的全面评价，以及各小组参加班级或校级文明竞赛评比的得分汇总情况。学期评优（三

---

① 庞国斌，王冬凌. 合作学习的理论与实践. 开明出版社，2003：22.

好学生、优秀干部、五彩好少年等）不以个人学习成绩为依据，而是与小组实绩挂钩。这种合作性的奖励结构，创设了一种每个人都必须为达成小组目标而协同努力的情境，促成学生在小组内牢牢地树立"休戚相关""荣辱与共""人人为我，我为人人"的合作意识，因为，只有小组成功了，个人才有可能成功；相应的，只有每个人都积极地为小组目标的达成而努力，小组才有可能在班级竞争中获取胜利。显然，这种合作性奖励结构，使得学生的成就动机不断得到强化，这也是合作小组班级管理模式发挥育人有效性的主要作用机制。

四、形成学生的促进性互动

竞争导致对抗性互动，个体化导致学生间互动不足。合作导致促进性互动，互动则影响成就努力、人际关系的质量以及参与者的心理调节和社交能力。所以，"在合作学习中，没有理想的成员，决定小组创造力的并不是小组成员的构成，而是小组成员的互动。"[①] 为合作小组班级管理机制提供有效性保障的另一条件，是学生之间的促进性互动模式。

传统的班级管理模式中，学生个体之间也会为完成任务产生促进性互动，但是，在合作小组班级管理模式中，促进性互动行为发生得更为频繁。比如，在班级中开展合作小组编主题小报的活动；外出活动一定要以合作小组集体行动；合作小组承担值日工作、图书借阅等班级服务性事务等等。为了完成诸如此类的任务，实现小组目标，小组成员之间就需要共享各种资源和信息，并在彼此交换资源和信息的同时，提升小组和个人完成任务的技能。当然，在交换信息的互动中，争执、分歧也会经常发生，但这种冲突在小组共同目标的引领下，会鼓励信息的多次重复和解释，提高学生对不同观点的记忆、理解和整合，并为同伴提供更多的反馈、支持和鼓励。我们认为，组内的认知冲突不仅不会导致合作的破裂，相反会在小组认同感的影响下成为促进互动、达成小组目标的有力推手。换句话说，它可以

---

① ［美］David W. Johnson, Roger T. Johnson. 合作学习. 伍新春、郑秋、张洁，译. 北京师范大学出版社，2004：25.

让小组成员形成更好的人际技能和小组管理技巧，是促进小组互动的重要方面。

为有效促进学生间的积极互动，我们在合作小组班级管理的实践中，根据班级管理的组织结构（岗位负责人—小组长—组员），分层开展了基本的技能培训，即先组织岗位负责人学习如何表达自己的管理意见；再通过组长会议，教给小组长组织、提问、总结、记录等促成小组活动的组内管理技能；最后，全班集体开展组内讨论、促成每个小组成员反思自己在小组活动中的行为表现，以改善后续的合作表现。

例如，岗位负责人如何表述意见，可分两种情况：一种是直接陈述自己的意见，这时，无论是对小组的表扬还是提醒都应以小组名称开头，同时注意突出小组中个体成员的表现。另一种是传达学科教师的即时评价，这时岗位负责人需要向全体小组成员如实告知教师的意见。如，当孙瑞婕小组的4位同学都按要求完成了语文作业时，语文科代表就向全班宣布，"表扬孙瑞婕小组按时交语文作业，加一个语文标签"。如果马亦可小组的徐子晗没有认真早读，早读负责人就在全班宣布，"马亦可小组的徐子晗，没有认真早读"。当然，这些评价一方面物化为标签，另一方面也会在记录本上留下痕迹，以供各小组自评时查询所用。

例如，小组成员该如何参与讨论，解决争论。讨论一般分为四个阶段。第一阶段，表述者（组内讨论，4人都是表述者）按照一定的顺序表述自己的想法，别人发言时不插嘴，结论性的表达要提供一定的条件支持；第二阶段，在第一轮发言结束后，提出异议，不能仅仅说"我不同意某某的观点"，而应该明确指出"某某的观点在哪些方面存在问题，哪些值得商榷"；第三阶段，组员（第一轮表述者或第二轮的异议者）积极搜集更广泛的信息，对自己的观点重新进行陈述或完整地解释，以说服同伴；第四阶段，达成一致观点，形成集体结论。

在合作小组班级管理模式中，学生能否产生积极的互动是影响班级管理成效的重要因素，学生的表达、倾听、质疑、反思是同伴互动中较为重要的人际技能，有关这部分的内容在合作学习的技能研究中比较多见，这里不再重复。

五、体现班级管理的整合性

合作小组班级管理模式在借鉴合作学习理论的基本要素时，还体现了组织机构的多元整合、管理内容的全面整合和管理资源的有效运用。下面分别对这三点进行阐述。

1. 组织渠道多元整合

合作小组班级管理模式由小组制、班委制和岗位负责制三大渠道构建而成，这三条渠道既有共同的目标和交互点，又互不隶属，各自在划定的职责范围内开展班级管理，具有一定的独立性。同时，这三条渠道的构成又不是一成不变的，它既有相当的稳定性，又具有明显的动态特征。和以往的班级管理组织体系相比，合作小组班级管理模式的最大特点就是用网络化的组织结构取代单一的层级制的组织结构。在这个管理结构中，看不到班主任集权，看到的是三个学生管理层面由小到大，管理范围层层推进，管理影响力层层扩散，每个层面之间通过"管理者"与"被管理者"职能角色的相互转化而紧密联系在一起的管理网络。该模式结构中管理对象的最小单位不是学生个体，而是4人合作小组，它以小组管理为基础，结合班委制和岗位制，将班级管理工作从学习成绩到课堂纪律、从打扫卫生到体育竞赛、从两操活动到午餐管理，全部纳入小组评比之中，几乎让每一个学生都承担了班级管理岗位，在班级管理中创设出了"人人有事做，事事有人做"的局面，突出了学生在班级管理中的主体地位。

2. 管理内容全面融合

以往人们对班级管理的理解，不外乎就是处理一些班级中的事务，通常也称为常规管理。合作小组班级管理模式下的管理，内容更全面，不仅包括常规管理，还包括了学科管理和活动管理。从具体操作和管理功能来看，常规管理常常是指一般意义上的学生行为常规；学科管理是指以达成知识落实为目的、和学科教学有关的行为管理；活动管理是指除了学习活动和班级常规行为之外的综合与实践活动的策划、组织、开展等相关行为的管理，比如班级组织的班队会、学校组织的各项比赛及外出实践活动（春游、秋游、假日小队活动、始业教育活动、参观考察）等等。合作小组班级管理模式充分考虑到学科及活动对班集体建设的意义，将以往班级管理研究局限于常规管理的视角，发展为将三者统一纳入到管理结构之中，形成了小组合作管理的完整体系。和传统的班级管理模式比，合作小组班级管理的面更广，管理的容量更大。从理论基础的角度分析，我们将合作学习理论中的"合作小组"概念从学习领域延伸到了与班级教育相关的一切活动中，将合作的平台从课堂之中扩展到了课堂之外，渗透到了与班级活动相关的所有空间之中。

常规管理：班级所有的常规事务都依照《班级一日常规公约》进行管理，表5-10详细地列出了各项常规的管理者（组织者）、被管理者（参与者）及操作流程和操作的时间。这些管理内容在《四人小组评比细则》中是主要的评价内容，从表5-2"四人小组'争标签'评比细则"中可看到，班级常规类有早读、文明、午餐、好事、早操、眼操、书包、卫生、点心、联系册、荣誉、图书共12项标签，标签负责人会根据相应的细则对9个小组的常规表现进行评价。

班级一日常规公约

表 5-10

时间	常规	组织者	参与者
8:20之前	收作业： 1. 到校后先摆放书包，把所有作业交给小组长。 2. 组长收齐作业，确定未交作业的名单和原因，向科代表汇报。 3. 迟交者自己尽快向组长或科代表上交作业。 4. 作业不堆积在教室内，及时上交或发放。	小组长 科代表	全班同学
8:00 ↓ 8:30	早读： 1. 老师、早读管理员来之前自由朗读。 2. 早读管理员领读，记录表扬或提醒的小组名单。	小组长 早读管理员	全班同学

	课前准备：准备好上课物品后再课间游戏，组长检查，确定小组准备齐全。	小组长	全班同学
8:35	早操：队伍静、齐、快，做操动作标准、规范。	小组长 体育委员	全班同学
	课间活动：文明游戏，不追逐打闹。	小组长	全班同学
10:15	眼保健操：认真做眼保健操，不发出声响。（班长记录表扬和提醒的小组名单）	班长	全班同学
11:45	午餐：洗手、安静有序地取饭菜、不挑食不拖拉；饭盒摆放整齐（可以小组合作取饭菜）。	小组长 管饭员	全班同学
12:00 ↓ 12:15	中午搞卫生： 1. 饭后及时回座位整理饭包和个人卫生，组长检查。 2. 值日生在小组卫生通过检查后打扫公共卫生。 3. 卫生委员记录优秀和提醒的小组名单，提醒的小组要及时整改。	小组长 值日生 卫生委员 午管老师	全班同学
	科代表发作业：及时主动到老师处询问作业批改情况，发放作业及时、有序。	科代表 小组长	科代表
14:55	眼保健操： 认真做眼保健操，注意教室卫生；记录小组名单	副班长	全班同学
15:25	点心： 1. 每个点心员负责3个小组（1个大组），以4人小组为单位放在组长位置上，组长分给组员（组员到齐后发放）。 2. 做好课间准备后，在教室安静地坐着吃点心，处理好点心包装后可离开座位活动。 3. 点心员收集点心包装，在课间操时间送走。	小组长 点心员	全班同学

| 15:35 | 大课间：队伍静、齐、快，做操标准规范，听指挥。 | 小组长
体育委员 | 全班同学 |
| 16:25 | 放学清场：
1. 值日生打扫教室卫生。
2. 卫生委员负责检查后，等学校检查完毕通过后离开。 | 小组长
值日生
卫生委员 | 全班同学 |

值得强调的是，班干部在班级常规事务管理中的作用非常关键。合作小组班级管理模式通过全体师生集体制订《班干部职责公约》来帮助学生明确班级常规的内容和管理的具体操作。比如，卫生委员的职责包括检查卫生、填写班级卫生表格、随时观察保洁、班级扣分后负责追查，体育委员的职责包括出操整队领队、带动全班积极锻炼、组织参加运动会，宣传委员的职责包括负责板报和教室布置、随时关注班级环境布置、班级好人好事宣传报道等等。

学科管理：学科管理包含了课堂教学和学科常规两部分。有关合作小组在课堂教学中的作用不是本研究的重点，相关的研究论述也很多，此处不再重述。下面就学生学习过程中的两个环节的改变做一简述。

合作完成作业：传统的作业往往以书面形式由学生个别完成，我们在教学中有意识地改变过去单一的作业形式，力求作业多样化。如听写单词句子、阅读书籍、对话表演或小节目、玩游戏、制作贺卡、编辑小报等，这类作业可以个别完成，但小组合作完成效果会更好。在小组合作过程中，学生培养了合作意识和团队精神，感受到集体智慧的力量，分享了成功的喜悦，真正体验到学习的快乐和做作业的乐趣。

合作订正错误：每次单元测验后，教师讲评试卷，针对一些普遍存在的问题进行分析。但由于学生错题类型各不相同，教师不可能在一节课内讲解所有题目，怎么办？我们的方法是，在合作小组内让学习成绩好的学生帮助成绩较差的学生，成绩中等的学生相互探讨，共同订正试卷上的错误，以此营造同伴之间共同学习、探索、探究问题的氛围，形成对话式、互动型的学习形式。平时作业错误，也可以通过这样的形式解决。

关于班级管理中的学科管理问题，我们曾开展过一个小调查。调查对象为90位班主任老师。在面对"学生如果影响课堂纪律,学科老师常常会采用哪种方式"的问题时,有52位(58%)班主任老师认为,学科老师最常采用的方法是"找班主任解决问题"。对于"在学生的学科学习中,作为班主任的你主要做些什么工作"的问题,有37位班主任的回答是,"协助学科老师处理突发事件、联系家长或进行思想教育"。显然,尽管调查中超过95%的班主任认为"学科管理是班级管理的一部分",但从他们对上述两个问题的回答中我们可以看到,在常规的班级管理中,班主任老师仍然将学科管理局限于"个别生教育"、"突发事件处理"方面,缺乏对学业成绩、方法等方面的管理。

合作小组班级管理模式通过将小组的学科表现纳入班级整体评比体系的评价方式有效地解决了学科管理和班级管理脱节的问题。具体来说,就是把学科学习方面的要求纳入班级管理的框架之中,对各科的预习、讨论、展示、作业的完成与上交、自主学习的纪律及学习目标的达成等方面的表现都通过加、减标签的形式纳入小组合作评价。

在表5-2"四人小组'争标签'评比细则"中,学科类的评比就包含了语文、数学、科学、英语、音乐、体育、美术、书法、信息、品德等10项,就数量上而言并不比常规类的项目少,这也说明了合作小组班级管理模式对学科管理这部分内容的高度重视。

当然,面对一种新的管理制度,不仅学生需要一定的适应时间,相关的任课老师也会不习惯。为了缩短班级建设中新管理模式运用的磨合期,我们特意组织实验班的所有任课老师一起交流本次班级管理研究的意图,强调该模式特别监控和关注的是小组在学科学习上的整体表现,比如是否遵守课堂纪律,是否认真听课,是否积极举手发言,是否按时完成作业、作业正确率是否高等等,并在课题具体实施的准备阶段,拟发了《给任课老师的信》,希望获得任课教师的帮助支持。

一个班级的建设与管理仅靠一个班主任肯定是不够的,需要多方支持和配合,相关任课老师的配合尤其重要。班主任与任课教师相互配合、协同管理班级,需要体制创新;任课教师配合班主任参与管理班级,需要制度保障,合作小组管理模式就从制度上保障了学科管理与班级管理的融合。

活动管理：开展班级活动对于班主任来说，往往比上一堂课更辛苦。面对一个个精力旺盛的小学生，要组织有序、有效的班级活动意味着耗费组织者大量的时间和精力。在新的班级管理模式中，这个问题可以通过指导小组活动得到解决。比如开班会，9个小组轮流承担组织工作，组织得成功的小组有机会再次组织全班开班会（奖励的积极互赖）。因为是异质小组，组长的组织能力得到发挥，先集体设计方案，全部通过后（目标的积极互赖）再分工，一般会有主持人、纪律管理员和摄影（角色的积极互赖）。当然根据班会内容的不同，各个小组的分工也可能不同：准备活动材料、奖品（资源的积极互赖）；进行班会，会后同学们评价，小组内总结。学生认可度高的小组，获得第二次组织班队会的机会。

利用小组的力量来组织活动，一方面帮助学生赢得更多的开展合作的机会，拓展了学生合作的领域；另一方面也锻炼了学生自主管理的能力，使教育活动的体验更深刻，更有效。像组织春游、秋游、始业教育、外出参观、亲子活动等学校活动时，班级管理的任务尤其艰巨，既要注意安全和纪律，还要让学生在活动中有所收获。一趟外出活动下来，班主任常常累得身心俱疲，学生则活动得很不尽兴。但采用了合作小组班级管理模式后，班主任只要和全班学生说清活动的总体要求，就可以由组长全权负责自己小组的活动了。小组成员则在组长带领下准备、分工、活动。因为是4人小组活动，分工具体，责任明确，避免了个别学生游离于活动之外的现象，不仅解决了管理上的问题，更重要的是自主权在学生手里，他们对活动的热情和积极性提高了许多，活动的体验也要比以往更深刻，这保证了学校、班级活动的教育意义最大化。

3. 管理资源有效联合

按照传统的理解，班级管理工作就是班主任一个人的事情，但现在的班级教育理念要求班级管理主体除了老师以外还要联合家长、社会的力量，共同达成教育目标。班主任联合家长是指班主任在建立良好的亲师关系的基础上，充分发挥自己在家长与学校间的纽带作用，通过挖掘家长自身的教育资源，为学生成长建构积极的、全方位的教育场所。鉴于家长参与班级管理的热情和主体性价值，可以通过多种形式和途径，加大他们在班级管理中的参与度，为有效地开展班级管理和实践研究提供支持和帮助。

途径一：给家长写一封信。每个学期初，我们会将整个学期的班级计划和目标，特别是该学期班级管理上的一些管理思路、管理方法，以《给家长的一封信》的方式详细地告知家长。一方面，让家长对新学期自己孩子所在班级的管理工作有所了解，方便家长做一些相关的配合工作；另一方面，让家长了解班主任老师的班级管理理念，在取得他们对班级管理工作支持的同时，也获取一些意见和建议，为更好地管理班级群策群力。

途径二：给家长发一条短信"喜报"。每周五的小组合作评比结果一出来，就通过"校讯通"给班级里的每一位家长发一条短信"喜报"。一是将本来仅限于班级里的张榜表扬，增加到全班家庭范围内的多次表扬，激发各小组的合作热情；二是通过短信，无形中促进家长与学生的沟通。学生通过与家长的交流反思自己的小组合作行为。

途径三：借助活动让家长参与小组互动。班级内的综合活动很多，每一次的活动管理都是小组合作开展的。比如始业教育参观历史博物馆，我们事先让每个小组邀请一位家长，这位家长要全程参与小组的整个活动过程。具体内容分三部分，包括活动前参与小组的资料收集和确定参观主题，活动中指导小组成员按计划完成任务和管理小组的活动纪律，活动后评价小组的活动效果。

参考文献

[1] 盛群力.个性优化教育的探索[M].北京:人民教育出版社,1996

[2] 盛群力,郑淑贞.合作学习设计[M].杭州:浙江教育出版社,2006

[3] 马兰.合作学习[M].北京:高等教育出版社,2005

[4] 王坦.合作学习——原理与策略[M].北京:学苑出版社,2001

[5] 张玉民.组织合作学习和创设教学情景[M].北京:人民教育出版社,2004

[6] 大卫.W.约翰逊,罗格.T.约翰逊,卡尔.A.史密斯.合作学习的原理与技巧[M].刘春红等,编译.北京:机械工业出版社,2004

[7] 姜旭平.冲突处理课堂[M].上海:上海交通大学出版社,2006

[8] 徐显国.冲突管理——有效化解冲突的10大智慧[M].北京:北京大学出版社,2006

[9] 靳玉乐.合作学习[M].成都:四川教育出版社,2005

[10] 俞文钊.领导心理学导论[M].北京:人民教育出版社,1993

[11] 周晓虹.现代社会心理学[M].上海:上海人民出版社,1996

[12] 斯蒂芬·P·罗宾斯.组织行为学精要[M].北京:机械工业出版社,2000

[13] 郑金洲.合作学习[M].福州:福建教育出版社,2005

[14] Dean Tjosvold.冲突管理——学会在一起工作[M].胡君辰、陈戈凤,译.上海:上海远东出版社,2005

[15] 简特.利害冲突——化解冲突的智慧[M].马黎、李唐山,译.北京:中国人民大学出版社,1985

[16] David W. Johnson, Roger T. Johnson.合作学习进阶——学习的圈子[M].魏陆等,译.上海:上海科学普及出版社,2008

[17] 薛伊,麦肯农.化解冲突高手——在工作中建立充满信任和富有成效的人际关系[M].徐海鸥,译.北京:经济管理出版社,2003

[18] 柯尼利斯,费尔.皆大欢喜——如何解决冲突[M].王明华,译.北京:世贸出版社,1992

[19] L.A.巴洛赫.合作课堂——让学习充满活力[M].曾守锤、吴华清,译.上海:华东师范大学出版社,2005

[20]庞国兵,王冬凌.合作学习的理论与实践[M].北京:开明出版社,2003

[21]韩吉东.合作学习中的100个问题[M].青岛:青岛出版社,2009

[22]夏惠贤.多元智力理论与个性化学习[M].上海:上海科技教育出版社,2003

[23]范见星.如何解决冲突[M].桂冠图书公司,1998

[24]林宪正.人人是赢家——如何达成协议化解冲突[M].新苗文化事业公司,1996

[25]邓云洲.班主任工作的理念与实务[M].广州:暨南大学出版社,2008

[26]王坦.合作教学导论[M].济南:山东教育出版社,2007

[27]班华等.发展性班级教育系统[M].南京:南京师范大学出版社,2000

[28]马兆掌、张宪尧主编.班级管理概论[M].北京:人民教育出版社,2000

[29]尹宗禹、张梅玲主编.和谐 合作 发展——合作学习理论在小学数学教学中的应用[M].北京:科学出版社,2003

[30]黄正平.班主任专业化论纲[M].南京:南京大学出版社,2009

[31]Morris L. Bigge, Samuel S. Shermis.写给教师的学习心理学[M].徐蕴、张军华等,译.北京:中国轻工业出版社,2005

[32]张素兰,李景龙.合学教育:打造教学"动车组"[M].北京:中国林业出版社,2008

[33]David W. Johnson, Roger T. Johnson.合作学习[M].伍新春、郑秋、张洁,译.北京:北京师范大学出版社,2004

[34]盛群力.小组互助合作学习革新评述[J].外国教育资料,1992(2~3)

[35]王坦.论合作学习的基本理念[J].教育研究,2002(2)

[36]马兰.掌握学习与合作学习的若干比较[J].比较教育研究,1993(2)

[37]裴娣娜.合作学习的教学策略[J].学科教育,2000(2)

[38]陈佑清,张琼.提升课堂教学的素质教育功能[J].教育研究,2007(1)

[39]张茜.透视"小组合作学习"[D].华东师范大学,2007(4)

[40]何志学,何君辉.合作学习模式在课堂教学中的应用研究[J].教育理论与实践,2003(10)

[41]王少非.西方的合作学习模式与要素[J].上海师范大学学报,2002(9)

[42]董蓓菲.基于合作的十种学习方式[J].小学语文教学,2004(5)

[43]蒋兰.合作学习小组建设的研究[D].四川师范大学,2008

[44]张海燕.劳丽·史蒂文"课程整合冲突解决训练"研究述评[D].重庆师范大学,2008

[45]张茜.透视小组合作学习[D].华东师范大学,2007

[46]刘烨.小学语文合作学习初探[D].内蒙古师范大学,2007

[47]王琴.学校教育中师生冲突研究[D].华东师范大学,2007

[48]刘吉林.合作学习中积极互赖的实验研究[D].山东师范大学,2002(3)

[49]陈向明.小组合作学习的组织建设[J].教育科学研究,2003(2)

[50]施承利,杜卫玉.冲突:合作学习中的多边对话[J].天津市教科院学报,2008(1)

[51]王磊,谭晨,寇彧.同伴冲突解决的干预训练对小学儿童合作的影响[J].心理发展与教育,2005(4)

[52]左昌伦.促进学生有效地合作学习[J].中国教育学刊,2003(6)

[53]杜和春.课堂教学中学生的独立思考与合作学习[J].教育艺术,2006(2)

[54]盛群力.合作学习的创新特色[J].全球教育展望,2004(5)

[55]陈红燕.班级管理研究述评[J].教学与管理,2004(31)

[56]鞠延宝.论班级管理[J].上海师范大学学报(教育版),1999(5)

[57]闭锦华.心理学原则在班级管理中的运用浅探[J].南宁师范高等专科学校学报,2001(1)

[58]史克学.小学生人际交往研究述评[J].太原师范专科学校学报,2001(1)

[59]张艳薇.魏书生班级管理模式研究[D].辽宁师范大学,2007

[60] George M. Jacobs et al (2001). The Teacher's Sourcebook for Cooperative Learning: Practical Techniques, Basic Principles, and Frequently Asked Questions. Thousand Oaks, CA: Corwin Press

[61]Johnson D. W and Johnson R. T. An Overview of Cooperative Learning
http://www.co-operation.org/pages/overviewpaper.html

[62] Dr. Spencer Kagan. Positive Interdependence
http://www.kaganonline.com/KaganClub/SpencerArticles.html

#ASK04

[63] Dr. Spencer Kagan. Kagan Structures: A Better Way to Teach any Program

http://www.kaganonline.com/KaganClub/SpencerArticles.html

[64] Dr. Spencer Kagan. From Lessons to Structures - A Paradigm Shift for 21st Education

http://www.kaganonline.com/KaganClub/SpencerArticles.html

[65] Dr. Spencer Kagan. Kagan Structures for English Language Learners

http://www.kaganonline.com/KaganClub/FreeArticles/ASK17.html

[66] Dr. Spencer Kagan. Kagan Structures for Emotional Intelligence

http://www.kaganonline.com/KaganClub/FreeArticles/ASK14.html

[67] Dr. Spencer Kagan. Kagan Structures for Thinking Skills

http://www.kaganonline.com/KaganClub/SpencerArticles.html

[68] David W. Johnson, Roger T. Johnson. Teaching Students to be Peacemakers: Results of Twelve Years Of Research.

http://www.co-operation.org/pages/peace-meta.html

[69] Johnson D. W & Johnson R. T. Teaching students to be Peacemakers [M]. Edina, MN: Interaction Book ComPany, 1995: 41~44

[70] Katz D & Kahn (1978). The Psychology of Organization. New York: John Wiley & Sons Inc, 613-615

[71] David W. Johnson, Roger T. Johnson. Constructive Controversy-The Educative Power of Intellectual Conflict [J]. Change, v32 n1 p28~37 Jan _ feb 2000

[72] David W. Johnson, Roger T. Johnson. Critical Thinking Through Structured Controversy [J]. Educational Leadership, v45 n8 p58~64 May 1998

[73] David W. Johnson, Roger T. Johnson. Social skills for successful group work[J]. Theory into Practice/spring. 1999

[74] Stevahn, L., Johnson, D. W., & Johnson, R., Schultz, Ray. Effects of

conflict resolution training integrated into a high school social studies curriculum[J]. Journal of Social Psychology, 2002, Vo l. 142(Issue 30)

[75] Johnson, D. W. & Johnson, R. T. The impact of conflict resolution training of middle school students [J]. Journal of Social Psychology, 1997, Vol. 137 (Issue l), 11

[76] Johnson, David W. & Johnson, Roger T. Implementing the "Teaching Students to be Peacemakers Program [J]. Theory Into Practice, Winter2004, Vol. 43 Issue 1, 68~79

[77] Johnson, David W. & Johnson, Roger T. Essential Components of Peace Education [J]. Theory Into Practice, Autumn 2005, Vol. 44 Issue 4, 280~292

[78] Johnson, David W. & Johnson, Roger T. This Issue. Theory Into Practice, Winter 2004, Vol. 43 Issue 1, 3~5

[79] Johnson, David W. & Johnson, Roger T. Conflict Resolution http://www.co-operation.org/pages/conflict.html

后　记

合作学习是一个多年来我一直有兴趣探究并在课堂教学中实践的主题，从 20 世纪 90 年代初发表第一篇有关合作学习的论文至今，20 多年过去了，我仍然对合作学习（尤其是如何将合作学习理论运用于教育、教学实践的问题）充满了研究的乐趣，《多彩合作课堂》就是作为全国教育科学规划"十一五"教育部重点课题的最终研究成果而撰写的。

2006 年，在完成了浙江省哲学社会科学规划课题"有效课堂合作学习应用研究"之后，总觉得有关合作学习的问题在教育教学实践中还有许多方面值得我们好好研究。如，教师该如何将培养学习者的合作、沟通能力渗透在课堂教学之中；我们应该怎样看待合作与冲突的相互关系；建设性解决冲突是不是有效合作活动的基本组成；大班额条件下的课堂合作学习是否可行；当初以教学策略面目示人的合作学习理论可否运用于课堂教学之外的班级管理之中……一系列的问题成了推动我们实实在在地继续研究的动力。2007 年，我们启动了新一轮的合作学习研究工作，即全国教育科学规划重点课题"有效课堂合作学习应用深化研究"（DHA070161）。新研究在原先对合作学习多年研究的基础上，将重点聚焦在合作学习结构法、合作学习中的冲突解决、班级管理中的合作团队建设、小学生合作素养培育地方教材编写等方面，与此同时，我们还对国际著名的合作学习专家有关合作学习的理论阐释进行了比较研究，对合作学习的基本要素等做出了新的归纳。我们希望通过上述问题的研究，帮助教师开拓合作学习的实践视野，更好地把握合作学习的真谛。

1632年，夸美纽斯从理论上论述了班级教学制度，使群体（或集体）教学成为现实。然而，在近400年的历史中，以课堂教学为基本组织形式的学校教育却始终与合作若即若离，学生在学校感受至深的不是充满友谊和交流、沟通、协商的合作学习，而是令人紧张（或亢奋）的单干学习和竞争学习。当学校仍将学业作为学习成功的重要标准时，时代的发展却已将社会成员必须具有一定的合作素养作为至关重要的衡量指标提到了教育者面前，学会合作成了面向21世纪的新教育所倡导的重要目标之一，同时也成为新时代个体生活、学习和工作的必备本领。加德纳将"尊重包容之心"列入其最新提出的面向未来的五种心智之中，明确希望21世纪的新人应该能够集思广益，尽量理解他人，接受不同个体和群体之间的差异，寻求与他人有效合作的办法；欧洲经济合作与发展组织（OECD）教育研究和创新中心的学者，新近提出了培育"适应性能力"的"CSSC学习范式"，即"主动建构、自我调节、情境相依和协同努力"；"美国21世纪技能联盟"亦将沟通与合作作为学习与创新的技能。这一系列观点和目标的提出明确告知人们的是，合作与沟通的能力应该而且必须成为学校教育继读、写、算技能之后的第四大基本技能。长期以来，一代又一代的教师们，心中挂念的总是学生的阅读、写作与计算的能力，但却有意无意地忽略了学生的沟通交流技能。我们所开展的有关合作学习的研究从不同视角向人们论证展示了合作协商的重要性和以及有效开展合作学习的新方式，这些研究不仅有助于拓展学校教师的工作视野，同时也将为学习者的未来幸福生活奠定基础。我们相信，这样的说法绝不是夸大其辞。

本书第一章侧重于对合作学习的基本理论作出若干比较，期望以此帮助中小学教师更好地把握合作学习的本质；第二章介绍了卡甘合作学习结构套餐法的原理和具体运用，从一个侧面解答了如何在大班额条件下实施合作学习的问题，以解决教师难以适应合作学习课型的困难；第三章着眼于在常规课堂中运用合作学习方法，培育合作学习能力，尤其是采用卡通漫画形式和开发合作学习校本教材，将学习者合作交往能力的培养渗透在学校的整个教育活动之中；第四章讨论了如何在合作交往中学会协商与妥协，建设性地解决冲突，这也是当前国际上合作学习研究的一个新热点；第五章尝试性地探讨了合作学习与班级管理进行整合的做法。本书没有对合作学习进行长篇大论的理论探讨与分析，而是将焦点置于当前中小学课堂教学改革十分需要的、中小学教师非常关心的一些问题，我们希望通过和实验学校老师们的共同研究和教育实践来做出一些说明，使得读者能从本书中得到一些启发。

感谢全国教育科学规划领导小组将本课题列入"十一五"教育部重点课题。感谢杭州市临安城南小学在近10年的时间里始终坚持开展大班额条件下的课堂合作学习实验研究，感谢他们在紧张的教学工作之余竭尽所能编写《学会合作》地方教材。感谢杭州市时代小学部分老师参与本科题研究。感谢浙江外国语学院郑淑贞副教授、杭州市紫阳小学李绮老师和杭州市行知幼儿园单瑛凡老师等在参与本课题研究中作出的贡献。感谢福建教育出版社将本成果列入正式出版计划，感谢教育理论编辑室主任成知辛和姜丹编辑。

浙江大学教育学院盛群力教授参与了本课题研究的部分工作，并对本课题研究的架构提出了许多建设性意见。本书写作的具体分工是：第一章马兰、盛群力；第二章刘盈盈、马兰；第三章马兰、徐新德、王云英；第四章顾明；第五章过跃娟、马兰。全书由马兰统稿。

2013年元旦于杭州启真名苑